Arbeitsmittel für Studium und Unterricht

Für den Bereich der berufsbildenden Schulen
herausgegeben von
Georg Blaß
Holger Knudsen
Johannes Rauball

Für den Bereich der Hochschule
herausgegeben von
Heinrich Bauer
Gerhard Deimling
Holger Knudsen
Heinrich Lenzen
Manfred Markefka

Für den Bereich der allgemeinbildenden Schulen
herausgegeben von
Horst Dahlmann
Holger Knudsen
Wolfgang Mickel

Willi Klostermeier
Kurt Maurer

Moderne Sozialpolitik und Arbeitswelt

Unter Mitarbeit von:
Delbert Barley
Dorothee Müller-Hagen
Paul Seipp
Wolfgang Ullrich

Luchterhand

Hermann Luchterhand Verlag, Neuwied und Berlin.

Lektoriert: Dr. Paul Seipp.
Gesamtherstellung: Druck- und Verlags-Gesellschaft mbH, Darmstadt.
Printed in Germany, April 1975.
ISBN 3 472 55006 6

Inhalt

Erster Teil: Einführende Hinweise

Zweiter Teil: Träger staatlicher Sozialpolitik im Bereich der Arbeitswelt, ihre Aufgaben und Leistungen

ERSTER TEIL
EINFÜHRENDE HINWEISE

1. Kapitel
Grundlagen und Probleme moderner Sozialpolitik

Soziologische Grundlegung *

1. Aus der sozialen Ordnung ergeben sich Rahmen und Leitlinien für Rechte und Pflichten, für Autorität und Status, für die als »richtig« angesehenen Beziehungsweisen zwischen Personen in vielfältigen sozialen Positionen. Auch die Verteilung der in der Gesellschaft zur Verfügung stehenden Güter leitet sich daraus ab, einschließlich der nichtmateriellen Güter wie z. B. Bildung und Schutz, Sicherheit und soziale Hilfen. Solange eine soziale Ordnung als selbstverständlich und in ewige Gesetze eingebettet angesehen wird, stellt man die überlieferte Verteilung weder in Frage noch drängt die Politik nach einem neuen, besseren Verteilungsplan. Mit anderen Worten: Es wird wenig Sozialpolitik getrieben. Denn es handelt sich in der Sozialpolitik u. a. um gesetzliche Maßnahmen, die bewußt einen Einfluß auf die Güterverteilung nehmen sollen.
In einer statischen, auf unangezweifelten Traditionen aufgebauten Gesellschaft ist wenig Anlaß zu einer bewußten Sozialpolitik. Höchstens in Krisenzeiten, wenn die überlieferten Bräuche versagen (katastrophale Dürre, Epidemie, Strukturumwälzungen durch Krieg usw.) wird das Kollektiv oder seine politische Vertretung gezwungen, angesichts der veränderten Lebenslage bewußte Entscheidungen über die Güterverteilung zu fällen. Die Zeugnisse der Geschichte berichten von solchen Zeiten.

Das Alte Testament berichtet von Joseph, der Getreide während der sieben guten Jahre speicherte, um das ägyptische Volk in den nachfolgenden schlechten Jahren ernähren zu können (geschildert in Thomas Manns »Joseph und seine Brüder«). Im antiken Griechenland führten Solon und Pisistratus sozio-ökonomische Reformen durch, im Rom der späteren Republik und des Reiches waren Neuverteilungen mehrmals notwendig um die dringendsten sozialen Probleme zu bewältigen.

Bis in das industrielle Zeitalter hinein waren solche absichtlichen Maßnahmen jedoch punktuell und eher zufällig. Die allgemeinen Regeln der Güterverteilung waren so selbstverständlich wie die soziale Ordnung, die sich wiederum aus einem für die spezifische Gesellschaft tiefverankerten Weltbild ableitete. Sozialpolitik war in der sozialen Ordnung verborgen.

* Von Delbert Barley

In technisch primitiven Gesellschaften, die notwendigerweise klein und ohne materiellen Überschuß waren, mußten die Güter insofern relativ gleichmäßig verteilt werden, als die nackte Existenz der Gruppe von einer solchen Verteilung abhängig war. So kann man von einem primitiven Kommunismus sprechen, der keiner sozialphilosophischen Idee bedarf.

Erst mit dem Übergang zur Agrarwirtschaft konnten Überschüsse produziert werden und damit die eigentlichen Probleme der Sozialpolitik entstehen. Aber solange das überlieferte Weltbild unangefochten blieb, war der Anspruch einer herrschenden Schicht auf einen ungleich größeren Teil der Güter durch dieses Weltbild legitimiert; der Anspruch wurde kaum angetastet. Die Verteilung erfolgte wie selbstverständlich nach Rang in einer Statushierarchie, die in einer höchsten Autorität gipfelte. Diese leitete ihre Autorität von einer übernatürlichen, unergründlichen und allmächtigen Autorität ab.

Die Aufklärung und die aufkommende wissenschaftliche Denkweise bereiteten den Boden für eine Auflösung der in solchen Weltbildern eingebetteten Hierarchien. Die darauf folgende Industrialisierung brachte gesellschaftliche Strukturveränderungen, welche die Identifizierung des Einzelnen mit einer Position in der sozialen Hierarchie unmöglich machte. Somit war die soziale Ordnung und die Verteilung der Güter in Frage gestellt. Das Individuum wurde zunehmend Funktions- und Rollenträger in vielfältigen zweckrationalen Organisationen; seine Position in einer allgemeingültigen Hierarchie war kaum fixierbar.

Mit dem Vordringen der technischen Denkweise fragte man nicht nach Endgültigem und Übernatürlichem, sondern nach der Zweckrationalität. Damit wurde Autorität versachlicht, statt aus einer übernatürlichen Welt abgeleitet; die herkömmlichen besonderen Ansprüche bei der Güterverteilung wurden fragwürdig. Kurz, die Frage der Ungleichheit wurde gesellschaftspolitisch akut. Der Mensch wurde von den tatsächlichen Ungleichheiten seiner sozialen Rollen und Funktionen gelöst; der konkrete Anspruch auf Gleichheit und gleiche Menschenrechte wurden erhoben: für Frauen wie für Männer, für Arbeiter wie für Unternehmer, für Farbige wie für Weiße, für Jugendliche wie für Erwachsene und alte Menschen.

Mit dem Streben nach Gleichheit erwachte ein neues Empfinden für die Freiheit. Die Befreiung von hierarchischen Bindungen sollte zur Selbstverwirklichung führen.

So entstand der moderne unablässige Ruf nach geplanter, Freiheit fördernder und Gleichheit schaffender Sozialpolitik. Diese soll einerseits aufgrund der Wesengleichheit der Menschen eine Nivellierung der tatsächlichen Ungleichheit der Güterverteilung bewirken, andererseits sollte sie von gesellschaftlichen Abhängigkeiten befreien.

Eine Ausgewogenheit dieser beiden Werte Gleichheit und Freiheit bildet das Ziel einer dem modernen Selbstverständnis gemäßen Sozialpolitik. Das dialektische Verhältnis der beiden Werte bedeutet jedoch keine sich selbst regulierende Stabilität, es ist eher labil, äußerst störungsempfindlich. Im ständigen Wandel kann das ständig gefährdete Gleichgewicht nur durch unaufhörliche Bemühung einigermaßen ausgeglichen werden. Darüber hinaus beantwortet sich die Frage, wann das Verhältnis ausgewogen sei, unterschiedlich je nach dem politischen Standort des Einzelnen.

2. Die vielschichtigen Strukturveränderungen, welche durch Industrialisierung, Gleichheitsstreben und Freiheitsbewußtsein entstanden sind, können anhand einiger Merkmale unserer Gesellschaft beleuchtet werden. Diese Merkmale greifen tief in jeden institutionellen Bereich ein, und die Verflochtenheit dieser Bereiche läßt keinen von Veränderungen anderer unberührt; seien es die Familie, die Wirtschaft, die Religionsgemeinschaften, der Staat, die Technik, die Wissenschaft, das Bildungswesen, die Kunst oder die Massenmedien.
Folgende Merkmale dieser Gesellschaft seien erwähnt:

a) **Offenheit:** Ein Grundzug der modernen Gesellschaft ist ihre Offenheit. Die geschlossene Gesellschaft stellte Schranken auf gegen die freie Entfaltung des Individuums. Solche Schranken orientierten sich an der Familie, in die hinein das Individuum geboren war: an ihrem Beruf, Stand und Geschlecht, ihrer Klasse, Rasse und Religion. Die künftigen sozialen Rollen des Individuums waren bei der Geburt schon festgelegt. Die offene Gesellschaft dagegen zielt darauf, solche Schranken zu beseitigen. Jedem Individuum soll die Möglichkeit gegeben werden, sich bis zur Grenze seiner Neigungen und Fähigkeiten zu entfalten.

b) **Individualismus:** Die Abwendung von der Gebundenheit des Einzelnen an fixierte Standeseinheiten in der Hierarchie – von der Familienherkunft – bedeutet eine Zuwendung zum Individuum und zu seiner persönlichen Entfaltung. Damit ist auch das geistige Klima geschaffen für die in der Industriegesellschaft geforderte geographische und soziale Mobilität. Obwohl das Individuum das Zentrum des Entfaltungsinteresses, der Autonomie und Freiheit bildet, stellt die vielschichtige Verflochtenheit der Industriewelt nur einen begrenzten Raum für individuelle Unabhängigkeit. Seine Abhängigkeit ist nur weniger persönlich und überschaubar. Sie drückt sich aus in den Begriffen Atomisierung und Massengesellschaft.

c) **Leistung und Leistungsdruck:** Da der vorbestimmte Rang in der Statushierarchie entfällt, öffnen sich die statussichernden Schranken, nach unten wie nach oben. Dadurch wird der psychische Druck, den Status zu erhalten bzw. den drohenden Statusverlust zu verhindern, wesentlich erhöht. Die Peitsche von außen wird vielfach durch den inneren Zwang ersetzt; das Ergebnis: Ruhelosigkeit, Hektik, Manager-Krankheit und Statusunsicherheit, wahrscheinlich auch psychische Störungen und bestimmte Arten von Kriminalität.

d) **Produktivität:** Der Leistungsdruck und die erhöhten Entfaltungsmöglichkeiten erschließen neue Quellen der Energien und des Talents; sie fügen sich in den Gesamtkomplex der Industrialisierung ein, um die Produktivität auf einen unerhörten Stand zu treiben. Mit der Produktivität steigen die Bedürfnisse; Konsum wird geradezu verlangt, um die Zahl der Arbeitsplätze zu erhalten. Armut wird nach völlig neuen Maßstäben gemessen. Am Horizont zeichnet sich eine Gesellschaft ab, deren materieller Bedarf durch die produktive Leistung eines Bruchteils der Bevölkerung befriedigt werden kann. Gleichzeitig schiebt sich der nichtmaterielle Bedarf zusehends in den Vordergrund.

e) **Der schnelle Wandel:** Durch Mobilität, Leistungsdruck und erweiterte Bildung, durch die Freiheit von geheiligten Traditionen wird der Weg offen für eine bisher unerreichte Dynamik; sie äußert sich in neuen Ideen und Erfindungen, in spektakulären Techniken, Abweichungen von althergebrachten Normen und in revolutionären Bewegungen. Alle solche »Neuheiten« stellen selbst neue gesellschaftliche Bedingungen her, die als Probleme neue Lösungen und wieder Abweichungen vom Alten verlangen. Durch den verwirrenden Wandel wird das Verhältnis zwischen den Generationen schwieriger als früher.

f) **Bürokratische Organisation:** Die Zweckrationalität der Arbeitszerlegung führt zum Spezialistentum und zu immer zahlreicheren Berufszweigen, die in Mammutorganisationen durch rationale Planung koordiniert und zusammengefügt werden müssen. Dabei herrschen Organisationsgesichtspunkte eher als persönliche Belange des einzelnen Funktionsträgers vor. Er wird zu einem »Rädchen« in der bürokratischen Maschinerie, auswechselbar und mit engbegrenzten Zuständigkeiten. Die Schwerfälligkeit der Bürokratie wirkt als Bremse gegen die Dynamik der Mobilität und der Offenheit.

g) **Unüberschaubarkeit:** Der Größe der Organisation und den engen Grenzen der Zuständigkeit entspricht die für den Einzelnen Unüberschaubarkeit des Ganzen. Er genießt nicht die Befriedigung und die Selbstbestätigung der schöpferischen Teilnahme an der Entstehung, dem Aufbau und der Vollendung eines ganzen Produktions- oder Dienstleistungsprozesses. Seine Befriedigung muß er anderswo suchen: in der Freizeit oder der Berufssicherheit, in Konsum, Lohn, Betriebsklima. Der Sinn seiner Tätigkeit und die Verantwortung dafür sind verwischt. Sie enthüllen sich erst am Ende eines langen und unüberschaubaren Prozesses. Die ferneren Konsequenzen sind schwer zu übersehen; er kann kaum ein Gefühl der persönlichen Verantwortung für das Endprodukt spüren.

h) **Orientierungslosigkeit:** Durch den Zerfall der traditionellen hierarchischen Ordnung, durch Mobilität und den raschen Wandel herrscht eine weitverbreitete Orientierungslosigkeit. Tiefe Verankerung von Maßstäben ist unzeitgemäß, sie hindert die schnelle Anpassung an neue Gruppen und Bedingungen. Die jeweiligen »anderen« setzen den Maßstab, der durch Kurzlebigkeit, Konventionalität, Oberflächlichkeit und relative Unverbindlichkeit gekennzeichnet ist. Zuvor als absolut Angesehenes wird durch einen Relativismus ersetzt oder man klammert sich krampfhaft und fanatisch an einen modischen Ersatz.

Diese und andere Merkmale setzen den Rahmen und zugleich die Problematik einer modernen Sozialpolitik. Versuche, diese Probleme zu lösen, orientieren sich mehr oder weniger an einem von zwei Leitbildern: am **Individualismus** (Freiheit) oder am **Kollektivismus** (Gleichheit). Beide Richtungen glauben, ein optimales Maß an menschlicher Vollkommenheit erreichen zu können, aber beide werden in Widersprüche verwickelt, die Korrektive von der anderen Richtung notwendig machen. So neigt der Individualismus dazu, Selbstentfaltung und private Bedürfnisse über das Wohl der Gesamtheit zu stellen; der Staat muß ständig eingreifen, um die sozial Schwächeren – auf Kosten der Stärkeren – zu unterstützen. Ebenso sieht sich der Kollektivismus dauernd gezwungen, Abstriche am Prinzip der Gleichheit zu machen, um den Verlust an persönlicher Initiative und Verantwortung zu mindern.

Das Problem einer angemessenen Sozialpolitik liegt darin, daß Menschen, wenn auch Objekte der Politik und ihrer Planung, doch **individuelle Subjekte** sind. Als Subjekte erschöpfen sich ihre Bedürfnisse nicht in quantifizierbaren, mathematisch zu teilenden Gütern. Die Bedürfnisse ändern sich von Person zu Person und für den Einzelnen von Tag zu Tag, von Rolle zu Rolle und Funktion zu Funktion. In ihren gesellschaftlichen Funktionen können Menschen weder gleich noch frei gesehen werden; erst abstrahiert von ihren ungleichen Funktionen sind sie gleich, losgelöst von ihren gesellschaftlichen Bindungen sind sie frei. Die Sozialpolitik kann nur die äußeren Voraussetzungen schaffen für die subjektive Realisierung der Gleichheit und der Freiheit.

2. Kapitel
Begriff und Träger moderner Sozialpolitik

Nach dem Großen Brockhaus, 17. Aufl., wird unter dem Begriff Sozialpolitik die Gesamtheit aller Maßnahmen zusammengefaßt, die darauf zielen, die Stellung sozialer Gruppen in Beruf und Gesellschaft zu verbessern.

A) Wirkungsfelder*

1. Als soziale Gruppen und damit als Wirkungsfelder moderner Sozialpolitik lassen sich beispielhaft hervorheben

a) die in der Arbeitswelt als Arbeitnehmer Tätigen und ihnen gleichgestellte Selbständige,
b) kinderreiche sowie einkommens- und vermögensschwache Familien,
c) Personen und Gruppen, die zu ihrer Lebensgestaltung auf öffentliche Hilfe angewiesen sind,
d) die durch Kriegs- oder durch Gewaltmaßnahmen Be- und Geschädigten,
e) die jungen Menschen auf der einen, die alten Menschen auf der anderen Seite.

Die verbindliche Gestaltung der Verbesserung der Stellung sozialer Gruppen in Beruf und Gesellschaft als Ziel der Sozialpolitik ist die Aufgabe der gesetzgebenden Körperschaften in Bund und Ländern. Die folgende Tabelle gibt eine Übersicht über die Rechtsbereiche, in die die Sozialpolitik hineinwirkt, und über wesentliche Rechtsvorschriften, die ihrer Verwirklichung dienen sollen. Dabei ist zu beachten, daß sowohl Rechtsbereiche als auch Rechtsvorschriften sich zugleich auf mehrere soziale Gruppen erstrecken können, was in der Tabelle nicht berücksichtigt ist.

2. Gegenstand dieses Buches ist ausschließlich eine Darstellung der Rechtsbereiche und Erläuterung der Rechtsvorschriften, die einer Verbesserung der Stellung der in Abschnitt 1 a) genannten sozialen Gruppen, nämlich der im Arbeitsleben als Arbeitnehmer Tätigen oder der ihnen gleichgestellten Selbständigen, dienen sollen.

Weitere soziale Gruppen sind u. a. im folgenden Luchterhand Schrifttum berücksichtigt:

1. die in Abschnitt 1 a) bis d) genannten Gruppen in
   a) Praktische Sozialhilfe
   b) Lexikon der sozialen Hilfen

(Fortsetzung S. 8)

* Von Paul Seipp

Soziale Gruppen	Von der Sozialpolitik erfaßte Rechtsbereiche	Rechtsvorschriften
1	2	3
a) Die im Arbeitsleben als Arbeitnehmer Tätigen und ihnen Gleichgestellte	Sozialversicherungsrecht, Arbeitsförderungsrecht;	RVO, AVG, KnG, GAL, KVLG, HwVG, AFG
	Berufsbildungs-, Arbeitsvertrags-, Arbeitsschutz- und Betriebsverfassungsrecht;	Vorschriften aus BGB, HGB, GewO, AZO, BUrlG, LadenschlußG, KSchG, LohnfortzahlungsG, FeiertagslohnzahlungsG, AngKSchG, BetrVG
	Tarifrecht	TarifvertragsG
	Mitbestimmungs- und Vermögensbildungsrecht	MitbestimmungsG, Vermögensbildungsgesetze
b) Kinderreiche sowie einkommens- und vermögensschwache Familien	Familienlastenausgleich; Ausbildungsförderung; Wohngeld	Vorschriften aus EStG, BKGG, AFG, BAföG, WohngeldG
c) Personen und Gruppen die zu ihrer Lebensgestaltung öffentlicher Hilfe bedürfen	Sozialhilferecht	BSHG
d) Die durch Kriegs- oder durch Gewaltmaßnahmen Be- oder Geschädigten	Versorgungsrecht; Kriegsfolgen- und Wiedergutmachungsrecht	BVG, LAG, BVFG, HHG, BEG, FlüHG
e) Die jungen Menschen auf der einen, die alten Menschen auf der anderen Seite	Jugendhilfe; Jugendschutz-, Jugendarbeits-, Jugendstrafrecht; Altenpflegerecht	JWG, JSchÖG, GjS, JArbSchG, JGG; Vorschriften des BSHG, landesrechtliche Spezialvorschriften

c) Schellhorn/Jirasek/Seipp »Das Bundessozialhilfegesetz« (Kommentar)
d) Flottmann »Sozialhilfe«;

2. die in Abschnitt 1 e) genannten Gruppen in
   a) Handbuch des gesamten Jugendrechts
   b) Das gesamte Jugendarbeitsrecht
   c) Harrer »Jugendwohlfahrtskunde«, »Jugendhilfe«
   d) Paul »Altenpflegerecht«.

B) Träger sozialpolitischer Maßnahmen*

1. Die Verwirklichung der rechtlichen Regelung moderner Sozialpolitik obliegt an erster Stelle staatlichen Verwaltungsbehörden und Trägern der Selbstverwaltung, nicht zuletzt auch den Gemeinden und Gemeindeverbänden. Sie wird beeinflußt von der Rechtsprechung.
Eine fortschrittliche Entwicklung und Verwirklichung der Sozialpolitik war und ist jedoch zu keiner Zeit denkbar ohne die Bemühungen und das Wirken sozialpolitisch engagierter nichtstaatlicher Organisationen, Betriebe und Persönlichkeiten.

2. Im Bereich der Arbeitswelt verwirklichen staatliche Sozialpolitik die Träger der Sozialversicherung, die Bundesanstalt für Arbeit, die Gewerbeaufsichtsbehörden sowie als Organe der Rechtsprechung die Arbeits- und Sozialgerichte.

a) Zu den **Trägern der Sozialversicherung** s. das folgende 3. Kapitel, zur **Bundesanstalt für Arbeit** das folgende 4. Kapitel.

b) Aufgabe der **Gewerbeaufsichtsbehörden** (Gewerbeaufsichtsämter, Bergbehörden, Seemannsämter) ist, darüber zu wachen, daß die Vorschriften des Arbeitsschutzes (vgl. Kap. 7) durchgeführt werden, gegebenenfalls auch ihre Beachtung zu erzwingen.

c) Sozialgerichtsbarkeit: Die Rechtsprechung in der Sozialversicherung wird von besonderen, von den Verwaltungsbehörden unabhängigen Verwaltungsgerichten wahrgenommen. Ihre Rechtsgrundlage findet sich im **Sozialgerichtsgesetz**.
Für das Verfahren der 1. Instanz sind **Sozialgerichte** errichtet. Bei ihnen sind Kammern eingerichtet, die entsprechend dem Bedarf für die einzelnen Fachgebiete (Krankenversicherung, Rentenversicherung, Arbeitslosenversicherung usw.) gebildet wurden. Den Vorsitz führt ein Berufsrichter und als Beisitzer sind zwei Sozialrichter bestellt. In der 2. Instanz wird das **Landessozialgericht** tätig. Die Senate setzen sich hier aus dem Senatspräsidenten, zwei weiteren Berufsrichtern und zwei Landessozialrichtern zusammen. Die Revisionsinstanz ist das **Bundessozial-**

* Von Willi Klostermeier

gericht in Kassel. Seine Besetzung entspricht der Besetzung bei den Landessozialgerichten. Entsprechend den Kammern sind bei der 2. und 3. Instanz Fachsenate gebildet.
Für die Sozialgerichtsbarkeit herrscht der Grundsatz, daß für das Verfahren bedeutsame Umstände von Amts wegen zu ermitteln und zu würdigen sind. Für den privaten Kläger ist das Verfahren vor den Sozialgerichten grundsätzlich kostenfrei. Nur beim Bundessozialgericht herrscht Anwaltszwang.
Dem eigentlichen Verfahren ist ein **Vorverfahren** in bestimmten Fällen vorgeschaltet. Es beginnt mit der Erhebung des **Widerspruchs** gegen einen von einer Verwaltung getroffenen oder erlassenen **Verwaltungsakt**. Der Widerspruch ist binnen eines Monats nach Bekanntwerden des Verwaltungsaktes bei der beim Sozialversicherungsträger durch die Selbstverwaltung eingerichteten **Widerspruchsstelle** einzureichen. Fehlt in dem Verwaltungsakt die Belehrung über den Rechtsbehelf, kann der Widerspruch noch innerhalb eines Jahres nach Bekanntgabe des Verwaltungsaktes erhoben werden. Hilft die Widerspruchsstelle dem Widerspruch nicht ab, ist ein schriftlicher Widerspruchsbescheid zu erteilen, in dem die Entscheidung zu begründen und in dem auf die Zulässigkeit der Klage hinzuweisen ist. Erst hiernach ist der Rechtsweg vor den Sozialgerichten eröffnet. Der Widerspruch kann mit dem Rechtsbehelf der **Klage** angefochten werden. Gegen die Urteile der Sozialgerichte ist in bestimmten Fällen die **Berufung** an das Landessozialgericht zugelassen bzw. kann sie zugelassen werden. Die **Revision** gegen die Urteile der Landessozialgerichte beim Bundessozialgericht ist hingegen nur auf unrichtige Anwendung oder Nichtanwendung gesetzlicher Vorschriften bezogen.
Eine Ausnahme von dem Anwaltszwang gilt für Behörden und Körperschaften des öffentlichen Rechts. Als Prozeßbevollmächtigte sind neben Rechtsanwälten auch Angehörige von Gewerkschaften und anderen Verbänden zugelassen.

d) Arbeitsgerichtsbarkeit: Die Gerichtsbarkeit in Arbeitssachen wird durch die **Arbeitsgerichte**, die **Landesarbeitsgerichte** und durch das **Bundesarbeitsgericht** ausgeübt. Zuständigkeit und Verfahren sind im **Arbeitsgerichtsgesetz** geregelt. Sie sind im wesentlichen zuständig für

- bürgerliche Rechtsstreitigkeiten zwischen Tarifvertragsparteien oder zwischen diesen und Dritten aus Tarifverträgen oder
- das Bestehen oder Nichtbestehen von Tarifverträgen und
- für bürgerlich-rechtliche Streitigkeiten zwischen tariffähigen Parteien oder zwischen diesen und Dritten aus unerlaubten Handlungen, soweit es sich um Maßnahmen zum Zwecke des Arbeitskampfes oder um Fragen der Vereinigungsfreiheit handelt.

Schließlich sind sie zuständig für die bürgerlich-rechtlichen Streitigkeiten zwischen Arbeitnehmern und Arbeitgebern aus dem Arbeitsverhältnis, über das Bestehen oder Nichtbestehen eines Arbeitsverhältnisses und über Streitigkeiten aus unerlaubten Handlungen, Feststellung über

Streit um eine Erfindung des Arbeitnehmers. Rechtsstreitigkeiten zwischen Arbeitnehmern aus gemeinsamer Arbeit und aus unerlaubter Handlung, soweit diese nach bürgerlich-rechtlichen Vorschriften mit dem Arbeitsverhältnis im Zusammenhang stehen, sind ebenfalls vor den Arbeitsgerichten auszutragen.
Zuständig ist die Arbeitsgerichtsbarkeit ferner in den Fällen des Betriebsverfassungsgesetzes sowie bei einer Entscheidung über die Tariffähigkeit einer Vereinigung.
Dem Vorsitzenden des Arbeitsgerichtes als auch dem Präsidenten des Landesarbeitsgerichts obliegt zudem die Entscheidung in besonderen Fällen des Betriebsverfassungsgesetzes nach den besonderen Vorschriften des Arbeitsgerichtsgesetzes.
Falls die Parteien die Entscheidung durch ein Schiedsgericht vereinbaren, ist dadurch der Ausschluß der Arbeitsgerichtsbarkeit gegeben. Zu den Arbeitnehmern im Sinne des Arbeitsgerichtsgesetzes gehören nicht Beamte als solche; für sie ist der Verwaltungsgerichtsweg zuständig.
Für Arbeitsgerichte und Landesarbeitsgerichte sind Kammern gebildet. Sie bestehen jeweils aus einem Vorsitzenden und zwei Arbeitsrichtern. Die Vorsitzenden müssen besondere Kenntnisse und Erfahrungen auf dem Gebiete des Arbeitsrechts und des Arbeitslebens besitzen. Die Arbeitsrichter werden aus der Gruppe der Arbeitgeber und der Arbeitnehmer durch den Arbeitsminister berufen. Beim Bundesarbeitsgericht in Kassel sind Senate gebildet. Sie sind neben dem Präsidenten mit zwei Berufsrichtern und mit zwei ehrenamtlichen Bundesarbeitsrichtern besetzt.
Die Rechtsstreitigkeiten werden im Urteils- bzw. Beschlußverfahren durchgeführt. Parteifähig sind auch Gewerkschaften und Arbeitgeber. Sie können den Rechtsstreit selbst führen oder sich vertreten lassen. Bereits vor den Landesarbeitsgerichten besteht Anwaltszwang.
Im 1. Rechtszug sind Arbeitsgerichte zuständig. Gegen die Urteile des Arbeitsgerichts ist die Berufung beim Landesarbeitsgericht zulässig. In bestimmten Fällen ist die Revision gegen die Entscheidungen des Landesarbeitsgerichts beim Bundesarbeitsgericht zulässig.

C) Sozialpartner und Organisationen mit sozialpolitischer Zielsetzung*

1. Ohne unmittelbare oder mittelbare Träger der staatlichen Sozialpolitik zu sein, kommt den nachfolgend genannten Institutionen und Organisationen ein nicht unerheblicher Anteil an der Gestaltung des sozialpolitischen Lebens in der Bundesrepublik zu.
Entsprechend der eigenen Zielsetzung ihrer Organisation gehen von ihnen konstruktive Vorschläge aus, werden Alternativen aufgezeigt und

* Von Willi Klostermeier

wird von ihnen tatkräftige Mitarbeit geleistet. Die Mitarbeit wird vor allem durch die persönliche Tätigkeit in den Fachgremien des Bundes, der Länder, der Kreise und Gemeinden sichtbar. Insbesondere ist es aber die verantwortungsvolle ehrenamtliche Tätigkeit in den Selbstverwaltungsorganen der Sozialversicherung oder als ehrenamtliche Beisitzer der Arbeits- oder Sozialgerichtsbarkeit, durch die unmittelbare sozialpolitische Arbeit der Vertreter dieser Organisationen geleistet wird.

2. Als **Sozialpartner** werden die **Gewerkschaften** und die **Arbeitgeberverbände** bezeichnet. In dem Maße, in dem an die Stelle des individuellen Arbeitsvertrages der kollektive Arbeitsvertrag (Tarifvertrag) getreten ist, kommt dem Sozialpartner gestaltende Kraft bei der staatlichen Wirtschafts- und Sozialpolitik zu.
Der **Deutsche Gewerkschaftsbund (DGB)** als größter gewerkschaftlicher Zusammenschluß ist die Dachorganisation von 16 Einzelgewerkschaften. Der DGB entscheidet über die Grundsatzfragen. Die Einzelgewerkschaften sind nach bestimmten Wirtschaftszweigen der Industrie oder in Verwaltungszweige gegliedert (z. B. IG-Metall, ÖTV usw.). Für einen Betrieb soll nur **eine** Gewerkschaft zuständig sein.
Die **Deutsche Angestelltengewerkschaft (DAG)** erfaßt Angestellte. Sie ist in Berufsgruppen gegliedert (Industrie, Handel, Banken, Versicherungen). Ihre Mitglieder versprechen sich durch die Zugehörigkeit zur DAG eine bessere Vertretung ihrer speziellen Interessen als Angestellte.
Der **Deutsche Handels- und Industrie-Angestelltenverband (DHV)** ist ein Zusammenschluß von Angestellten christlich-nationaler Grundlage.
Der **Verband der weiblichen Angestellten e. V.** hat sich insbesondere die Gleichberechtigung der Frau am Arbeitsplatz zum Ziel gesetzt.
Die Gewerkschaften der **Christlichen Gewerkschaftsbewegung (CGD)** sehen die Verwirklichung der christlichen Soziallehre und die Eigentumsbildung breiter Arbeitnehmerschichten als eine vordringliche Aufgabe an.
Neben den genannten Gewerkschaften sind noch zahlreiche Einzelgewerkschaften und Berufsverbände im gleichen Sinne tätig.
Als Tarifpartner stehen den Gewerkschaften rund 350 Fachverbände als **Arbeitgeberverbände** gegenüber. Sie sind in der **»Bundesvereinigung der deutschen Arbeitgeberverbände«** zusammengeschlossen.

3. Auf dem sozialpolitischen Gebiet der Versorgung der Kriegs- und Zivilopfer wirken neben zahlreichen Einzelorganisationen die großen Organisationen des **Verbandes der Kriegsbeschädigten und Kriegshinterbliebenen Deutschlands (VdK)** und die des **Reichsbundes** der Kriegs- und Zivilbeschädigten, Sozialrentner und Hinterbliebenen e. V. (Reichsbund) bei der Gestaltung dieses Bereichs aktiv mit.

4. Wegen der sozialpolitischen Aufgabe der **Wohlfahrtsverbände** wird auf die ausführliche Darstellung in den Bänden »Sozialhilfe« und »Jugendhilfe« verwiesen.

D) Internationale Sozialpolitik*

1. Im allgemeinen endet die soziale Sicherheit der Bürger eines Staates an dessen Grenzen. Die zahlreichen wirtschaftlichen Beziehungen zwischen den Völkern und den Staaten haben sich verbessert und werden ständig enger. Dadurch ergibt sich eine Reihe von Problemen bei der Gewährung sozialer Sicherheiten, die einerseits einen bestimmten Personenkreis betreffen, andererseits durch den Blick über die Grenze und durch die nähere Kenntnis der sozialen Sicherung des anderen Staates hervorgerufen werden.
Gedacht ist hier einmal an die Personen, die regelmäßig wechselnd von einem Staat zum anderen ihr Tätigkeitsfeld verlegen (Rheinschiffer, Auslandsmontagen, Wechsel in die Niederlassungsbetriebe in fremden Staaten), zum anderen aber auch an jene Beschäftigten in Grenzgebieten, die im regelmäßigen Pendelverkehr in das Nachbarland wechseln, und schließlich an jene, die aus volkswirtschaftlichen Erfordernissen heraus als Gastarbeiter in fremden Ländern tätig werden. Bei diesen Personen entstehen insbesondere Probleme dadurch, daß ihre soziale Sicherung von der Erfüllung bestimmter Voraussetzungen (Vorversicherungszeit, Wartezeit) abhängig gemacht wird und sie diese in einem Lande oft nicht erfüllen. Andererseits sehen im Sinne des Territorialitätsprinzips die Staaten für ausländische Arbeitskräfte nur selten Leistungen vor.
Um diese Nachteile zu beseitigen, ist es die wichtigste Aufgabe der zwischenstaatlichen Abkommen und der überstaatlichen Regelungen, hier verbindliche Richtlinien und Rechtssätze aufzustellen. Dabei gehen diese Abkommen und Regelungen von der Vorstellung aus, daß das politische und wirtschaftliche Zusammenwachsen der Staaten auch über einen verstärkten Austausch der Arbeitskräfte über die Grenzen eines jeweiligen Staates hinausführen muß und daß die Freizügigkeit insbesondere der Arbeitnehmer keinerlei Beschränkungen unterliegen soll. Andererseits soll der Arbeitsplatzwechsel der Arbeitnehmer von einem Land zum anderen erleichtert und durch diese Abkommen ermöglicht werden.
Auch darüber hinaus ist die soziale Sicherung der Bevölkerung eines Nachbarlandes sehr oft bei besserer Sicherstellung Ansporn dafür, ähnliche soziale Sicherung im eigenen Land zu erreichen. So hat schon die deutsche Rentenversicherung des vorigen Jahrhunderts zahlreiche Nachahmungen in der Welt gefunden.

2. Zu den besonders zu nennenden Einrichtungen auf internationalem Gebiet gehört die **Internationale Arbeitsorganisation** in Genf (IAO). Sie besteht bereits seit 1919. Heute ist sie eine Sonderorganisation der Vereinten Nationen. 115 Staaten gehören ihr gegenwärtig an. Diese Arbeitsorganisation sieht eine ihrer wichtigsten Aufgaben darin, durch Übereinkommen und Empfehlungen die soziale Sicherheit auf der ganzen

* Von Willi Klostermeier.

Welt zu verbessern. Auch die Bundesrepublik Deutschland ist Mitglied dieser Organisation und ist zahlreichen Übereinkommen verbindlich beigetreten. Die IAO hat unter anderem Mindestnormen der sozialen Sicherheit festgelegt, die die betreffenden Mitgliedstaaten verpflichten, diese Mindestnormen in ihrem innerstaatlichen Recht zu garantieren und in dieser Weise auch in bezug auf die Anerkennung ausländischer Arbeitskräfte, denen im Heimatland gleiche Ansprüche zustehen, zu gewähren.
Auch die **Westeuropäische Union** (WEU) hat neben der internationalen Arbeitsorganisation insbesondere für den europäischen Bereich zahlreiche **Empfehlungen** grundsätzlicher Art an ihre 18 Mitgliedsstaaten des Europarats herausgegeben. Dabei spielen die Empfehlungen zur Rehabilitation der Behinderten, die zahlreiche allgemeine und spezielle Grundsätze für die Durchführung der Rehabilitation enthalten, eine besondere Rolle.
Die **Europäische Wirtschaftsgemeinschaft** (EWG) hat schließlich durch ihre Verordnungen (Nr. 3 und 4) einen erheblichen Anteil an der Harmonisierung der Sozialleistungen ihrer Mitgliedsstaaten. Insbesondere sind dabei die Bestimmungen über die Anrechnung in einem Mitgliedsstaat für ein Mitglied eines anderen Mitgliedsstaates bei der Gewährung der Geld-, Sach- und Rentenleistungen von Bedeutung. Der räumliche Geltungsbereich umfaßt den Bereich der EWG-Mitgliedsstaaten. Insbesondere sind als zusätzliche Regelungen die Bestimmungen über die soziale Sicherheit der Grenzgänger und Saisonarbeiter in besonderen Verordnungen geregelt. Der Verwaltungskommission für die soziale Sicherheit der Wanderarbeitnehmer bei der Europäischen Wirtschaftsgemeinschaft kommt dabei die Aufgabe der Durchführung dieser Verordnungen zu. Alle Verwaltungs- oder Auslegungsfragen sind von ihr zu regeln und dadurch in Zusammenarbeit im Bereich der sozialen Sicherheit zwischen den Mitgliedsstaaten zu fördern und zu verstärken. Der Umfang der Leistungen umfaßt insbesondere die Sicherheit bei Krankheit, Mutterschaft, Invalidität, Alter und Tod (Renten). Außerdem sind aber auch Regelungen getroffen in der Leistungsverpflichtung bei Arbeitsunfällen, Berufskrankheiten, Arbeitslosigkeit, Familienbeihilfen und insbesondere über die finanziellen Bestimmungen in den einzelnen Leistungsgebieten.

3. Neben diesen Regelungen innerhalb der EWG gibt es zahlreiche **zweiseitige Sozialversicherungsabkommen**. Sie betreffen vor allen Dingen Staaten, mit denen keine wirtschaftlichen Zusammenschlüsse wie im Beispiel der EWG (jetzt EG) oder WEU bestehen.
Alle diese Abkommen haben zum Gegenstand die gegenseitige Anerkennung von Beitrags- und Vorversicherungszeiten, in Einzelfällen umfassen sie aber auch die Sozialhilfe wie auch inhaltlich die Sicherung auf dem Gebiet der Kriegsopferversorgung für Ausländer, die durch den Dienst in der Deutschen Wehrmacht während des zweiten Weltkrieges eine Schädigung erlitten.
Die verwaltungsmäßige Durchführung ist zahlreichen Verbindungsstellen, getrennt nach den einzelnen Versicherungszweigen, aufgetragen.

ZWEITER TEIL
TRÄGER STAATLICHER SOZIALPOLITIK IM BEREICH DER ARBEITSWELT, IHRE AUFGABEN UND LEISTUNGEN

3. Kapitel
Die Träger der Sozialversicherung*

A) Die gesetzliche Sozialversicherung, ihre Struktur und Gliederung

I. Allgemeines

1. Von den verschiedenen Zweigen der gesetzlichen Sozialversicherung in der Bundesrepublik werden rund 90 v. H. der Bevölkerung erfaßt. Die gesetzliche Sozialversicherung hat damit nicht nur von der Zahl, sondern auch von dem Umfang und der Höhe ihrer Leistungen her den größten Teil staatlicher Sozialpolitik zu bestreiten.
Durch die Übertragung staatlicher Aufgaben auf **Selbstverwaltungskörperschaften**, die die Mittel durch Beiträge der versicherten Arbeitnehmer und anderer Gruppen und der sozialpflichtigen Arbeitgeber aufzubringen haben, ist der Staat aus seiner Verantwortung jedoch nicht entlassen. Abgesehen von den Fällen, in denen er durch Zuschüsse zu der Mittelaufbringung in den Versicherungszweigen beiträgt, beschränkt sich seine Verantwortung in der Durchführung der **Staatsaufsicht** über die Versicherungsträger (Versicherungsämter, Bundesversicherungsamt und sonstige Stellen). Diese Aufsicht erstreckt sich darauf, daß die Versicherungsträger Gesetz und Satzung beachten.
Die Sozialversicherung unterscheidet sich von den übrigen Leistungen staatlicher Sozialpolitik vor allem dadurch, daß hier die Versicherten **und** ihre Arbeitgeber durch Beiträge die Leistungen decken müssen. Das Versicherungsprinzip – Leistung und Gegenleistung – ist im Grunde also vorhanden. Der Charakter einer sozialen Versicherung wird aber dadurch deutlich, daß die Bemessung dieser Beiträge nicht nach dem Risiko des Einzelnen, sondern nach dem Risiko der Gesamtheit erfolgt. Der einzelne hat zu diesem Risiko entsprechend seiner wirtschaftlichen Leistungskraft – gemessen am Arbeitsentgelt – beizutragen und empfängt im Falle des Eintritts des Versicherungsfalles nach dem Maß der Bedürfnisse. Dieses Maß der Bedürfnisse hat der Gesetzgeber festgelegt. Auch wird der soziale Charakter dadurch deutlich, daß der Versicherte für eine höhere

* Von Willi Klostermeier.

Leistungsgemeinschaft (Zahl der Angehörigen) keine besonderen Beiträge entrichten muß.

Während die **Versorgung** darauf abstellt, daß der Versorgungsberechtigte in Form einer persönlichen Vorleistung im Einsatz für den Staat einen Entschädigungsanspruch erwirbt (z. B. Kriegsbeschädigung) stellt die **Sozialhilfe** auf die Hilfeberechtigung ab. Diese Hilfeberechtigung, die hinsichtlich der Voraussetzung des Anspruchs eine Hilfebedürftigkeit voraussetzt, kennt die Sozialversicherung nicht.
Sieht man die Abgrenzung der Leistungspflicht in dem entstehenden Anspruch, könnte man die Leistungsträger danach unterscheiden, ob sie entweder nur für einen versicherten Lebenstatbestand **ohne Rücksicht auf die Ursache** einzutreten haben (Krankheit mit folgender Arbeitsunfähigkeit oder Erwerbsunfähigkeit), wie es für die Krankenversicherung und Rentenversicherung der Fall ist, oder ob eine **besondere Ursache** bei der Entstehung mitgewirkt hat (Unfall bei der Arbeit, beim Grundwehrdienst). Alle Fälle, die von diesen Trägern staatlicher Sozialpolitik nicht aufgefangen werden, blieben dann dem Auffangsystem der Sozialhilfe – unter besonderer Voraussetzung der Hilfebedürftigkeit – zur Leistungsverpflichtung überlassen. Das gilt auch für die Fälle, in denen die Leistung der anderen Träger erschöpft bzw. nicht ausreichend ist.

2. Die Versicherungsträger der gesetzlichen Sozialversicherung sind **Körperschaften des öffentlichen Rechts**. Sie haben das Recht der Selbstverwaltung. Dies wird durch **Selbstverwaltungsorgane** ausgeübt. Die Organe haben eine Amtszeit von 6 Jahren; sie werden durch Sozialwahlen gebildet und sind in der Regel je zur Hälfte mit Versicherten und Arbeitgebern besetzt. Bei einzelnen Versicherungsträgern bestehen Sonderregelungen, die durch die besondere Zusammensetzung des versicherten Personenkreises bedingt sind (Knappschaft, Landwirtschaftliche Unfallversicherung, Ersatzkassen). Als Organe bestehen die **Vertreterversammlung** und der **Vorstand.**

Die **Vertreterversammlung** ist das »Parlament« des Versicherungsträgers, d. h., der Vertreterversammlung obliegt die Feststellung des Voranschlages bzw. Haushaltsplanes, Prüfung und Abnahme der Jahresrechnung, vor allem aber das Recht der Selbstgesetzgebung (soweit der Gesetzgeber Satzungsrecht vorsieht). Von der Vertreterversammlung wird der Vorstand gewählt.
Der **Vorstand** verwaltet den Versicherungsträger, soweit durch Gesetz oder Satzung nichts anderes bestimmt ist. Er hat die Stellung eines gesetzlichen Vertreters und vertritt den Versicherungsträger gerichtlich und außergerichtlich.
Dem Vorstand gehören mit beratender Stimme der **Geschäftsführer** bzw. die Mitglieder der Geschäftsführung an. Dem Geschäftsführer obliegt die Durchführung der laufenden Verwaltungsgeschäfte des Versicherungsträgers. Insoweit vertritt er den Versicherungsträger auch gerichtlich und außergerichtlich.

Die Rechtsgrundlage für die Selbstverwaltung findet sich in dem Gesetz über die Selbstverwaltung vom 22. 2. 1951 in der Fassung der Gesetze vom 11. 8. 1973 und 4. 3. 1974.

II. Gliederung in Versicherungszweige

1. Die Gliederung der Sozialversicherung in verschiedene Versicherungszweige und die Durchführung durch **verschiedene Versicherungs-**

träger wird nur dann verständlich, wenn man dabei die historische Entwicklung berücksichtigt. Hervorgegangen sind diese Träger aus den früheren Selbsthilfeeinrichtungen, die z. T. bis ins Mittelalter zurückreichen. Erst mit der industriellen Umwandlung des damaligen Agrarstaates in der Mitte des 19. Jahrhunderts ergab sich die Notwendigkeit staatlicher Maßnahmen. Die große Zahl der Personen, die aus der bäuerlichen Lebensgemeinschaft nun in die Industrie hineinströmte, war im Falle der Wechselfälle des Lebens wie Krankheit, Unfall, Invalidität und Tod ohne den Schutz dieser Lebensgemeinschaft. Die familienhafte Regelung insbesondere in der Altersversorgung durch die Hofordnung betraf sie nun nicht mehr. Die Folge war eine immer größere soziale Unzufriedenheit und eine Überlastung der damaligen öffentlichen Fürsorge. Die Maßnahmen, die durch die Selbsthilfeeinrichtungen getroffen wurden, betrafen nicht alle Personen und auch diese nicht im ausreichenden Maße. Die einzige Grundlage ihrer wirtschaftlichen Existenz war die Arbeitskraft. Wenn diese aus Mangel an Arbeitsgelegenheiten oder infolge der Wechselfälle verlorenging, waren sie schutzlos.

Die **Kaiserliche Botschaft vom 17. 11. 1881** stellte erstmals ein staatliches Grundsatzprogramm auf, durch das die Regelung der Sicherung in diesen Wechselfällen als eine »Aufgabe staatserhaltender Politik« bezeichnet wurde. Zugleich wurde aber auch erklärt, daß »auf die realen Kräfte des Volkslebens«, die auch bislang die Sicherung in den Selbsthilfeeinrichtungen durchgeführt hatten, nicht verzichtet werden sollte. Insbesondere sollten diese Selbsthilfeeinrichtungen ausgebaut und mit staatlichem Schutz und staatlichen Machtmitteln ausgestattet werden. Hieraus folgte eine Reihe gesetzlicher Maßnahmen, die zunächst mit dem **Gesetz betr. die Krankenversicherung der Arbeiter** vom 15. 6. 1883 eingeleitet wurden.
Es folgten das **Unfallversicherungsgesetz** vom 6. 6. 1884 und das **Gesetz betr. die Invalidität- und Altersversicherung** vom 22. 6. 1889. Erst später, nämlich am 20. 12. 1911, wurde das **Angestelltenversicherungsgesetz** verabschiedet.

Zahlreiche Änderungen dieser Gesetze durch Neufassungen und Rechtsverordnungen haben die gesetzliche Entwicklung bis heute geprägt. Geblieben ist aber die gegliederte Sozialversicherung aus ihren Ursprüngen.

2. So sehen wir heute als Versicherungszweige

a) **die gesetzliche Krankenversicherung.** Die Träger der gesetzlichen Krankenversicherung sind die
   - Ortskrankenkassen,
   - Betriebskrankenkassen
   - Innungskrankenkassen
   - Knappschaften
   - See-Krankenkasse
   - Ersatzkassen sowie
   - die Träger der landw. Krankenversicherung
   - die Abteilung »Krankenversicherung« der Landesversicherungsanstalten.

Die Rechtsgrundlagen dieser Träger finden sich im Zweiten Buch der Reichsversicherungsordnung bzw. einigen Sondergesetzen. Die Träger der Krankenversicherung haben neben ihren ureigensten Aufgaben zahlreiche Auftragsangelegenheiten durchzuführen. So werden sie im Rahmen gesetzlicher Vorschriften und Vereinbarungen für die anderen Versicherungszweige beim Beitragseinzug der Gesamtsozialversicherungsbeiträge tätig und haben auch – von Ausnahmen abgesehen – über Versicherungspflicht und -freiheit zu entscheiden. Auch in der Leistungsgewährung für die übrigen Versicherungszweige werden sie tätig. So werden im Rahmen der Leistungsgewährung für die Unfallversicherung deren Verletztengelder zumeist durch die Krankenkassen während der Dauer der Arbeitsunfähigkeit ausgezahlt, das gilt auch für die Übergangsgelder der Rentenversicherung.
Den Ortskrankenkassen sind daneben besondere Auftragsangelegenheiten des Bundes (Krankenversorgung der Kriegsbeschädigten, Mutterschutzgesetz, Häftlingshilfegesetz) und des Landes (Bundesentschädigungsgesetz) übertragen.
Auch für Personen, die der Krankenversicherungspflicht nicht mehr unterliegen, sind die sogenannten Pflichtkrankenkassen (Ortskrankenkassen, Betriebs- und Innungskrankenkassen) für den Beitragseinzug zuständig. Die Abteilung Krankenversicherung der Landesversicherungsanstalt führt Gemeinschaftsaufgaben der Krankenversicherung durch, wie z. B. den Vertrauensärztlichen Dienst, die Verwaltung der Rücklagen sowie die Prüfung der Geschäfts- und Rechnungsergebnisse durch Landesprüfer wie auch den Betrieb von Erholungs- und Genesungsheimen und die Durchführung der vorbeugenden Gesundheitsfürsorge.
Durch das Lohnfortzahlungsgesetz vom 12. 6. 1969 ist den Orts- und Innungskrankenkassen auch die Durchführung des Lohnausgleichs für Betriebe mit nicht mehr als zwanzig Arbeitnehmern übertragen. Durch diese **Lohnausgleichskasse** soll das durch die Einführung der Lohnfortzahlung für Arbeiter besonders für Kleinbetriebe entstandene Risiko ausgeglichen werden, wobei der Bund bis 1973 eine Übergangshilfe gewährte. Die Ausgleichsmittel werden von der Krankenkasse als Sondervermögen verwaltet. Die Satzung der Krankenkasse bestimmt das Nähere über Umlage usw.;

b) **die gesetzliche Unfallversicherung.** Die gesetzliche Unfallversicherung ist in eine Allgemeine, Landwirtschaftliche und See-Unfallversicherung unterteilt. Die Träger der allgemeinen Unfallversicherung sind wiederum aufzugliedern nach

1) gewerblichen Berufsgenossenschaften,
2) Bund und Ländern,
3) Gemeinden und Gemeindeverbände.

Die **gewerblichen Berufsgenossenschaften** (BG) versichern die größte Anzahl der unfallversicherten Personen. Sie sind zumeist nach Gewerbezweigen oder in der Zusammenfassung artverwandter Gewerbezweige zusammengefaßt (Eisen- und Stahl-BG, Nahrungsmittel- und Gaststätten-BG, BG für Fahrzeughaltungen usw.). Je nach der Notwendigkeit sind sie wiederum regional gegliedert (z. B. Norddeutsche Holz-BG). Bund und Länder sind Träger der Unfallversicherung für ihre eigenen, auf ihre Rechnung gehenden Unternehmen. Sie sind aber auch Träger für andere im Gesetz besonders genannte Fälle. Zu diesem Zwecke sind Bundes- bzw. Landesausführungsbehörden errichtet. So gibt es für die Bundesbahn und die Bundespost eigene Ausführungsbehörden der Unfallversicherung, wie auch für die deutschen Bediensteten bei den fremden Streitkräften.
Die **Unfallversicherungsträger der Gemeinden** und Gemeindeverbände sind im wesentlichen für die Tätigkeiten zuständig, die im Interesse des Gemeinwohls geleistet werden (z. B. bei Hilfe in Unglücksfällen, Lebensretter, Feuerwehr, Hausangestellte und andere). Städte über 500 000 Einwohner haben zumeist einen eigenen Unfallversicherungsträger, die übrigen Gemeinden sind in Gemeindeunfallversicherungsverbänden zusammengeschlossen. Für Feuerwehren sind in einzelnen Ländern z. T. besondere Träger – Feuerwehrunfallversicherungskassen – errichtet.

Die **landwirtschaftlichen Berufsgenossenschaften** sind für die in der Land- und Forstwirtschaft Beschäftigten zuständig. Überwiegend sind diese Versicherungsträger für die früheren Provinzen bzw. Länder errichtet.
Für die **Unfallversicherung der Seeleute** ist eine besondere See-Berufsgenossenschaft zuständig.

Die Rechtsgrundlagen der Unfallversicherung finden sich in dem Dritten Buch der Reichsversicherungsordnung;

c) **die gesetzlichen Rentenversicherungen.** Die Rentenversicherungen sind in die Rentenversicherung der Arbeiter, die Rentenversicherung der Angestellten, die knappschaftlichen Rentenversicherung, die Handwerkerversicherung und die Altershilfe der Landwirte unterteilt.

Die Träger der Rentenversicherung der Arbeiter sind die **Landesversicherungsanstalten**, die Bundesbahnversicherungsanstalt und die Seekasse. Ihre Rechtsgrundlagen finden sich im Vierten Buch der Reichsversicherungsordnung. Für die Rentenversicherung der Angestellten ist nach dem Angestelltenversicherungsgesetz die **Bundesversicherungsanstalt** für Angestellte zuständig.
Die Träger der knappschaftlichen Rentenversicherung sind die **Knappschaften**. Ihr Recht ist im Knappschaftsversicherungsgesetz geregelt.
Die **Rentenversicherung der Handwerker** wird bei der Rentenversicherung der Arbeiter (den Landesversicherungsanstalten) durchgeführt. Ihre Rechtsgrundlage hat diese Versicherung in dem Gesetz über die Rentenversicherung der Handwerker.
Nach dem Gesetz über eine **Altershilfe für Landwirte** wird diese bei den Landwirtschaftlichen Berufsgenossenschaften in besonders eingerichteten landwirtschaftlichen **Alterskassen** durchgeführt.

III. Die Beschäftigung gegen Entgelt und die Rechtsfolge in der Kranken-, Renten- und Arbeitslosenversicherung*

1. **Unselbständig Beschäftigte** bilden die größte Versicherungsgruppe. Es sind die **Arbeitnehmer**, die in einem Abhängigkeitsverhältnis zum **Arbeitgeber** stehen. Dieser bestimmt Art, Ort, Zeit und Weise der Arbeit. Dadurch wird der Arbeitnehmer einer Direktionsgewalt unterstellt; er ist weisungsgebunden. Das besondere Merkmal einer unselbständigen Beschäftigung ist deshalb stets die persönliche Abhängigkeit. Der Personenkreis der Arbeitnehmer umfaßt nach den Sozialversicherungsgesetzen
   a) **die Arbeiter,** die zu den oben bezeichneten Versicherungszweigen ohne Rücksicht auf die Höhe des Entgelts und die der
   b) **Angestellten,** die in der **Krankenversicherung** lediglich bis zu einem Jahresarbeitsverdienst (1975: 25200 DM), in anderen Zweigen aber grundsätzlich der Versicherungspflicht unterliegen.
   Die Zuordnung zu einer dieser Gruppen richtet sich nach dem Gesetz. Ist dieses danach nicht möglich, spielt die Verkehrsanschauung unter Berücksichtigung der tatsächlichen Verhältnisse eine Rolle. Die Zuordnung muß sich dabei nach der vorwiegend körperlichen Tätigkeit (=Arbeiter) oder nach der überwiegend geistigen Tätigkeit (= Angestellter) bestimmen.
   Neben der Zugehörigkeit zu einer dieser Gruppen wird von den Gesetzen die
2. **Beschäftigung gegen Entgelt** gefordert. Zum Entgelt im gesetzlichen Sinne gehören neben dem Arbeitseinkommen (Lohn, Gehalt) auch Gewinnanteile, Sach- und andere Bezüge, die der Versicherte, wenn auch nur gewohnheitsmäßig, statt des Gehaltes oder Lohnes oder neben ihm von dem Arbeitgeber oder

* Zur Arbeitslosenversicherung vgl. unten S. 69 f.

einem Dritten erhält. Wirtschaftliche Abhängigkeit ist nicht Voraussetzung, wird aber zumeist gegeben sein. Liegen die zu 1) und 2) geschilderten Voraussetzungen vor, tritt ohne den Willen der Beteiligten die

3. **Versicherungspflicht** zu den obengenannten Versicherungszweigen ein. Diese Rechtswirkung kann auch nicht durch Absprache oder Vereinbarung beeinflußt werden.
   a) **Versicherungsfrei** kraft gesetzlicher Vorschriften sind bestimmte
   b) **Personen,** denen eine ähnliche soziale Sicherung wie die der gesetzlichen Sozialversicherung gesetzlich garantiert ist (z. B. Beamte) und
   c) **Beschäftigungen,** die wegen ihrer Geringfügigkeit (Entgelt, Dauer) des sozialen Schutzes nicht bedürfen.

   Liegt die Versicherungspflicht vor, so hat sie die
4. **Meldepflicht** des **Arbeitgebers** zur Folge. Er hat spätestens 2 Wochen nach Beginn der Beschäftigung den Versicherungspflichtigen bei der zuständigen Pflichtkrankenkasse zu melden. Meldungen mittels Magnetband oder Lochkarte usw. sind von EDV-Anwendern innerhalb von 1 $1/2$ Monaten zu erstatten. Auch die Beendigung und Veränderungen unterliegen der Meldepflicht. Ersatzkassenmitglieder, die noch krankenversicherungspflichtig sind und sich ausgewiesen haben, sind hiervon ausgenommen. Besteht indes keine Krankenversicherungspflicht, sind diese Personen wegen der Rentenversicherungspflicht und der Beitragspflicht zur Bundesanstalt (Arbeitslosenversicherung) bei der Pflichtkasse zu melden. Verstöße gegen die Meldepflicht können Verhängung von Bußgeld zur Folge haben.

   Aus der Versicherungspflicht folgt die
5. **Beitragspflicht** für die Beteiligten. Der Beitragspflicht unterliegt das laufende Entgelt und die einmaligen Zuwendungen. Die Bezüge werden allerdings nur bis zur Höhe der
   a) **Beitragsbemessungsgrenzen** der einzelnen Versicherungszweige herangezogen. Diese monatlichen Bemessungsgrenzen sind vom Gesetzgeber festgelegt und betragen 1975

in der Krankenversicherung	2100 DM
in der Rentenversicherung der Arbeiter und Angestellten	2800 DM
zur Bundesanstalt für Arbeit	2800 DM.

   Die
   b) **Beitragssätze** sind in der Krankenversicherung unterschiedlich nach dem Leistungsanspruch durch die Satzung bestimmt. In der Rentenversicherung der Arbeiter und Angestellten beträgt der Beitragssatz 18 v. H.
   Der gesetzliche Beitrag zur Bundesanstalt für Arbeit beträgt 2 v. H. Abgesehen von einer Regelung bei Geringverdienern erfolgt die
   c) **Beitragsaufbringung** durch Versicherte und Arbeitgeber je zur Hälfte. Die Beitragsteile der Versicherungspflichtigen werden durch den Arbeitgeber mittels
   d) **Lohnabzug** vorgenommen. Sind Abzüge für eine Lohnzeit unterblieben, dürfen sie nur bei der Lohnzahlung für die nächste Lohnzeit nachgeholt werden, wenn nicht die Beiträge ohne Verschulden des Arbeitgebers verspätet entrichtet worden sind.

   Aus der Einbehaltung folgt die
6. **Zahlungspflicht** die dem Arbeitgeber obliegt. Zusammen mit dem eigenen Beitragsanteil hat er die Gesamtsozialversicherungsbeiträge (KV, RV, ArbIV) an die Beitragseinzugsstelle (zuständige Krankenkasse) abzuführen. Unterläßt er die Abführung oder erfolgt sie nicht bis zu den festgesetzten Zahltagen, werden die Beiträge im Verwaltungszwangsverfahren beigetrieben. Beitragshinterziehung hat strafrechtliche Folgen.

   Dem Arbeitgeber obliegt zudem die
7. **Entgeltbescheinigung** über die Entrichtung der Beiträge in der Entgeltbescheinigung aus dem maschinenlesbaren Versicherungsnachweisheft des Versicherten. Dieser Nachweis dient der Rentenversicherung als Unterlage für die spätere

Rentenberechnung. Die Eintragung des beitragspflichtigen Entgelts bedarf daher besonderer Sorgfalt. Bußgeld und Kriminalstrafen sieht das Gesetz bei Verstößen vor.

Den Erfordernissen der Sozialversicherung entsprechend sehen die Gesetze für zahlreiche Sondertatbestände Sonderregelungen vor. Die vorstehenden Ausführungen können deshalb nur für den Regelfall als gültig angesehen werden.

B) Die Krankenversicherung

I. Personenkreis, Aufbringung der Mittel

1. a) Die **unselbständig Beschäftigten** bilden in der gesetzlichen Krankenversicherung die größte Gruppe. Sie unterliegen der **Versicherungspflicht**. Es handelt sich hierbei um Arbeiter und Angestellte, die gegen Entgelt beschäftigt werden. Dabei sind Arbeiter ohne Rücksicht auf die Höhe ihres Entgelts versicherungspflichtig. Angestellte sind nur versicherungspflichtig, wenn ihr regelmäßiger Jahresarbeitsverdienst die gesetzliche Grenze (s. u.) nicht übersteigt; auf die Jahresarbeitsverdienstgrenze werden Zuschläge, die mit Rücksicht auf den Familienstand gezahlt werden, nicht angerechnet (z. B. Teile des Ortszuschlages, Kindergeld).

Die Jahresarbeitsverdienstgrenze in der gesetzlichen Krankenversicherung, nach der sich die Versicherungspflicht der Angestellten bestimmt, beträgt 75 v. H. der für Jahresbezüge in der Rentenversicherung der Arbeiter geltenden Beitragsbemessungsgrenze (1974: 22 500 DM).
Überschreitet das Entgelt eines Angestellten die festgelegte Jahresarbeitsverdienstgrenze, scheidet er mit Ablauf des Kalenderjahres des Überschreitens aus der Versicherungspflicht aus. Das Ausscheiden erfolgt dann nicht, wenn das Entgelt die vom Beginn des nächsten Kalenderjahres an geltende Jahresarbeitsverdienstgrenze nicht übersteigt. Bei rückwirkender Erhöhung des Entgelts endet die Versicherungspflicht mit Ablauf des Kalenderjahres, in dem der Anspruch entstanden ist.

Unter bestimmten Voraussetzungen unterliegen auch solche **Selbständige**, die hinsichtlich der Schutzbedürftigkeit den Arbeitnehmern ähneln, der Versicherungspflicht. Hierzu gehören Hausgewerbebetreibende, selbständige Lehrer, Erzieher und Musiker, die in ihrem Betriebe keine Angestellten beschäftigen, Artisten, Hebammen mit Niederlassungserlaubnis, die in der Kranken-, Wochen-, Säuglings- und Kinderpflege selbständig tätigen Personen, die in ihrem Betriebe keine Angestellten beschäftigen. Voraussetzung ist aber hierbei, daß ihr regelmäßiges Jahreseinkommen aus ihrer Tätigkeit die Jahresarbeitsverdienstgrenze für Angestellte nicht übersteigt.

Alle Personen, die eine **Rente** aus der Rentenversicherung der Arbeiter oder der Rentenversicherung der Angestellten **beziehen** oder eine solche Rente **beantragt haben**, unterliegen ebenfalls der Pflichtversicherung

Die Mitgliedschaft der Rentenbewerber beginnt mit dem Tage der Stellung des Rentenantrages. Im Falle der Ablehnung des Rentenantrages endet sie mit dem Ablauf des Monats, in dem die Ablehnung des Rentenantrages endgültig geworden ist. Diese Pflichtversicherung **der Krankenversicherung der Rentner** hat einen subsidiären Charakter, d. h., sie besteht nur dann, wenn kein anderweitiger Krankenversicherungsschutz (versicherungspflichtige Beschäftigung, Arbeitslosengeldbezug, freiwillige Versicherung) gegeben ist.
Ab 1. 10. 1974 unterliegen auch die Bezieher von Übergangsgeld aus Anlaß berufsfördernder Rehabilitationsmaßnahmen der Versicherungspflicht. Ausgenommen sind hiervon die Übergangsgeldbezieher nach dem Bundesversorgungsgesetz.

b) Personen, die dem Grunde nach versicherungspflichtig sind, sind unter bestimmten Voraussetzungen vom Gesetzgeber für **versicherungsfrei** erklärt. Hierbei ist zu unterscheiden zwischen versicherungsfreien Personen und versicherungsfreien Beschäftigungen.
Bei den **versicherungsfreien Personen** handelt es sich z. B. um Beamte oder beamtenähnliche Personen, um Lehrer an privaten genehmigten Ersatzschulen, bestimmte Verwaltungslehrlinge und schließlich um Personen, die zu oder während ihrer wissenschaftlichen Ausbildung für den zukünftigen Beruf gegen Entgelt tätig sind (Praktikanten, Werkstudenten); ferner um Mitglieder geistlicher Genossenschaften, Diakonissen, Schwestern vom Deutschen Roten Kreuz, Schulschwestern und ähnliche Personen, wenn sie aus überwiegend religiösen oder sittlichen Beweggründen mit Krankenpflege, Unterricht oder anderen gemeinnützigen Tätigkeiten beschäftigt sind und nicht mehr als freien Unterhalt oder ein geringes Entgelt beziehen, das nur zur Beschaffung der unmittelbaren Lebensbedürfnisse an Wohnung, Verpflegung, Kleidung usw. ausreicht.

Pensionierte Beamte und ihnen gleichgestellte Personen sowie Rentner, die bei einem privaten Krankenversicherungsunternehmen versichert sind, können unter bestimmten Voraussetzungen auf ihren **Antrag** hin von der Versicherungspflicht **befreit** werden.

Bei einem anderen Personenkreis hält der Gesetzgeber infolge der **Geringfügigkeit ihrer Tätigkeit** eine Pflichtversicherung nicht für notwendig. Er hat deshalb bestimmt, daß derjenige, der neben einer regelmäßigen versicherungspflichtigen Hauptbeschäftigung eine Nebenbeschäftigung bei einem anderen Arbeitgeber oder eine Nebentätigkeit ausübt, in der **Nebenbeschäftigung** oder Nebentätigkeit **versicherungsfrei** ist. Das gleiche gilt für Personen, die berufsmäßig zwar eine versicherungspflichtige Beschäftigung oder Tätigkeit nicht ausüben (z. B. Hausfrauen, Pensionäre, Rentner, Schüler), die aber eine solche als Nebenbeschäftigung oder Nebentätigkeit übernehmen; versicherungsfrei ist die Nebenbeschäftigung oder Nebentätigkeit dann, wenn sie nur gelegentlich für eine Zeitdauer, die im Laufe eines Jahres seit ihrem Beginn nicht mehr als drei Monate oder insgesamt 75 Arbeitstage nach der Natur der Sache

beschränkt zu sein pflegt oder im voraus durch Vertrag beschränkt ist oder dann, wenn sie zwar laufend oder in regelmäßiger Wiederkehr, aber nur gegen ein Entgelt oder ein Arbeitseinkommen, das durchschnittlich im Monat $1/8$ der für Monatsbezüge in der Rentenversicherung der Arbeiter geltenden Beitragsbemessungsgrenze oder bei höherem Entgelt oder Arbeitseinkommen $1/5$ des Gesamteinkommens nicht überschreitet.
Für beschäftigte Rentner mit vorgezogenem Altersruhegeld gelten Sonderregelungen.

c) Neben den Pflichtversicherten der gesetzlichen Krankenversicherung gibt es die **freiwillig Versicherten**.
Bestimmte Personen können unter bestimmten Voraussetzungen freiwillig der Krankenkasse beitreten. Zu beachten ist dabei, daß die Satzung einer Krankenkasse für den Beitritt eine Altersgrenze festsetzen kann. Auch kann sie ein Gesundheitszeugnis verlangen und ggf. den Beitritt bei nicht genügendem Gesundheitszeugnis oder bestehenden Krankheiten zurückweisen. Andererseits hat sie auch die Möglichkeit, beim Beitritt bestehende Krankheiten vom Leistungsanspruch auszunehmen. Schließlich kann sie eine Wartezeit von sechs Wochen für die Leistungsgewährung vorsehen. Hierbei ist zu beachten, daß nur ein ganz bestimmter Personenkreis beitreten kann, insbesondere gehören dazu die krankenversicherungsfreien Beschäftigten (z. B. Beamte), außerdem die im Betrieb des Arbeitgebers unentgeltlich mitarbeitenden Familienangehörigen, Gewerbetreibende und andere Betriebsunternehmer.
Voraussetzung für die Beitrittsberechtigung ist aber für alle, daß ihr jährliches Gesamteinkommen die bei den Angestellten geltende Jahresarbeitsverdienstgrenze nicht übersteigt.
Leistungseinschränkungen durch die Satzung sind zulässig (z. B.) ohne Anspruch auf Krankengeld bei entsprechender Beitragsermäßigung.
Ohne diese Voraussetzungen ist innerhalb bestimmter Fristen die freiwillige Weiterversicherung in der Krankenversicherung möglich.

d) Für die **Arbeitgeber** entstehen durch die Beschäftigung versicherungspflichtiger Personen besondere Pflichten. Sie haben insbesondere die versicherungspflichtig Beschäftigten bei der zuständigen Krankenkasse anzumelden. Im übrigen unten S. 97 ff.

e) Die **Mitgliedschaft** in der Krankenversicherung begründet sowohl die Ansprüche als sie auch ggf. unabhängig von dem Bestehen der versicherungspflichtigen Beschäftigung die Ansprüche erhält.
Die Mitgliedschaft der Versicherungspflicht **beginnt** mit dem Tage des Eintritts in die versicherungspflichtige Beschäftigung, die der Rentner mit der Stellung des Rentenantrages und die der Beitrittsberechtigten mit dem Tage ihres Beitritts zur Krankenkasse.
Die Mitgliedschaft **endet** mit dem Tode oder mit dem Ende des Tages, an dem die versicherungspflichtige Beschäftigung aufgegeben wird. Bei

versicherungspflichtigen Rentnern endet die Mitgliedschaft ebenfalls mit dem Tode oder mit dem Tage des endgültigen Rentenentzuges bzw. der endgültigen Ablehnung oder Rücknahme des Rentenantrages. Bei den freiwilligen Mitgliedern besteht insofern eine Sonderregelung, als ihre Mitgliedschaft endet durch die Abmeldung, Begründung einer Pflichtmitgliedschaft oder in dem Sonderfall des Zahlungsverzuges, in dem die Mitgliedschaft dann endet, wenn zweimal nacheinander am Zahltage die Beiträge nicht entrichtet wurden.
Der leistungsanspruchserhaltende Charakter der Mitgliedschaft wird dadurch deutlich, daß nach dem Ende einer versicherungspflichtigen Beschäftigung die Mitgliedschaft und damit auch der volle Anspruch dann aufrechterhalten bleibt, wenn die Arbeitsunfähigkeit bereits während der Mitgliedschaft eintrat. Das gilt auch, wenn ein Anspruch auf Mutterschaftsgeld in Höhe des Nettolohnes oder Krankengeldes besteht. Während der Schwangerschaft bleibt die Mitgliedschaft Versicherungspflichtiger auch dann erhalten, wenn das Arbeitsverhältnis vom Arbeitgeber zulässig aufgelöst wurde oder wenn die Versicherte unter Wegfall des Arbeitsentgelts beurlaubt worden ist. In diesen Fällen ist sie aber allein zur Beitragszahlung verpflichtet.

2. Die **Aufbringung der Mittel** in der gesetzlichen Krankenversicherung geschieht für die versicherungspflichtigen Beschäftigten durch **Beiträge** der Arbeitnehmer und Arbeitgeber. Bemessen werden die Beiträge nach dem Arbeitsentgelt des Versicherten. Dabei ist zu beachten, daß unter Umständen nicht das gesamte Arbeitsentgelt zur Beitragsleistung herangezogen wird, sondern nur soweit, als es den Betrag der monatlichen **Beitragsbemessungsgrenze** nicht übersteigt (1974: 1875 DM).

a) Die Beiträge werden in der **Satzung** der jeweiligen Krankenkasse festgesetzt. Dabei schreibt das Gesetz vor, daß einerseits die Beiträge so zu bemessen sind, daß sie, die anderen Einnahmen eingerechnet, für die zulässigen Ausgaben der Krankenkasse ausreichen, und daß andererseits die Beitragssätze entsprechend den Leistungsansprüchen abzustufen sind (Anspruch auf Fortzahlung des Gehalts oder Lohnfortzahlung im Krankheitsfall = ermäßigter Beitragssatz).
Für die Versicherungspflichtigen hat der **Arbeitgeber** deren Beitragsteil (die Hälfte) vom Lohn oder Gehalt **einzubehalten** und mit seinem Beitragsteil an die Krankenkasse **abzuführen**.
Die **Beiträge** für die versicherungspflichtigen **Rentner** werden von den Trägern der Rentenversicherung aufgebracht. Die Arbeitsämter zahlen für die krankenversicherungspflichtigen Arbeitslosen den Beitrag und der Bund zahlt einen gekürzten Beitrag für die Grundwehrdienst- und Ersatzdienstleistenden wie auch für die Eignungsübenden.

b) Für bestimmte Zeiten sieht das Gesetz **Beitragsfreiheit** vor. Es handelt sich hierbei um die Zeiten, in denen den Versicherten Krankengeld, Übergangsgeld oder Krankenhauspflege zusteht. Die Bezieher von Mutterschaftsgeld (in Höhe des Nettolohnes oder des Krankengeldes) sind während dieser Zeit beitragsfrei.

c) Neu ist, daß für die **Angestellten**, die wegen Überschreitens der Jahresarbeitsverdienstgrenze der gesetzlichen Krankenversicherung nicht mehr unterliegen, ihr Arbeitgeber einen **Zuschuß** zu ihrem **Krankenversicherungsbeitrag** zu leisten hat, vorausgesetzt, daß sie der gesetzlichen Krankenversicherung freiwillig angehören oder bei einem privaten Krankenversicherungsunternehmer versichert sind und für sich und ihre Angehörigen, für die ihnen Familienhilfe zusteht, Vertragsleistungen erhalten, die der Art der Leistungen der Krankenkasse entspricht. Der Arbeitgeber hat diesen Zuschuß an den Versicherten zu zahlen, und zwar in der Höhe, den er als Arbeitgeberanteil bei Krankenversicherungspflicht des Angestellten zu zahlen hätte. Er darf jedoch nicht höher sein als die Hälfte des Betrages, den der Angestellte für seine Krankenversicherung aufzuwenden hat.

II. Leistungen bei Krankheit (Krankenhilfe)

Die bedeutendsten Leistungen der gesetzlichen Krankenversicherung sind im Falle der Krankheit zu gewähren; Krankheit ist jeder regelwidrige Körper- oder Geisteszustand, der ärztliche Behandlung erforderlich macht oder in Arbeitsunfähigkeit wahrnehmbar zu Tage tritt. Die ärztliche Behandlung ist dabei die auf die Heilung, Besserung oder Linderung der Beschwerden gerichtete Tätigkeit des Arztes. Für den Fall, daß die Krankheit den Versicherten arbeitsunfähig macht, soll ihm für den durch die Arbeitsunfähigkeit entgangenen Lohn eine wirtschaftliche Sicherstellung in Form des Krankengeldes gewährt werden. Die **Krankenhilfe** unterscheidet daher nach Krankenpflege und Krankengeld sowie Krankenhauspflege.

1. Die **Krankenpflege** umfaßt im einzelnen
- ärztliche und zahnärztliche Behandlung (sie ist dem Versicherten in Natur zur Verfügung zu stellen. Der Versicherungsträger hat mit den ärztlichen Vereinigungen als Vertragspartner die Versorgung durch Verträge sicherzustellen).
- Arznei, Verband-, Heil- und Hilfsmittel, Brillen, Körperersatzstücke,
- Zahnersatz, Hauspflege,
- Belastungserprobung und Arbeitstherapie.

Die Krankenpflege muß ausreichend und zweckmäßig sein, sie darf jedoch das Maß des Notwendigen nicht überschreiten. Soweit es sich bei der Krankenpflege um eine Naturalleistung handelt, ist sie dem Versicherten unentgeltlich zur Verfügung zu stellen, lediglich bei der Inanspruchnahme von Arznei, Verband- und Heilmittel hat der Versicherte von den Kosten der Verordnung auf einem Verordnungsblatt zwanzig vom Hundert der Kosten, höchstens jedoch 2,50 DM je Verordnungsblatt

an die abgebende Stelle zu zahlen. Befreit sind hiervon die pflicht- oder freiwillig versicherten Rentner der gesetzlichen Rentenversicherung, Versicherte, deren Erwerbsunfähigkeit um mindestens 50 v. H. amtlich festgestellt ist, und Versicherte, denen Krankengeld, Verletztengeld oder Übergangsgeld gewährt wird.
Die Krankenpflege wird ohne zeitliche Begrenzung gewährt. Scheidet ein Mitglied während des Bezuges von Krankenpflege aus der Krankenversicherung aus, endet die Krankenpflege spätestens 26 Wochen nach dem Ausscheiden.
Für die Inanspruchnahme von ärztlicher oder zahnärztlicher Behandlung hat der Versicherte einen **Krankenschein** zu lösen und dem Arzt (Zahnarzt) auszuhändigen.

2. Macht die Krankheit den Versicherten **arbeitsunfähig**, hat er Anspruch auf **Krankengeld**.

Arbeitsunfähigkeit liegt dann vor, wenn der Versicherte infolge Krankheit nicht oder nur unter der Gefahr der Verschlimmerung fähig ist, die zuletzt ausgeübte Arbeit weiterhin auszuüben. Hierbei ist zu beachten, daß es eine teilweise Arbeitsunfähigkeit nicht gibt. Insofern besteht eine klare Abgrenzung zu den Begriffen der Berufs- und Erwerbsunfähigkeit in der gesetzlichen Rentenversicherung.

Der Anspruch auf Krankengeld entfällt, solange dem Versicherten Gehalt oder Lohn (HGB, Lohnfortzahlungsgesetz) zusteht.

a) Entfällt das Arbeitsentgelt, soll zur **wirtschaftlichen Sicherung** der Arbeitsunfähige die Geldleistung in Form des Krankengeldes erhalten, dessen Höhe sich an dem bisherigen Arbeitsentgelt orientiert. Das Krankengeld wird daher nach einem **Regellohn** bemessen, der sich aus dem Brutto-Arbeitsentgelt des letzten abgerechneten Lohnabrechnungszeitraumes vor Beginn der Arbeitsunfähigkeit rechnerisch ergibt. Bei dem Brutto-Arbeitsentgelt sind indessen nur die laufenden Bezüge zu berücksichtigen; einmalige Zuwendungen (z. B. Weihnachtsgeld) bleiben außer Ansatz. Auch die sich aus dem Inhalt des Arbeitsverhältnisses ergebenden Besonderheiten (regelmäßige Überstunden) werden bei der Errechnung des Regellohnes (Bruttolohn geteilt durch Stunden × durchschnittliche regelmäßige wöchentliche Arbeitsstunden, geteilt durch sieben Kalendertage) berücksichtigt. Aus dem Regellohn ermittelt sich das **Krankengeld**. Nach dem Grundsatz von Leistung und Gegenleistung kann für die Leistungsgewährung jedoch nur der Betrag berücksichtigt werden, der der Beitragsleistung zugrunde liegt. Der Höchstregellohn bestimmt sich entweder kalender-, werk- oder arbeitstäglich entsprechend dieser monatlichen Bemessungsgrenze.
Bei Arbeitnehmern, deren Arbeitsentgelt nach Monaten bemessen ist und bei Angestellten bemißt sich das Krankengeld zwar ebenfalls nach dem Regellohn, jedoch gilt hier als Regellohn der Grundlohn. Der Grundlohn ist der auf den Kalendertag entfallende Teil des Arbeitsentgelts. Auch hier ist die Höchstbemessung entsprechend.

b) Das Krankengeld ist grundsätzlich vom Tage nach der ärztlichen Feststellung der Arbeitsunfähigkeit an zu zahlen. Beruht die Arbeitsunfähigkeit jedoch auf einem Arbeitsunfall oder einer anerkannten Berufskrankheit oder befindet sich der Arbeitsunfähige vom ersten Tage an im Krankenhaus, wird das Krankengeld vom Tage der ärztlichen Feststellung der Arbeitsunfähigkeit an gezahlt.
Der Eintritt der Arbeitsunfähigkeit muß der Krankenkasse unverzüglich gemeldet werden, wenn der Versicherte nicht durch eine verspätete Meldung Nachteile erleiden will.
Der Anspruch auf das Krankengeld ist grundsätzlich **zeitlich unbegrenzt**. Beruht jedoch die Arbeitsunfähigkeit auf derselben Krankheit, wird Krankengeld für längstens 78 Wochen innerhalb von drei Jahren gewährt. Dabei werden mehrere Arbeitsunfähigkeitszeiten wegen derselben Krankheit zusammengerechnet. Für bestimmte Personen ist die Dauer des Anspruchs **begrenzt.** Es handelt sich hierbei um beschäftigte Altersrentner oder Erwerbsunfähigkeitsrentner, die bei Eintritt von Arbeitsunfähigkeit Krankengeld jeweils für längstens sechs Wochen erhalten.
Wird während des laufenden Bezuges von Krankengeld dem Versicherten Rente wegen Berufsunfähigkeit, Bergmannsrente, Rente wegen Erwerbsunfähigkeit, Altersruhegeld oder Übergangsgeld zugebilligt, gelten Sonderregelungen. Bei der Berufsunfähigkeit wird das Krankengeld um die für den gleichen Zeitraum gewährte Rente gekürzt, bei der Erwerbsunfähigkeit und dem Altersruhegeld endet der Anspruch auf Krankengeld. Hier ist ein nahtloser Übergang von den Leistungen der Kranken- zur Rentenversicherung vollzogen. Der Anspruch auf Krankengeld entfällt ferner ganz, wenn und so lange von einem Rentenversicherungsträger während eines Heilverfahrens Übergangsgeld gewährt wird.

e) Die **Höhe des Krankengeldes** ist durch das Rehabilitations-Angleichungsgesetz mit Wirkung vom 1. 10. 1974 neu festgelegt. Im Gegensatz zur früheren stufenmäßigen Berücksichtigung der unterhaltenen Angehörigen beträgt es von nun an 80 v. H. des wegen der Arbeitsunfähigkeit entgangenen regelmäßigen Entgelts (Regellohn) und darf das entgangene regelmäßige Nettoarbeitsentgelt nicht übersteigen. Das Krankengeld wird nur noch für Kalendertage gezahlt und ist es für einen ganzen Kalendermonat zu zahlen, so ist dieser mit 30 Tagen anzusetzen. Wird das Krankengeld in Höhe des Nettoarbeitsentgelts gezahlt und ändert sich nach dem letzten Tage des Bemessungszeitraumes die Zahl der Kinder, für die der Versicherte nach dem Einkommenssteuergesetz einen Kinderfreibetrag erhält oder für die ihm eine Steuerermäßigung des Einkommenssteuergesetzes zuerkannt wird, so ist das Krankengeld für die Zeit nach Eintritt der Änderung neu zu berechnen. Das Krankengeld erhöht sich jeweils nach Ablauf eines Jahres seit dem Ende des Bemessungszeitraumes um den v. H.-Satz, um den die Renten der gesetzlichen Rentenversicherung zuletzt vor diesem Zeitpunkt nach dem jeweiligen Rentenanpassungsgesetz angepaßt worden sind. Es darf nach der Anpassung 80 v. H. der Bemessungsgrenze nicht übersteigen (1974: 1 875,– DM). Das Krankengeld ist auch bei stationärer Behandlung zu zahlen.

3. Krankenhauspflege wird zeitlich unbegrenzt gewährt, wenn die Aufnahme in ein Krankenhaus erforderlich ist, um die Krankheit zu erkennen oder zu behandeln oder Krankheitsbeschwerden zu lindern.
Scheidet ein Mitglied während des Bezugs von Krankenhauspflege aus der Versicherung aus, endet die Krankenhauspflege spätestens 26 Wochen nach dem Ausscheiden.
Dem Versicherten steht die Wahl unter den zugelassenen Krankenhäusern frei. Nimmt er ohne zwingenden Grund ein anderes als eines der nächsterreichbaren geeigneten Krankenhäuser in Anspruch, hat er die Mehrkosten zu tragen.

4. Die Krankenkassen sind verpflichtet, die Verordnung von Versicherungsleistungen in den erforderlichen Fällen durch einen Arzt (Vertrauensarzt) rechtzeitig nachprüfen zu lassen. Diese Aufgabe obliegt dem **Vertrauensärztlichen Dienst** (Abteilung Krankenversicherung der Landesversicherungsanstalten). Dessen Aufgabe ist nach Einführung des Lohnfortzahlungsgesetzes insbesondere sozialmedizinisch zu sehen. So hat er die Begutachtung der Arbeitsunfähigkeit vorzunehmen.
a) zur Sicherung des Heilerfolges,
b) zur Einleitung von Maßnahmen der Sozialleistungsträger für die Wiederherstellung der Arbeitsfähigkeit oder
c) zur Beseitigung von begründeten Zweifeln an der Arbeitsunfähigkeit.
Die Krankenkasse hat, solange ein Anspruch auf Fortzahlung des Arbeitsentgelts besteht, dem Arbeitgeber das Ergebnis über die Begutachtung der Arbeitsunfähigkeit mitzuteilen, wenn das Gutachten des Vertrauensarztes mit der Bescheinigung des Kassenarztes im Ergebnis nicht übereinstimmt. Eine Angabe über die Krankheit des Versicherten darf eine solche Mitteilung jedoch nicht enthalten.

III. Leistungen bei Mutterschaft (Mutterschaftshilfe)

Die Mutterschaftshilfe für versicherte Frauen ist eine weitere Leistung der gesetzlichen Krankenversicherung. Sie umfaßt
- Mutterschaftsvorsorge,
- ärztliche Betreuung und Hilfe sowie Hebammenhilfe,
- Versorgung mit Arznei-, Verband- und Heilmittel,
- Entbindungskostenpauschbeträge,
- Entbindungsanstaltspflege sowie
  Hilfe und Wartung durch Hauspflegerinnen,
- Mutterschaftsgeld.

1. Die Leistungen der Krankenkasse beginnen mit der **Mutterschaftsvorsorge**. Bereits während der Schwangerschaft kann die werdende Mutter vorbeugende ärztliche Untersuchungen in Anspruch nehmen. Diese Untersuchungen erstrecken sich auf die Feststellung der Schwangerschaft, auf vorbeugende Maßnahmen einschließlich der erforderlichen laborärztlichen Untersuchungen. Lediglich das Bestehen eines Versicherungsverhältnisses, nicht dagegen die Erfüllung besonderer Voraussetzungen, sind hierfür erforderlich.

Bei Schwangerschaftsbeschwerden und im Zusammenhang mit der Entbindung werden neben der **ärztlichen Betreuung** und **Hebammenhilfe** Arznei-, Verband- und Heilmittel gewährt. Eine Verordnungsblattgebühr ist für die Abgabe dieser Naturalleistungen nicht zu entrichten.

Für die im Zusammenhang mit der Entbindung entstehenden sonstigen Aufwendungen wird ein **Pauschbetrag** von 50 DM gewährt; er kann durch die Satzung der Krankenkasse auf 100 DM erhöht werden. Er ist bei Mehrlingsgeburten entsprechend mehrfach zu zahlen.

Wünscht die Versicherte zum Zwecke der Entbindung Pflege in einer Entbindungs- oder Krankenanstalt **(Entbindungsanstaltspflege)**, hat die Krankenkasse – ohne besondere medizinische Notwendigkeit – diese Entbindungsanstaltspflege zu gewähren; sie ist jedoch auf längstens 10 Tage nach der Entbindung beschränkt. In dieser Zeit besteht kein Anspruch auf laufendes Mutterschaftsgeld, auch wird daneben Krankenhauspflege nicht gewährt.

Es liegt im Ermessen der Krankenkasse, mit Zustimmung der Versicherten Hilfe und Wartung durch **Hauspflegerinnen** zu gewähren. Dabei kann das Mutterschaftsgeld bis zur Hälfte gekürzt werden.

2. Das **Mutterschaftsgeld** soll bei den Frauen, die durch ihre Schwangerschaft oder in der Zeit nach der Entbindung einen Ausfall an Arbeitsentgelt haben, diesen Ausfall wirtschaftlich ausgleichen.

a) Zu unterscheiden ist zwischen dem Mutterschaftsgeld in Höhe des Netto-Arbeitsentgelts, dem Mutterschaftsgeld in Höhe des Krankengeldes und dem Mutterschaftsgeld als einmalige Leistung der Krankenkasse.

Für das **Mutterschaftsgeld in Höhe des Netto-Arbeitsentgelts** ist Voraussetzung, daß das Arbeitsverhältnis während des Beginns der Schutzfrist (sechs Wochen vor dem voraussichtlichen Zeitpunkt der Entbindung) noch bestanden hat oder vom Arbeitgeber während der Schwangerschaft zulässig aufgelöst wurde. Als weitere Voraussetzung ist gefordert, daß in der Zeit zwischen dem 10. und dem 4. Monat einschließlich dieser Monate vor der Entbindung für mindestens 12 Wochen entweder Versicherungspflicht oder ein Arbeitsverhältnis bestanden hat. In diesem Falle erhalten die Frauen das um die gesetzlichen Abzüge verminderte durchschnittliche kalendertägliche Arbeitsentgelt (**Nettoentgelt**) der letzten drei abgerechneten Kalendermonate, mindestens 3,50 DM kalendertäglich, höchstens aber 25 DM für den Kalendertag als laufendes Mutterschaftsgeld. Einmalige Zuwendungen sowie Tage, an denen infolge von Kurzarbeit, Arbeitsausfällen oder unverschuldetem Arbeitsversäumnis

kein oder ein vermindertes Arbeitsentgelt erzielt wurde, bleiben bei der Ermittlung dieses Nettobetrages außer Betracht.
Andere Frauen, die diese Voraussetzungen nicht erfüllen, aber im Falle der Arbeitsunfähigkeit Anspruch auf Krankengeld haben und ebenfalls in der Zeit zwischen dem 10. und dem 4. Monat einschließlich dieser Monate vor der Entbindung mindestens 12 Wochen versichert waren, erhalten **Mutterschaftsgeld in Höhe des Krankengeldes**.
Das Mutterschaftsgeld wird jeweils für sechs Wochen vor der Entbindung und für acht Wochen nach der Entbindung gewährt. Für die Zahlung des Mutterschaftsgeldes vor der Entbindung ist das Zeugnis eines Arztes oder einer Hebamme maßgebend, in dem der mutmaßliche Zeitpunkt der Entbindung angegeben ist. Das Zeugnis darf nicht früher als eine Woche vor Beginn der Schutzfrist ausgestellt sein. Der Mutterschaftsgeldbezug wird bei Früh- und Mehrlingsgeburten auf zwölf Wochen unmittelbar nach der Entbindung ausgedehnt.
Alle übrigen Versicherten, die keinen Anspruch auf Mutterschaftsgeld in Höhe des Netto-Arbeitsentgelts oder des Krankengeldes haben, erhalten bei der Entbindung ein **Mutterschaftsgeld als einmalige Leistung** in Höhe von 150 DM.

b) Neben dem Mutterschaftsgeld wird Krankengeld nicht gewährt. Auch wenn Arbeitsentgelt gezahlt wird, ruht der Anspruch auf Mutterschaftsgeld. Er endet mit dem Tode der Versicherten.
Auch wenn während der Schwangerschaft das Arbeitsverhältnis vom Arbeitgeber zulässig aufgelöst oder die Versicherte unter Wegfall des Arbeitsentgelts beurlaubt wurde, bleibt die Mitgliedschaft erhalten. Die Versicherte hat allerdings die Beiträge zur Krankenversicherung in voller Höhe allein zu tragen.
Frauen, die im Familienhaushalt mit hauswirtschaftlichen, erzieherischen oder pflegerischen Arbeiten beschäftigt sind, kann der Arbeitgeber nach Ablauf des fünften Schwangerschaftsmonats kündigen. Sie erhalten dann jedoch von der Krankenkasse für die Zeit von der Auflösung des Arbeitsverhältnisses bis zum Beginn des Mutterschaftsgeldes eine **Sonderunterstützung**, die **im Auftrage des Bundes** gezahlt wird. Ihre Höhe bestimmt sich nach dem durchschnittlichen Netto-Arbeitsentgelt; auch hier bleiben einmalige Zuwendungen außer Ansatz. Der Mindestbetrag der Sonderunterstützung beträgt 3,50 DM für den Kalendertag.
Als weitere **Auftragsleistung** des Bundes haben die Ortskrankenkassen des Wohnortes einer **Arbeitnehmerin**, die keiner gesetzlichen Krankenkasse als Mitglied angehört (z. B. nicht versicherungspflichtige Angestellte über 25 200 DM [1975] Jahresarbeitsverdienst) ein Mutterschaftsgeld unter den gleichen Voraussetzungen und im gleichen Umfange wie den versicherten Arbeitnehmerinnen zu gewähren. Übersteigt hier das kalendertägliche Netto-Arbeitsentgelt den Höchstbetrag des Mutterschaftsgeldes von 25 DM, erhält auch die nicht versicherte Frau den Differenzbetrag als Zuschuß zum Mutterschaftsgeld von ihrem Arbeitgeber oder, wenn das Arbeitsverhältnis zulässig aufgelöst wurde, von der

Krankenkasse. Ein wesentlicher Unterschied besteht jedoch für diese Anspruchsberechtigten insofern, als diesen nicht versicherten Frauen die sonstige Mutterschaftsleistungen nicht gewährt werden.

IV. Leistungen bei Tod (Sterbegeld)

Aus Anlaß des Todes eines Versicherten zahlt die Krankenkasse ein Sterbegeld. Es beträgt das Zwanzigfache des Grundlohnes, jedoch mindestens 100 DM. Die Satzung einer Krankenkasse kann das Sterbegeld bis zum Vierzigfachen des Grundlohnes erhöhen, auch den Mindestbetrag bis zu 150 DM festsetzen. Bei fast allen Krankenkassen ist eine solche Mehrleistung durch Satzungsbestimmung eingeführt.
Vom Sterbegeld werden zunächst die Kosten der Bestattung bestritten und an denjenigen gezahlt, der die Bestattung besorgt. Verbleibt nach Erstattung dieser Aufwendungen ein Überschuß, wird dieser nacheinander in bestimmter Reihenfolge an den Ehegatten, die Kinder, die Eltern, die Geschwister ausgezahlt, wenn diese mit dem Verstorbenen zur Zeit seines Todes in häuslicher Gemeinschaft gelebt haben. Fehlen solche Berechtigte, verbleibt der Überschuß der Kasse.

V. Familienhilfe

1. Der Sinn der Familienhilfe der gesetzlichen Krankenversicherung besteht darin, den Versicherten von den Kosten zu entlasten, die er bei dem Eintritt von Krankheit, Entbindung oder Tod seiner Angehörigen aufwenden müßte. Hierbei will man ihn unterstützen. Es werden ihm daher die Leistungen der Familienhilfe für seine Angehörigen zugebilligt. Dabei ist der Anspruch für seine Angehörigen an deren Unterhaltsberechtigung gegenüber dem Versicherten gebunden. Diese Angehörigen müssen sich gewöhnlich im Inland aufhalten und dürfen nicht anderweitig einen gesetzlichen Anspruch auf Krankenpflege haben.
Die Satzung einer Krankenkasse kann darüber hinaus auch sonstige Angehörige (z. B. Eltern, Geschwister) unter bestimmten Voraussetzungen in den Kreis der berechtigten Angehörigen einbeziehen. Hierbei ist allerdings für diese Personen Voraussetzung, daß sie mit dem Versicherten in häuslicher Gemeinschaft leben, von ihm ganz oder überwiegend unterhalten werden und sich im Inland aufhalten. Für die unterhaltsberechtigten Kinder kann die Satzung ferner bestimmen, daß ein Anspruch über eine bestimmte Altersgrenze hinaus nicht mehr besteht.

2. Die **Familienkrankenpflege** umfaßt grundsätzlich die gleichen Leistungen, die dem Versicherten als Krankenpflege zustehen. Krankengeld wird jedoch nicht gewährt.
Familienmutterschaftshilfe erhalten die Versicherten für diejenigen Angehörigen, für die sie Anspruch auf Familienkrankenpflege haben (Ehegat-

ten und ggf. unterhaltsberechtigte Kinder). Die Leistungen decken sich mit denen an Mitglieder, jedoch wird Mutterschaftsgeld als eine einmalige Leistung in Höhe von 35 DM gewährt. Dabei kann die Satzung diesen Betrag bis auf 150 DM erhöhen.

Das **Familiensterbegeld** ist als eine Zuschußleistung zu den Kosten beim Tode des Ehegatten oder eines lebend geborenen Kindes oder solcher Angehöriger, die mit dem Versicherten in häuslicher Gemeinschaft lebten und von ihm überwiegend unterhalten wurden, zu verstehen. Es beträgt die Hälfte des satzungsmäßigen Mitgliedersterbegeldes, jedoch mindestens 50 DM. Ohne Rücksicht auf die Höhe und den Nachweis der Bestattungskosten wird es grundsätzlich an den Versicherten gezahlt. Es ist um den Betrag zu kürzen, auf das der Verstorbene selbst gesetzlich versichert war. Bei Totgeburten kann die Satzung ein Sterbegeld zubilligen.

VI. Krankheitsfrüherkennung, vorbeugende Maßnahmen, Genesendenfürsorge

1. Der Wandel der gesetzlichen Krankenversicherung kommt insbesondere dadurch zum Ausdruck, daß ein wesentlicher Teil der Leistungen für Maßnahmen erbracht wird, die der **Krankheitsfrüherkennung** dienen. Diese Maßnahmen zur Sicherung der Gesundheit umfassen

a) **Früherkennungsuntersuchungen von Kindern** bis zur Vollendung des 4. Lebensjahres auf solche Krankheiten, die eine normale körperliche oder geistige Entwicklung des Kindes im besonderen Maße gefährden. Es werden hiervon insgesamt sieben Untersuchungen durchgeführt. Die 1. Untersuchung findet unmittelbar nach der Geburt statt, eine weitere zwischen dem 5. und dem 10. Lebenstag und in der 4., spätestens jedoch in der 6. Woche. Spezielle Untersuchungen zur Kontrolle des Herzens, der Hüftgelenke werden im 4. bis 6. Lebensmonat vorgenommen, auch sollen Anzeichen einer Rachitis hier aufgeklärt werden. Das gilt jedoch auch für die Untersuchung über die Suche nach Bewegungsstörungen, die möglicherweise auf Gehirnschädigungen zurückzuführen sind. Die Untersuchungen im 9. bis 12. Lebensmonat gestattet schon exakte Aufschlüsse über bestehende Mängel oder Schädigungen der Sinnesorgane. Werden sie hier rechtzeitig erkannt, lassen sich zum Teil diese Schäden noch korrigieren bzw. weitere Schädigungen der Sinnesorgane vermeiden. Die Untersuchung im 21. bis 24. Lebensmonat erstreckt sich auf zwischenzeitliche Erkrankungen, auf evtl. Krampfanfälle usw. Im 4. Lebensjahr ist schließlich eine Abschlußuntersuchung vorgesehen, die sämtliche Organe und Organsysteme betreffen soll. Die Ergebnisse sind in einem besonderen Untersuchungsheft für Kinder festzuhalten.

b) **Früherkennungsuntersuchungen von Frauen** vom Beginn des 30. Lebensjahres an. Es besteht einmal jährlich ein Anspruch auf eine kostenlose Krebsfrüherkennungsuntersuchung. Diese Krebsfrüherkennungsuntersuchung bezieht sich auf den Unterleibs- und Brustkrebs;

c) **Früherkennungsuntersuchungen von Männern** vom Beginn des 45. Lebensjahres an. Sie haben einmal jährlich Anspruch auf eine Untersuchung zur Früherkennung einer Krebserkrankung, die sich speziell auf den Krebs der Vorsteherdrüse und des Mastdarms bezieht.

Diese Maßnahmen sind erste gezielte Früherkennungsuntersuchungen. Es ist beabsichtigt, den Katalog dieser Untersuchungen auf solche Erkrankungen auszudehnen, bei denen sich in ähnlicher Weise ein erfaßbares Vor- oder Frühstadium diagnostizieren läßt und die hinsichtlich ihrer Bedeutung ein Problem der Volksgesundheit darstellen.

2. Durch das **Rehabilitations-Angleichungsgesetz** vom 7. 8. 1974 sind auch die Träger der gesetzlichen Krankenversicherung in den Kreis der Rehabilitationsträger voll einbezogen. Die gesetzliche Neuregelung hat die Begriffe und die Leistungen der einzelnen Versicherungszweige im wesentlichen gleichgestellt. Lediglich bei den monatlichen Höchstbemessungsgrenzen bestehen Unterschiede. Für die Träger der Krankenversicherung sind neu eingeführt Leistungen wie **Belastungserprobung** und **Arbeitstherapie,** Behandlung mit Unterkunft und Verpflegung in Kur- oder Spezialeinrichtungen als Ermessensleistungen, als Ermessensleistung ferner ergänzend Bereitstellung von Mitteln zur **Förderung des Behindertensports** sowie Neuregelungen der Reisekosten auch für Familienheimfahrten und auch für Fahrten eines Angehörigen zum Aufenthaltsort des Versicherten während der Rehabilitationsmaßnahmen.
Die **Maßnahmen der Vorbeugung und Verhütung** sind in weiterem Sinne auch Rehabilitationsleistungen. Hierbei handelt es sich um Ermessensleistungen der gesetzlichen Krankenversicherung. Es kommt bei der **Genesendenfürsorge** und den vorbeugenden Maßnahmen insbesondere darauf an, in welchem Umfange der Voranschlag (Haushalt der Krankenkassen) Mittel für diese Aufgaben bereitstellt. Im wesentlichen wird der Umfang durch die finanzielle Situation des einzelnen Krankenversicherungsträgers und durch die Auffassung der Mitglieder seiner Selbstverwaltungsorgane bestimmt. Danach ist es möglich, für Einzelmaßnahmen vorbeugende Kuren zu gewähren oder in Form von Kostenzuschüssen sich an der Durchführung von Kuren durch Einrichtungen der privaten oder öffentlichen Fürsorge zu beteiligen. Es sei darauf hingewiesen, daß in einzelnen Ländern der Bundesrepublik diese Leistungen je nach ihrer Art Mehrleistungen sind und einer ausdrücklichen Satzungsbestimmung bedürfen.
Die Genesendenfürsorge bezieht sich ausschließlich auf Fälle, die eine Kurmaßnahme zum Zwecke der Wiederaufnahme der Arbeit angezeigt sein lassen. Es handelt sich also hierbei hauptsächlich um Maßnahmen, durch die der arbeitsunfähig Erkrankte eine Kräftigung erfährt.
Neben diesen Maßnahmen für Einzelpersonen können allgemeine und besondere Maßnahmen der Krankheitsverhütung durchgeführt werden.

Dies kann geschehen sowohl durch allgemeine Aufklärung durch Schriften, Vorträge und Sonderausstellungen als auch durch besondere Maßnahmen der Reihenuntersuchungen, Schutzimpfungen usw.

VII. Sonstige Leistungen der Krankenversicherung

1. Versicherte der Krankenversicherung erhalten **Haushaltshilfe**, wenn ihnen oder ihren Ehegatten wegen Aufenthalts in einem Krankenhaus oder in einer Entbindungsanstalt oder wegen eines Kuraufenthalts, dessen Kosten von einem Sozialleistungsträger ganz oder teilweise getragen werden, die Weiterführung des Haushalts nicht möglich ist. Es ist ferner erforderlich, daß eine andere im Haushalt lebende Person den Haushalt nicht weiterführen kann. Für die Gewährung dieser Leistung genügt es, daß das Sozialamt oder die Krankenkasse oder z. B. ein Rentenversicherungsträger einen Zuschuß zu einer solchen Kur gewährt. Unbedingte Voraussetzung ist allerdings, daß im Haushalt ein Kind lebt, das das 8. Lebensjahr noch nicht vollendet hat oder das behindert und auf Hilfe angewiesen ist.
Die Krankenkasse kann als Haushaltshilfe eine Ersatzkraft stellen; sie kann diese zur Gewährung von Haushaltshilfe benötigten Personen selbst anstellen. Wenn das nicht möglich ist, kann sie Beschäftigte anderer Einrichtungen (freie Wohlfahrtspflege) in Anspruch nehmen und mit diesen Einrichtungen Verträge über die Erbringung und Vergütung dieser Dienstleistung schließen.
Kann eine solche Ersatzkraft nicht gestellt werden oder besteht Grund, von der Gestellung einer Ersatzkraft abzusehen, sind die Kosten für eine selbstbeschaffte Ersatzkraft in angemessener Höhe zu erstatten. Ein Grund, von der Gestellung einer Ersatzkraft abzusehen, kann beispielsweise darin liegen, daß der Versicherte besonderen Wert auf die Weiterführung des Haushalts durch eine Person seines Vertrauens legt.
Eine zeitliche Begrenzung für den Anspruch aus Haushaltshilfe besteht nicht. Allerdings ist die Mitgliedschaft Voraussetzung.

2. **Krankengeld bei Erkrankung eines Kindes** erhält der Versicherte von der Krankenkasse dann, wenn es nach ärztlichem Zeugnis erforderlich ist, daß der Versicherte zur Beaufsichtigung, Betreuung und Pflege seines erkrankten Kindes der Arbeit fernbleibt. Dieses Kind darf das 8. Lebensjahr noch nicht vollendet haben. Schließlich darf eine andere im Haushalt des Versicherten lebende Person die Beaufsichtigung, Betreuung oder Pflege nicht übernehmen können. Ist dieses der Fall, ist Krankengeld in Höhe von 80 v. H. des kalendertäglichen Regellohnes zu zahlen. Dieses Krankengeld darf den Nettolohn nicht übersteigen. Es ist nur für die ausgefallenen Arbeitstage zu zahlen.
Die Dauer dieses Anspruchs auf Krankengeld ist auf 5 Arbeitstage je Kind in jedem Kalenderjahr beschränkt. Sind beide Elternteile beschäftigt, besteht ggf. bei wiederholter Erkrankung für jeden ein Anspruch.

Den Versicherten, denen ein solcher Anspruch auf Krankengeld zusteht, ist gleichermaßen wegen dieses Anspruchs gegen ihren Arbeitgeber ein Anspruch auf unbezahlte **Freistellung von der Arbeitsleistung** zuerkannt. Voraussetzung ist hierbei, daß nicht aus dem gleichen Grunde Anspruch auf bezahlte Freistellung besteht.

VIII. Krankenversicherung der Landwirte

1. Die Krankenversicherung der Landwirte wird von Landwirtschaftlichen Krankenkassen in eigenständiger Selbstverwaltung durchgeführt. Diese Krankenkassen sind bei den Landwirtschaftlichen Berufsgenossenschaften errichtet.
Die Finanzierung der Leistungen erfolgt für die Landwirte und ihre mitarbeitenden Familienangehörigen durch Beiträge, welche nach dem Ertragswert des Betriebes gestaffelt werden. Der Beitrag für die mitarbeitenden Familienangehörigen beträgt $\frac{2}{3}$ des Unternehmerbeitrages. Er ist vom Unternehmer, bei dem der Familienangehörige mitarbeitet, aufzubringen. Für Familienangehörige, die als Auszubildende mitarbeiten, beträgt der Beitrag $\frac{1}{3}$ des Unternehmerbeitrags.
Die Leistungsaufwendungen für die Altenteiler trägt der Bund. Für Altenteiler, die eine Rente aus der gesetzlichen Rentenversicherung beziehen, zahlt der Rentenversicherungsträger einen Zuschuß.

2. In der Landwirtschaftlichen Krankenversicherung sind alle **landwirtschaftlichen Unternehmer**, grundsätzlich ohne Rücksicht auf die Größe ihres Betriebes.

Übersteigen die Nebeneinkünfte im Kalenderjahr ein Viertel der für Jahresbezüge in der Rentenversicherung der Arbeiter geltenden Beitragsbemessungsgrenze, tritt keine Versicherungspflicht bei solchen landwirtschaftlichen Unternehmern ein, welche deshalb nicht beitragspflichtig zur Landwirtschaftlichen Alterskasse sind, weil ihr Unternehmen keine Existenzgrundlage bildet.

Versichert sind ferner alle **hauptberuflich mitarbeitenden Familienangehörigen** eines landwirtschaftlichen Unternehmers, wenn sie das 18. Lebensjahr vollendet haben oder wenn sie als Auszubildende im landwirtschaftlichen Unternehmen beschäftigt sind.
Alle **Altenteiler** mit Anspruch auf Altersgeld, vorzeitigem Altersgeld oder Landabgaberente, wenn sie diese Leistungen beantragt haben, und solche Altenteiler, die das 65. Lebensjahr vollendet haben und nach Vollendung des 50. Lebensjahres mindestens 60 Kalendermonate als landwirtschaftlicher Unternehmer oder als mitarbeitender Familienangehöriger tätig waren, und die überlebenden Ehegatten dieser Personen sind ebenfalls versichert.
Zu den **mitversicherten Angehörigen** gehören der Ehegatte und die Kinder bis zu einer Altersgrenze, welche die Satzung der Landwirtschaftlichen Krankenkassen bestimmt. Diese Satzung kann wie in der allgemeinen Krankenversicherung die Mitversicherung (Familienhilfe) auch auf andere Familienangehörige ausdehnen.

Wer bei der Einführung der Krankenversicherung der Landwirte einen der Art nach vergleichbaren Versicherungsschutz in der privaten Krankenversicherung für sich und seine Angehörigen nachweist, hatte die Möglichkeit, sich von der Versicherungspflicht befreien zu lassen. Auch künftig können sich Landwirte von der Versicherungspflicht befreien lassen, wenn der Einheitswert ihres landwirtschaftlichen Unternehmens 45 000 DM übersteigt und entsprechender Versicherungsschutz in der privaten Krankenversicherung besteht.
Die Mitgliedschaft bei der Landwirtschaftlichen Krankenkasse kann innerhalb eines Monats nach Beendigung der Versicherungspflicht freiwillig fortgesetzt werden, wenn sie bereits 26 Wochen in den vorausgegangenen zwölf Monaten oder unmittelbar vorher sechs Wochen bestanden hat. Außerdem können der Versicherung freiwillig beitreten der überlebende und der geschiedene Ehegatte eines Versicherten als auch die Kinder eines Versicherten, wenn der Anspruch auf Familienhilfe erlischt.

3. Die Leistungen der Landwirtschaftlichen Krankenversicherung entsprechen der allgemeinen Krankenversicherung, wie sie in den vorherigen Abschnitten beschrieben sind. Als besondere Leistung der Krankenversicherung der Landwirte ist zu erwähnen, daß jene Landwirte, welche ihr Unternehmen ohne versicherungspflichtige Arbeitskräfte betreiben, bei längerem Krankenhausaufenthalt **Betriebshilfe** bis zu drei Monaten erhalten. Durch Satzungsbestimmung kann die Betriebshilfe auch bei Kuren, während der Schwangerschaft oder bei Gefährdung des Betriebes durch Krankheit gewährt oder auf den Ehegatten des Landwirts, die mitarbeitenden Familienangehörigen oder auf Landwirte, welche Arbeitskräfte beschäftigen, erstreckt werden.

C) Die gesetzliche Unfallversicherung

I. Personenkreis, Aufbringung der Mittel

1. Die Versicherungspflicht kraft Gesetzes zur Unfallversicherung (UV) erstreckt sich auf verschiedene Personengruppen.

a) Die größte Gruppe wird von den **Arbeitnehmern** und den **arbeitnehmerähnlichen Personen** gestellt. Erfaßt werden von dieser Pflichtversicherung alle aufgrund eines Arbeits-, Dienst- oder Ausbildungsverhältnisses Beschäftigten. Hierbei ist weder das Alter noch die Höhe des Einkommens von Bedeutung. Von Ausnahmen abgesehen, spielt auch der Familienstand keine Rolle. Wesentlich ist, daß es sich um eine ernste Arbeitstätigkeit handelt. Der Schutz umfaßt deshalb auch eine vorübergehende Tätigkeit. Die Tätigkeit muß dabei stets dem Zweck des Betriebes dienen.

Bestimmte Unternehmer hat der Gesetzgeber ebenfalls für schutzbedürftig angesehen und sie der Versicherungspflicht unterstellt. Hierbei handelt es sich um Unternehmer, die als Mitglieder einer landwirtschaftlichen Berufsgenossenschaft versichert sind und ihre mit ihnen in häuslicher Gemeinschaft lebenden Ehegatten. Erfaßt sind aber auch Personen, die in Unternehmen zum Schutze oder zur Förderung der Landwirtschaft einschließlich der landwirtschaftlichen Selbstverwaltung oder deren Verbänden tätig sind. In der Seeschiffahrt und Seefischerei unterliegen die Küstenschiffer und Küstenfischer unter bestimmten Voraussetzungen der Versicherungspflicht.

b) Eine über den Kreis der in den übrigen Versicherungszweigen der Sozialversicherung hinausgehenden Sicherung ist der Schutz der **Personen, die im Interesse des Gemeinwohls tätig geworden sind**.

So sind die im **Gesundheits- und Veterinärwesen** oder in der **Wohlfahrtspflege** Tätigen versichert (selbständige Tierärzte, Hebammen, Masseure und andere).
Die in einem **Unternehmen zur Hilfe bei Unglücksfällen** Tätigen sowie die Teilnehmer an Ausbildungsveranstaltungen dieser Unternehmen einschließlich der Lehrenden sind ebenfalls von der Versicherungspflicht erfaßt. Hier ist z. B. gedacht an ein Tätigwerden beim DRK, bei der Feuerwehr, bei der Bergwacht oder anderen zielgerichteten Unternehmen. Der Unfallschutz der in diesen Unternehmen im Arbeits- oder Dienstverhältnis stehenden Personen ist ohnehin gewährleistet, hier meint der Gesetzgeber vor allem die **freiwilligen** Helfer. Der Unfallversicherung unterliegen aber auch Personen, die bei Unglücksfällen, gemeiner Gefahr oder Not (z. B. Brand, Hochwasser, Lawinengefahr, Seuchen) Hilfe leisten oder die einen anderen aus gegenwärtiger Lebensgefahr (Ertrinken) oder erheblicher gegenwärtiger Gefahr für Körper oder Gesundheit (z. B. Mißhandlung) zu retten unternehmen.
Auch derjenige, der von einem Bediensteten des Bundes, eines Landes, Gemeindeverbandes, einer Gemeinde oder Körperschaft oder Anstalt des öffentlichen Rechts zur **Unterstützung einer Diensthandlung** herangezogen und bei dieser Hilfeleistung verletzt wurde, ist durch die gesetzliche Unfallversicherung geschützt. Wer sich bei der Verfolgung oder Festnahme einer Person, die einer strafbaren Handlung verdächtig ist, persönlich einsetzt, genießt ebenso den Schutz der gesetzlichen Unfallversicherung wie derjenige, dem bei einem persönlichen Einsatz zum Schutz eines widerrechtlich Angegriffenen ein Körperschaden zustößt.
Die **Blutspender und die Spender körpereigener Gewebe** sind ebenfalls im Interesse des Gemeinwohls tätig und daher versichert. Soweit Personen nach Arbeitsschutz- oder Unfallverhütungsvorschriften ärztlich untersucht oder behandelt werden, genießen sie den Schutz der gesetzlichen Unfallversicherung (nicht dagegen Gesundheitsfürsorge, die mit dem Arbeitsverhältnis im Zusammenhang steht).
Wird beim **Luftschutzdienst** oder bei den Ausbildungsveranstaltungen des Bundesamtes für zivilen Bevölkerungsschutz, des Bundesluftschutzverbandes oder des Luftschutzhilfsdienstes jemand verletzt, tritt die gesetzliche Unfallversicherung für ihn ein.

c) Die **ehrenamtliche Tätigkeit** für den Bund, für ein Land, für eine Gemeinde oder einen Gemeindeverband und für Anstalten, Stiftungen oder Körperschaften des öffentlichen Rechts unterliegt nur dann dem Versicherungsschutz, wenn eine Entschädigung zur Sicherstellung des Lebensunterhaltes für diese Tätigkeit nicht gewährt wird. Den Schutz genießen daher z. B. die Mitglieder einer Gemeindevertretung, eines Selbstverwaltungsorgans eines Versicherungsträgers, ferner Schöffen,

Geschworene, ehrenamtliche Beisitzer bei Gerichten, aber auch die von einem Gericht, einem Staatsanwalt und einer sonst dazu berechtigten Stelle zur Beweiserhebung herangezogenen Zeugen.
Unfallversichert sind auch Personen, die nach den Vorschriften des Arbeitsförderungsgesetzes oder im Vollzuge des Bundessozialhilfegesetzes der Meldepflicht unterliegen, wenn sie zur **Erfüllung ihrer Meldepflicht** die hierfür bestimmte Stelle aufsuchen oder auf Aufforderung einer Dienststelle der Bundesanstalt oder einer seemännischen Heuerstelle diese oder andere Stellen aufsuchen.
Lernende während der beruflichen Ausbildung und Fortbildung und ehrenamtlich Lehrende in Betriebsstätten, Lehrwerkstätten, Berufsfach- und Berufsschulen, Schulungskursen und ähnlichen Einrichtungen unterliegen dann der Unfallversicherung, wenn die Aus- und Fortbildung für eine Tätigkeit erfolgt. Der UV unterliegen neuerdings ferner **Kinder** während des Besuchs von Kindergärten, Schüler der allgemeinbildenden Schulen sowie die Studenten an Hochschulen aller Art.
Personen, die bei dem **Bau eines Familienheimes im Rahmen der Selbsthilfe** tätig sind, genießen den Unfallschutz. Voraussetzung ist hierbei, daß durch diese Maßnahme öffentlich geförderte oder steuerbegünstigte Wohnungen geschaffen werden sollen.
Entwicklungshelfer im Sinne des Entwicklungshelfergesetzes sind ebenfalls versichert.
Werden Personen, die aufgrund eines Gesetzes eine **Freiheitsstrafe verbüßen**, wie Versicherte tätig, unterliegen auch sie der gesetzlichen Unfallversicherung.
Personen, die Rehabilitationsmaßnahmen der Sozialversicherung unterliegen, genießen den Schutz der Unfallversicherung.

d) Die **Satzung** einer Berufsgenossenschaft kann die Versicherungspflicht auf **andere Personen** ausdehnen. Gedacht ist hier vor allem an Besucher oder Angehörige, die die Betriebsstätte aufsuchen. Unternehmer können sowohl durch die Satzung der Versicherungspflicht unterstellt werden als sie auch die Möglichkeit der freiwilligen Versicherung wahrnehmen. Die Satzung bestimmt demnach den Personenkreis und auch die Voraussetzungen, unter denen eine Mitgliedschaft zustande kommt. Darüber hinaus gibt es eine **freiwillige Zusatzversicherung**, die eine schutzerweiternde Maßnahme insbesondere für die Unternehmer oder deren Ehegatten zum Zwecke der Erlangung höherer Geldleistungen darstellt.

e) In der Unfallversicherung sind **versicherungsfrei** die Personen, für die nach beamtenrechtlichen Unfallfürsorgevorschriften ein ausreichender Schutz gegeben ist. Wer nach dem Bundesversorgungsgesetz für eine eingetretene Schädigung bereits Leistungen zu beanspruchen hat, unterliegt ebenfalls nicht der Unfallversicherung.
Versicherungsfrei sind ferner die Mitglieder geistlicher Genossenschaften (z. B. Schwestern), die aus überwiegend religiösen oder sittlichen

Beweggründen mit Krankenpflege, Unterricht oder anderen gemeinnützigen Tätigkeiten sich beschäftigen und nach den Regeln ihrer Gemeinschaft eine lebenslange Versorgung erhalten. Versicherungsfrei sind auch Ärzte, Zahnärzte, Heilpraktiker und Apotheker, soweit sie eine selbständige berufliche Tätigkeit ausüben. Auch die Tätigkeit im Haushalt durch Eltern, Kinder und Geschwister des Haushaltungsvorstandes oder seinen Ehegatten unterliegt nicht der Versicherungspflicht.

Zur Erfüllung der gesetzlichen Aufgaben haben die Berufsgenossenschaften die Mittel durch **Mitgliederbeiträge** aufzubringen. Mitglieder der Berufsgenossenschaften sind die **Unternehmer**.

Die Unfallversicherung beruht auf dem Prinzip der **Ablösung der Unternehmerhaftpflicht**. Sie tritt ein ohne Rücksicht auf ein Verschulden des Arbeitgebers. Auch verbotswidriges Handeln des Verletzten schließt die Annahme eines Arbeitsunfalles nicht aus. Lediglich bei absichtlicher (vorsätzlicher) Herbeiführung eines Arbeitsunfalles ist der Entschädigungsanspruch ausgeschlossen.

Die Aufbringung der Beiträge erfolgt **allein durch die Unternehmer** in Form einer jährlichen **Umlage**. Es müssen soviel Beiträge erhoben werden, wie zur Deckung der Aufwendungen des abgelaufenen Kalenderjahres unter Berücksichtigung eines Zuschlages zur Rücklage erforderlich sind. Für die Beitragshöhe des einzelnen Unternehmens ist neben diesem Umlagebedarf ausschlaggebend die **Größe des Unternehmens** (ausgedrückt zumeist durch die Lohnsumme oder entsprechende Wertmaßstäbe) und die **Gefährlichkeit des Unternehmens** (ausgedrückt durch den Gefahrentarif, in dem die Veranlagung des Unternehmens erfolgt).

Die Berücksichtigung der unterschiedlichen Gefährlichkeit der Betriebe (Einstufung in Gefahrenklassen) bei der Beitragsbemessung hat das Ziel, die Betriebe für eine aktive Teilnahme an der Unfallverhütung zu interessieren.

Da die Umlage nachträglich erfolgt, sind die Unfallversicherungsträger berechtigt, Vorschüsse während des laufenden Geschäftsjahres zu erheben. In bestimmten Bereichen, z. B. in der Landwirtschaft oder Seeschifffahrt, werden die Beiträge nach anderen Maßstäben bemessen (wie z. B. Einheitswert, Arbeitsbedarf, Beschäftigtenzahl).
Die Eigenunfallversicherungsträger wie auch die Gemeindeunfallversicherungsverbände haben ihre Aufwendungen im Rahmen der Haushalte bereitzustellen.

II. Arbeitsunfall, Berufserkrankung

Die Unfallversicherung ersetzt den Schaden, der durch Körperverletzung oder Tötung entsteht. Sachschäden werden nicht ersetzt; eine Ausnahme bildet lediglich die Beschädigung eines Körperersatzstückes. Der Schaden muß in jedem Falle durch einen **Arbeitsunfall** verursacht worden sein. Ob und wann ein Arbeitsunfall vorliegt, wird in der nachstehenden Übersicht dargestellt.

Arbeitsunfall
ist das
Ereignis, das

mit einer versicherten Tätigkeit in ursächlichem Zusammenhang steht.

Versicherte Tätigkeiten: Soweit es sich um einen Unfall im Betrieb handelt, muß die Tätigkeit den Interessen des Betriebes dienen. Nicht nur dem Betrieb eigentümlichen Gefahren, sondern auch Gefahren des täglichen Lebens, aber: Der Verletzte muß der Gefahr durch die versicherte Tätigkeit ausgesetzt gewesen sein.

Lösung des Zusammenhanges bedingt Ablehnung der Entschädigungspflicht!
Beispiele:
EIGENWIRTSCHAFTLICHE MASSNAHMEN, die nicht den Interessen des Betriebes dienen, auch dann, wenn für die eigenwirtschaftlichen Zwecke Betriebseinrichtungen benutzt wurden.

Absichtliche Herbeiführung eines Arbeitsunfalles schließt den Entschädigungsanspruch aus, nicht dagegen verbotswidriges Handeln. Wenn übermäßiger **Alkoholgenuß** als rechtlich allein wesentliche Ursache den Unfall herbeiführte, liegt ein Arbeitsunfall nicht vor. Leistungen können ganz oder teilweise versagt werden, wenn ein Arbeitsunfall beim

zeitlich eng begrenzt sein muß (Plötzlichkeit – höchstens auf eine Arbeitsschicht ausgedehnt).
Ort: Nicht nur die eigentliche Betriebsstätte oder der Ort der versicherten Tätigkeit, sondern auch die betrieblich angeordnete Verwahrung, Instandhaltung oder Beförderung des Arbeitsgeräts nach beendeter Arbeit.
Arbeitsunfall ist auch der

Wegeunfall

Auch hier ist der doppelte Kausalzusammenhang erforderlich. Weg ist jedes Sichfortbewegen auf dem **direkten** Weg von der Wohnung (Außenhaustür) zur versicherten Tätigkeit (Betrieb) und zurück.
Auch der

Weg zur Lohnabhebung

– bei bargeldloser Lohnzahlung die erstmalige Abhebung beim Geldinstitut – unterliegt dem Versicherungsschutz. Wege zu oder von der Heilbehandlung beim Arbeitsunfall
gelten als Folge des Arbeitsunfalles. Hierzu gehört auch die angeordnete Untersuchung zum Unfallsachverhalt oder ein Unfall bei einer aufgrund gesetzlicher Pflicht angeordneten Gesundheitsüberwachung (Lebensmittelbetriebe). Wird ein Kind wegen der Berufs-

eine körperliche Schädigung, Tötung oder Beschädigung eines Körperersatzstückes zur Folge hat.
Die Theorie von der **wesentlich mitwirkenden Ursache** spielt für die Anerkennung als Arbeitsunfall eine erhebliche Rolle. So bleiben diejenigen mitwirkenden Bedingungen als unerheblich außer Betracht, die mit dem Eintritt des Schadens nur in loser und entfernter Verbindung stehen.
Das Unfallereignis darf für eine Anerkennung nicht nur die Gelegenheit gebildet haben (z. B. bei anlagebedingten Leistungsbrüchen, Bandscheiben- und Meniskusschäden). Nur bei Erfüllung bestimmter strenger Voraussetzungen (z. B. starke Einwirkung auf die entsprechende Körperstelle oder außergewöhnliche körperliche Anstrengungen) kann in diesen Fällen ein Zusammenhang anerkannt werden. Unfälle aus **innerer Ursache** (z. B. Epilepsie, Ohnmacht)
stehen im allgemeinen nicht im ursächlichen Zusammenhang mit dem Arbeitsunfall. Ist allerdings die Schwere des Unfalles durch Betriebsverhältnisse bedingt (schwere Verbrennung an der Ofentür bei der Ohnmacht eines Kesselheizers), liegt ein Arbeitsunfall vor. Handelt es sich um eine **Verschlimmerung** einer bereits bestehenden Krankheit

Begehen einer **strafgerichtlich geahndeten Handlung** (Verbrechen, vorsätzliches Vergehen) eintrat.

tätigkeit fremder Obhut anvertraut, gilt dieser Weg dorthin oder von dort zurück als unfallversichert.

Als Arbeitsunfall gilt auch eine anerkannte

Berufskrankheit

Die zeitliche Begrenzung ist hier nicht Voraussetzung, wohl aber sinngemäß der doppelte Kausalzusammenhang. Die anerkannten Berufskrankheiten sind in einer Berufskrankheiten-Verordnung veröffentlicht (u. a. gehören hierzu auch die durch Infektionserreger oder Parasiten verursachten Krankheiten bei solchen Personen, die beruflich dieser Gefahr ausgesetzt waren).

durch einen Arbeitsunfall, kommt es darauf an, ob es sich um eine nur vorübergehende oder richtungsgebende Verschlimmerung handelt. Dauer und Umfang der Leistungspflicht werden hiernach bestimmt.

III. Leistungen

Die Unfallversicherung hat mit allen geeigneten Mitteln die verursachte Körperverletzung und Gesundheitsstörung und Minderung der Erwerbstätigkeit zu beseitigen und eine Verschlimmerung zu verhüten.

1. Die **Heilbehandlung** umfaßt ärztliche Behandlung, Versorgung mit Arznei- und Heilmitteln, Ausstattung mit Körperersatzstücken und orthopädischen anderen Hilfsmitteln sowie Heilanstaltspflege, die erforderlich sind, um den Erfolg der Heilbehandlung zu sichern oder die Folgen der Verletzung zu erleichtern. Die Unfallversicherung bedient sich dazu spezieller **Heilverfahren**, die durch besonders in der Unfallchirurgie erfahrene Fachärzte durchgeführt wird.
Soweit die unfallverletzten Personen selbst krankenversichert sind, wird zunächst die Krankenversicherung mit ihren Leistungen eintreten, jedoch dann, wenn die Berufsgenossenschaften das Heilverfahren an sich zieht, wird die Krankenversicherung von ihrer Leistungspflicht entbunden.

2. Ist der Verletzte infolge des Arbeitsunfalles arbeitsunfähig und erhält er kein Arbeitsentgelt, wird er dafür durch die Zahlung von **Übergangsgeld** entschädigt. Allerdings besteht der Anspruch auf Übergangsgeld nur insoweit, als der Verletzte keinen Anspruch auf Krankengeld aus der gesetzlichen Krankenversicherung hat. Das Übergangsgeld wird vom Tage der ärztlichen Feststellung der Arbeitsunfähigkeit an gezahlt.
Die Berechnung und die Höhe des Übergangsgeldes bestimmen sich im wesentlichen nach den in der Krankenversicherung für das Krankengeld maßgebenden Vorschriften (s. dort). Hinsichtlich der Höhe der Bemessungsgrenze gilt jedoch, daß in der gesetzlichen Unfallversicherung eine Bemessungsgrenze von 36 000 DM jährlich zugrunde gelegt wird (kalendertäglich 100 DM); sie liegt damit über der Bemessungsgrenze der Krankenversicherung.
Personen, die gleichzeitig Ansprüche auf Krankengeld aus der gesetzlichen Krankenversicherung erhalten, bekommen daher aus Anlaß der Arbeitsunfähigkeit durch Arbeitsunfall von ihrer Krankenkasse zu Lasten der Unfallversicherung auch den Spitzenbetrag über die Leistungen der Krankenversicherung hinaus ausgezahlt.

3. Unfallverletzte, deren Erwerbsfähigkeit in der Regel um mindestens 20 v. H. über die 13. Woche nach dem Unfall hinaus gemindert ist, erhalten grundsätzlich **Verletztenrente**. Beginn der Rentenzahlung ist der Tag nach Wegfall der Arbeitsunfähigkeit im Sinne der Krankenversicherung oder der Beginn der durch den Arbeitsunfall oder der Berufskrankheit verursachten Erwerbsunfähigkeit im Sinne der Rentenversicherung oder spätestens der Beginn der 79. Woche nach Eintritt des Versicherungsfalles, es sei denn, der Versicherte befände sich noch in Heilanstaltspflege. Beginn der Rentenzahlung kann auch der Tag nach Eintritt des Arbeitsunfalles sein, wenn die Voraussetzungen für den Rentenbe-

zug gegeben sind, Arbeitsunfähigkeit im Sinne der Krankenversicherung jedoch nicht vorgelegen hat.
Zu unterscheiden ist nach Vollrente und Teilrente. Die **Vollrente** wird gewährt, wenn der Versicherte infolge des Versicherungsfalles völlig erwerbsunfähig ist; sie beträgt zwei Drittel des Jahresarbeitsverdienstes. Die **Teilrente** entspricht jeweils dem Teil der Vollrente, der dem Grade der Minderung der Erwerbsfähigkeit entspricht. Bei der Rentengewährung unterscheidet man außerdem die vorläufige und die Dauerrente. Das Wesen der **Dauerrente** ist, daß sie nur in Zwischenräumen von einem Jahr, dem Sperr- oder Schutzjahr, abgeändert werden kann. Die **vorläufige Rente** jedoch kann jederzeit abgeändert werden.
Rente für eine Erwerbseinbuße von 10 oder 15 v. H. wird nur gewährt, wenn der Versicherte infolge eines weiteren Versicherungsfalles in der gesetzlichen Unfallversicherung um mindestens 10 v. H. in seiner Erwerbsfähigkeit gemindert ist.
Bezieht ein Versicherter infolge eines oder mehrerer Versicherungsfälle aus der gesetzlichen Unfallversicherung eine Rente von 50 oder mehr v. H., gilt er als **Schwerverletzter** und hat Anspruch auf **Kinderzulage**. Die Kinderzulage beträgt ein Zehntel der monatlichen Rente. Die Rente einschließlich Kinderzulage ohne Schwerverletztenzulage darf 85 v. H. des Jahresarbeitsverdienstes nicht übersteigen. Diesem Höchstbetrag wird das gesetzliche Kindergeld hinzugerechnet.
Eine **Übergangsrente** wird gewährt, wenn beispielsweise durch einen Arbeitsplatzwechsel eine erhebliche wirtschaftliche Einbuße entstanden ist. Sie wird gewährt für eine Bezugsdauer von drei Jahren.
Versicherte, die so hilflos sind, daß sie ihre täglichen Verrichtungen regelmäßig nicht selbst verrichten können und somit in der Regel auch nicht ohne Wartung und Pflege sind, erhalten ein **Pflegegeld**. Dieses Pflegegeld kann auch in Form einer Beihilfe gewährt werden.

4. Stirbt ein Versicherter an den Folgen eines Arbeitsunfalles oder einer Berufskrankheit, ist den Hinterbliebenen ein **Sterbegeld** zu gewähren. Es beträgt den zwölften Teil des Jahresarbeitsverdienstes, mindestens jedoch 400 DM. Von dem Sterbegeld werden zunächst die Kosten der Bestattung bestritten und an den gezahlt, der die Bestattung besorgt. Der verbleibende Überschuß wird in bestimmter Reihenfolge an die Angehörigen gezahlt, die mit dem Verstorbenen z. Z. seines Todes in häuslicher Gemeinschaft gelebt haben.
Ist der Versicherte außerhalb seines Wohnortes tödlich verunglückt, zahlt die Berufsgenossenschaft auch die Kosten für die Überführung an den Ort der Bestattung.

5. Die Gewährung einer **Hinterbliebenenrente** beginnt mit dem Todestage.
a) Die Witwe erhält eine **Witwenrente** in Höhe von drei Zehntel des Jahresarbeitsverdienstes. Die Rente beträgt zwei Fünftel des Jahresarbeitsverdienstes, wenn die Witwe das 45. Lebensjahr vollendet hat oder

mindestens ein waisenberechtigtes Kind erzieht oder berufs- oder erwerbsunfähig ist. Die Berufsunfähigkeit muß mindestens drei Monate bestehen.
Die Witwe hat Anspruch auf diese Rente bis zum Tode bzw. bis zur Wiederverheiratung.

b) Jedes Kind eines durch Arbeitsunfall oder Berufskrankheit Verstorbenen erhält bis zur Vollendung des 18. bzw. 25. Lebensjahres eine **Waisenrente**. Sie beträgt für Halbwaisen ein Fünftel des Jahresarbeitsverdienstes und für Vollwaisen drei Zehntel des Jahresarbeitsverdienstes.
Unter bestimmten Voraussetzungen kann eine **Elternrente** gewährt werden.

c) Witwen und Witwer können eine **Abfindung** ihrer Rente zum Erwerb von Grundbesitz, zum Wohnungsbau und ähnlichen Zwecken erhalten. Heiratet eine Witwe nicht wieder, erhält sie eine Abfindung in Höhe des fünffachen Betrages ihrer Jahresrente. Auch in der gesetzlichen Unfallversicherung werden wie in der gesetzlichen Rentenversicherung die Renten an die Lohnentwicklung angepaßt. Hierbei werden die Besonderheiten der Unfallversicherung berücksichtigt.

d) Stirbt ein Schwerverletzter nicht an den Folgen eines Arbeitsunfalles oder einer Berufskrankheit, hat die Witwe Anspruch auf **Witwenbeihilfe**. Es handelt sich hierbei um eine einmalige Beihilfe in Höhe von zwei Fünftel des Jahresarbeitsverdienstes.
Die Beihilfe ist auch an eine Waise zu zahlen, wenn z. Z. des Todes keine Witwe vorhanden ist und die Vollwaise mit dem Verstorbenen in häuslicher Gemeinschaft gelebt hat und von diesem überwiegend unterhalten wurde. Sind mehrere Waisen vorhanden, ist die Beihilfe aufzuteilen.

e) Einer **früheren Ehefrau** des durch den Arbeitsunfall Verstorbenen, deren Ehe mit ihm geschieden, für nichtig erklärt oder aufgehoben ist, wird nach seinem Tode auf Antrag Witwenrente gewährt, wenn ihr z. Z. seines Todes Unterhalt zu gewähren war oder wenigstens während des letzten Jahres vor seinem Tode tatsächlich von dem Verstorbenen Unterhalt geleistet wurde. Die Zahlung beginnt mit der Antragstellung. Die gesamte Witwenrente wird entsprechend dem Verhältnis der Ehejahre (Witwe und geschiedene Ehefrau) unter den Berechtigten aufgeteilt.

IV. Maßnahmen der Rehabilitation im besonderen

1. Ein Arbeitsunfall oder eine erlittene Berufskrankheit sind einschneidende Ereignisse im Leben eines Versicherten und dessen Familie. Neben den körperlichen Schmerzen spielt als unmittelbare Folge auch hier die Sorge um die berufliche Zukunft und die Existenz der Familie

eine große Rolle. Daher hat in der gesetzlichen Unfallversicherung von jeher der Gedanke der Rehabilitation an der Spitze gestanden. Unter dem Begriff »Maßnahmen zur Wiederherstellung der Erwerbsfähigkeit, zur Berufshilfe und zur Erleichterung der Verletzungsfolgen« sind die Gesamtmaßnahmen der Rehabilitation in der Unfallversicherung zusammengefaßt.
Die Spitze in der Heilbehandlung bei der Unfallversicherung bildet die medizinische Phase. Hiernach tritt die **Berufshilfe** ein. Sie soll durch rechtzeitige und geeignete Maßnahmen schon während der Heilbehandlung die berufliche Zukunft des Verletzten sicherstellen. Der Besuch am Krankenbett soll dem Verletzten das Gefühl der Betreuung und damit eine Beruhigung vermitteln. Nach Abschluß der Heilbehandlung oder bereits bei noch laufender Heilbehandlung kommt die eigentliche Wiedereingliederung in das Erwerbsleben zum Zuge. In Zusammenarbeit mit den Arbeitsämtern, mit den Unternehmern und sonstigen Stellen soll der Verletzte nach Möglichkeit wieder in einer für ihn zufriedenstellenden Form in das Erwerbsleben eingegliedert werden. Der durch Unfall oftmals aus seiner beruflichen Laufbahn gerissene Verletzte darf in sozialer Hinsicht nicht abgleiten. Es wird deshalb versucht, ihn in erster Linie wieder an seinen alten Arbeitsplatz zu bringen, denn dort kann er seine Kenntnisse und Fähigkeiten wieder einsetzen und dadurch seine körperlichen Minderungen der Erwerbsfähigkeit am leichtesten überwinden. Erst dann, wenn der Verletzte in Ausübung seines bisherigen Berufes dauernd beeinträchtigt oder hierzu nicht mehr in der Lage ist, kann er seinen Anspruch auf Anlernung oder Umschulung geltend machen. Durch das Rehabilitationsgesetz ist der Leistungsumfang präzisiert und erweitert worden (z. B. Haushaltshilfe).

2. Die Ausbildung für einen neuen Beruf setzt die Eignung und die eifrige Mitarbeit des Verletzten voraus. Der neue Beruf muß zweckmäßig und sinnvoll für den Verletzten sein. Zwar sind seine Neigungen und sein Talent entscheidend, aber eine Umschulung ist nutzlos, wenn später kein geeigneter Arbeitsplatz vorhanden ist.
Die Kostenträger der **Umschulungsmaßnahmen** sind die Berufsgenossenschaften. Neben der Übernahme der Kosten der Ausbildung, des Schulgeldes, der Lernmittel, der Fahrkosten und sonstigen anfallenden Auslagen ist bei verheirateten Umschülern der Sicherung des Lebensunterhaltes der Familien besondere Sorgfalt zuzuwenden. Hat der Verletzte eine Arbeitsstelle angenommen, wo er den vollen Verdienst nicht erreichen kann, bevor er die erforderlichen Fähigkeiten erlangt hat, kann ihm für die Übergangszeit ein **Zuschuß zum Arbeitsentgelt** gewährt werden.
In besonders gelagerten Fällen kann die berufsfürsorgliche Hilfe auch darauf gerichtet sein, dem Unfallverletzten die Grundlagen für eine selbständige Existenz zu verschaffen, z. B. durch die **Kapitalabfindung** oder durch Gewährung von Darlehen zum Aufbau einer selbständigen Existenz.

V. Unfallverhütung und Erste Hilfe

Die Unfallverhütungsarbeit ist Hauptaufgabe aller Berufsgenossenschaften. Die Träger der Unfallversicherung haben mit allen geeigneten Mitteln für die Verhütung von Arbeitsunfällen und für wirksame Erste Hilfe zu sorgen, denn Unfälle verhüten ist besser als vergüten.

1. Unfälle haben technische und menschliche Ursachen. Oft sind beide miteinander verknüpft. Mangelhafte Baumaschinen und Apparate, schlechte Beleuchtung, unzulängliche Arbeitsausrüstung, neue Arbeit und Arbeitsstoffe, die noch nicht genügend beherrscht werden, und auf der menschlichen Seite Gedankenlosigkeit, Leichtsinn, Bequemlichkeit, Oberflächlichkeit, die Mißachtung von Sicherheitseinrichtungen und Arbeitsschutzausrüstungen, falsches Verhalten bei der Arbeit und viele andere menschliche Faktoren sind alltägliche technische und psychologische Unfallursachen.

Die Wichtigkeit der Unfallverhütung wird dann klar, wenn man sich die Folgen eines Unfalles vor Auge führt. So kann ein Arbeitsunfall bedeuten für

den Betroffenen:	**den Betrieb:**	**die Allgemeinheit:**
Schmerzen, Körperschaden, eingeschränkte Arbeitsfähigkeit, Wechsel oder Verlust des Arbeitsplatzes, Erwerbsunfähigkeit, Sorgen der Familie, tödlicher Ausgang,	Verlust wertvoller Arbeitskraft, zusätzliche Arbeit für andere, Betriebsstörung, Sachschäden, Produktionsausfall, höhere Unfallbeiträge,	Minderung der Volksgesundheit, Minderung des Volkseinkommens und des Volksvermögens, Zunahme der Soziallasten.

Die Träger der Unfallversicherung sind daher verpflichtet, Vorschriften darüber zu erlassen, welche Einrichtungen, Anordnungen und Maßnahmen die Unternehmer zur Verhütung von Arbeitsunfällen zu treffen und welches Verhalten die Versicherten zur Verhütung von Arbeitsunfällen zu beobachten haben, ferner inwieweit ärztliche Untersuchungen von Versicherten vor ihrer Beschäftigung mit Arbeiten, deren Verrichtung mit außergewöhnlichen Unfall- oder Gesundheitsverfahren für sie oder Dritte verbunden sind, durchzuführen sind (**Unfallverhütungsvorschriften**). Außerdem sind die Unternehmer anzuhalten, daß bei ihren Arbeitnehmern eine wirksame Erste Hilfe bei Arbeitsunfällen sichergestellt ist. Verstoßen Mitglieder oder Versicherte vorsätzlich oder grob fahrlässig gegen die Unfallverhütungsvorschriften, kann der Vorstand der Berufsgenossenschaft **Bußgelder** bis zu 10 000 DM festsetzen, lediglich bei leichten fahrlässigen Verstößen kann davon abgesehen werden.
Die Berufsgenossenschaften haben durch fachlich besonders vorgebildete und erfahrene technische **Aufsichtsbeamte** die Durchführung der Unfallverhütung zu überwachen und ihre Mitglieder zu beraten. Diese

Außenbeamten der Berufsgenossenschaften arbeiten mit den Gewerbeaufsichtsämtern zusammen. Die **Gewerbeaufsicht** hat dabei die örtlichen, die Außenbeamten der Unfallversicherung haben die speziellen fachlichen Kenntnisse.
Hierbei strebt der technische Unfallschutz die Unfallsicherheit aller Betriebseinrichtungen durch Vermeidung technischer Gefahrquellen und Ausbau aller denkbaren Schutzeinrichtungen an. Er erstreckt sich weiter auf die unfallsichere Beschaffenheit der Arbeitsstätten, der Werkzeuge und sonstigen Gerätschaften. Die Berufsgenossenschaften sind ferner verpflichtet, auf jede mögliche Weise auf unfallsichere Arbeitsweise und unfallsicheres Verhalten hinzuwirken. So befassen sich die Unfallverhütungsbeamten auch mit der Erstellung von Unfallverhütungsmaterial; es werden z. B. Unfallverhütungsbilder, Merkblätter, Zeitschriften, Plakate, Filme, Tonbildschauen und Vorträge den Arbeitgebern und Arbeitnehmern vorgestellt und an diese verteilt.
Neuerdings versucht man auch mit Geldprämien die Versicherten zur Vorsicht zu bewegen. Bringen Arbeitnehmer Vorschläge zur Unfallverhütung bei, kann ihnen ein Geldbetrag bewilligt werden. Nur bei einer engen Zusammenarbeit mit den Unternehmern und den Versicherten ist der Erfolg der Unfallverhütungsarbeit gesichert.
Der Unternehmer muß alle der Unfallverhütung dienenden Maßnahmen und Anordnungen in seinem Betrieb treffen. Er muß seine Arbeitnehmer zu sicherem Arbeiten und zur Beachtung der Unfallverhütungsvorschriften anhalten und sie über die Gefahren im Betrieb aufklären. In einem Betrieb mit mehr als zwanzig Arbeitnehmern muß mindestens ein **Sicherheitsbeauftragter** vorhanden sein. Sind es mehr als drei, bilden sie einen Sicherheitsausschuß. Die technischen Aufsichtsbeamten sind ermächtigt, die Arbeiten in den Betrieben zu überwachen. Verweigert ein Unternehmer diese Aufsicht, kann er mit einem Bußgeld bis zu 10 000 DM belegt werden. Die Beamten unterliegen der Schweigepflicht und dürfen nur mit Einwilligung der Betroffenen Geschäftsgeheimnisse bekanntgeben.

2. Unfälle sind nicht unabwendbar, sie sind kein Schicksal, das man hinnehmen muß, sondern ein großer Mißstand, den man durch geeignete Maßnahmen bekämpfen kann. Hat sich jedoch ein Unglück erst einmal ereignet, dann kommt es darauf an, die Dauer und Schwere der Unfallfolgen sowie die Unfallsterblichkeit zu mindern, nicht zuletzt durch sachkundige **Erste Hilfe**. Sie wird vorwiegend von Laienhelfern und praktischen Ärzten geleistet.
Die Erste Hilfe bei Unglücksfällen ist eine umfangreiche und wichtige Aufgabe der Berufsgenossenschaften, die ihnen durch die Bestimmungen der Unfallversicherungsgesetzgebung zur Pflicht gemacht wurde. Die Berufsgenossenschaften lassen seit Jahren Angehörige der Betriebe, die der Unfallversicherungspflicht unterliegen, von Hilfsorganisationen wie z. B. dem DRK in Erster Hilfe ausbilden; dabei sind sie sich bewußt: Erste Hilfe kann und soll nur dazu dienen, daß bis zur endgültigen

Versorgung im Krankenhaus unvermeidliche Schmerzen auf ein Mindestmaß zurückgeführt werden und daß durch einen notwendigen Transport eine Verschlechterung nicht eintritt.
Von den Berufsgenossenschaften werden auch Leitfäden und Broschüren über die Erste Hilfe an die Nothelfer und Heilgehilfen ausgegeben.
Unfallverhütung und die Vorschriften über eine wirksame Erste Hilfe bezwecken also, daß ein Schaden vermieden oder, wenn er einmal eingetreten ist, die Folgen so gering wie möglich bleiben.

D) Die Rentenversicherungen

I. Rentenversicherung der Arbeiter und Rentenversicherung der Angestellten

1. Personenkreis: a) In der Rentenversicherung der Arbeiter und in der Rentenversicherung der Angestellten sind die **unselbständig Beschäftigten**, wenn sie gegen Entgelt oder als Auszubildende oder sonst zu ihrer Berufsausbildung auch ohne Entgelt beschäftigt werden, **versicherungspflichtig**. Dabei besteht die Versicherungspflicht – im Gegensatz zur Krankenversicherung – für alle ohne Rücksicht auf die Höhe des Arbeitsentgelts. Für den Begriff des Beschäftigungsverhältnisses gilt das bei der gesetzlichen Krankenversicherung aufgeführte entsprechend (s. auch Übersicht S. 19).
Bestimmte **arbeitnehmerähnliche** Personen wie auch einige selbständig Erwerbstätige unterliegen der Versicherungspflicht (Hausgewerbetreibende, Heimarbeiter, Küstenfischer und Küstenschiffer, selbständige Lehrer, Erzieher, Musiker, Kinder-, Säuglings-, Wochen- und Krankenpfleger(innen), die keine Angestellten beschäftigen und Artisten sowie Hebammen). Der Gesetzgeber hat bei ihnen eine Schutzbedürftigkeit für notwendig gehalten. Selbständige können unter bestimmten Voraussetzungen Versicherungsschutz beantragen.
Personen, die im Wege der Rehabilitation Krankengeld oder Übergangsgeld beziehen, unterliegen nach Ablauf bestimmter Bezugszeiten der Rentenversicherungspflicht.

b) Der Kreis der **versicherungsfreien** Personen und versicherungsfreien Beschäftigungen deckt sich im wesentlichen mit dem Kreis der versicherungsfreien Personen in der Krankenversicherung. Lediglich bei der Gruppe der Studierenden ist Ausnahme, daß eine Versicherungsfreiheit hier nur dann eintritt, wenn die Beschäftigung während der wissenschaftlichen Ausbildung ausgeübt wird.

c) Nur die Rentenversicherung kennt den Fall der **Nachversicherung**. Die Beamten, die entsprechend ihrer Tätigkeitsmerkmale entweder der

Gruppe der Arbeiter oder der Angestellten zuzuordnen wären und demnach versicherungspflichtig sein würden, sind vom Gesetzgeber deshalb für versicherungsfrei erklärt, weil ihnen Anwartschaft auf Ruhegehalt und Hinterbliebenenversorgung gewährleistet ist. Fällt indes diese Voraussetzung für die Versicherungsfreiheit weg d. h., wenn ein Beamter aus der Beschäftigung ausscheidet, ohne daß ihm eine Versorgung gewährt wird, ist dieser für die Zeit, während der er versicherungspflichtig gewesen wäre, nachzuversichern. Die Beiträge sind von dem Dienstherrn an den Rentenversicherungsträger zu überweisen.
Die Nachversicherung bezieht sich außer auf Beamte auch auf Berufssoldaten, Mitglieder geistlicher Genossenschaften, Diakonissen, Schwestern vom Deutschen Roten Kreuz und Angehörige ähnlicher Gemeinschaften, die sonst zu den versicherungsfreien Personen gehören.

d) Freiwillige Versicherung: Durch das Rentenreformgesetz von 1972 ist eine Öffnung der Rentenversicherung für weitere Gesellschaftsgruppen erfolgt. Von einer möglichen freiwilligen Versicherung nach diesem Gesetz sind nur diejenigen ausgeschlossen, die bereits versicherungspflichtig in der Rentenversicherung einschließlich der Handwerkerversicherung sind.
Für Zeiten nach Vollendung des 16. Lebensjahres können freiwillige Beiträge entrichtet werden. Voraussetzung ist dabei, daß diese Personen ihren Wohnsitz oder ihren gewöhnlichen Aufenthalt im Geltungsbereich der Rentenversicherungsgesetze haben.
Personen, die dem Grunde nach versicherungspflichtig sind, aber auf Grund besonderer Vorschriften von der Versicherungspflicht befreit sind oder befreit wurden (z. B. Beamte, Angestellte auf Antrag usw.), können die freiwillige Versicherung nur dann fortsetzen oder in Anspruch nehmen oder beginnen, wenn sie für 60 Kalendermonate Beiträge entrichtet haben.
Wer bereits die Altersgrenze für ein Altersruhegeld erreicht hat, ist nur dann berechtigt zur freiwilligen Versicherung, wenn er ein Altersruhegeld aus der Rentenversicherung der Angestellten oder der Rentenversicherung der Arbeiter oder ein Knappschaftsruhegeld aus der knappschaftlichen Rentenversicherung noch nicht bezieht.
Bei erstmaliger Versicherung steht dem Versicherten die Wahl zwischen der Rentenversicherung der Arbeiter und der Rentenversicherung der Angestellten frei. Hat der Versicherte jedoch bereits Beiträge entrichtet, kann er freiwillige Beiträge nur zu dem Versicherungszweig entrichten, zu dem er zuletzt einen Beitrag entrichtet hat.
Für die freiwillige Versicherung sind Beitragsklassen mit gleichen Monatsbeiträgen wie für Pflichtversicherte gebildet.
Die Entrichtung der Beiträge erfolgt unter Verwendung von Beitragsmarken. Es ist aber auch möglich, daß zur Anpassung an die Entwicklung des Zahlungsverkehrs eine andere Art der Beitragsentrichtung, insbesondere das Kontenabbuchungsverfahren durch Rechtsverordnung vorgeschrieben wird. Für jeden Kalendermonat kann jedoch nur ein Beitrag

entrichtet werden. Dabei steht dem Versicherten die Wahl der beitragsklasse frei.
Es muß darauf hingewiesen werden, daß neben dieser grundsätzlichen Regelung zahlreiche weitere Vorschriften aus Anlaß des Rentenreformgesetzes 1972 die Beitragsentrichtung für zurückliegende Zeiten regeln.

e) Neben den Beiträgen, die auf Grund der Versicherungspflicht oder der freiwilligen Versicherung entrichtet werden, kann durch zusätzliche Beiträge zum Zwecke der **Höherversicherung** der Versicherte seine künftige Rente steigern. In der Höherversicherung werden Beitragshöhe und Leistung nach privatversicherungsrechtlichen Methoden errechnet (sog. Steigerungsbeträge je entrichteter Beitragsmarke). Diese Beitragsmarken tragen den aufdruck »HV«.

2. Die **Aufbringung der Mittel** in der Rentenversicherung erfolgt durch Beiträge, den Bundeszuschuß und die Vermögenserträgnisse der Rentenversicherungsträger.
a) Der **Beitragssatz** beträgt 18 v. H. des Arbeitsentgelts. Das Entgelt wird indes nicht in voller Höhe zur Beitragszahlung herangezogen, sondern nur insoweit, als es die Beitragsbemessungsgrenze nicht übersteigt. Diese Beitragsbemessungsgrenze beträgt im Jahre 1975 = 2800,– DM monatlich.
Bei den Pflichtversicherten werden die **Beiträge** im allgemeinen von den Versicherten und dem Arbeitgeber je zur Hälfte getragen. Die Beitragsentrichtung erfolgt zusammen mit den Beiträgen der anderen Versicherungszweige in einem **Gesamtsozialversicherungsbeitrag** an die zuständige Einzugsstelle (Pflichtkrankenkasse oder bei krankenversicherungspflichtigen Personen ggf. Ersatzkasse). Bei sog. Geringverdienern trägt der Arbeitgeber die Beiträge allein (ein Zehntel der Beitragsbemessungsgrenze für Monatsbezüge) im Jahre 1975: 280,– DM.

Die Entrichtung der Beiträge durch den Arbeitgeber ist durch entsprechende Entgeltbescheinigung (Jahresbescheinigung) aus dem **Versicherungsnachweisheft** zu bescheinigen. Wird die Lohn- und Gehaltsabrechnung im Wege der elektronischen Datenverarbeitung vom Arbeitgeber vorgenommen, können die Jahresentgelte auf Antrag künftig direkt in die EDV-Anlage des Rentenversicherungsträgers überspielt werden. Der Arbeitgeber hat jeweils besondere Vorschriften zu beachten.

Durch **Beitragsmarken** entrichten freiwillig Versicherte, Höherversicherte sowie solche Pflichtversicherte, die selbst die Beiträge zu entrichten haben (z. B. Mehrfachbeschäftigte), ihre Beiträge. Die Marken werden in die **Versicherungskarte** eingeklebt.
Die Bezieher einer Rente aus der gesetzlichen Rentenversicherung unterliegen der Krankenversicherungspflicht (s. dort). Den Beitrag für diese Krankenversicherung der Rentner hat der Rentenversicherungsträger zu zahlen.
Personen, die bereits ein Altersruhegeld beziehen und die als Ruhestandsbeamte auf Antrag von ihrer Versicherungspflicht befreit worden

sind, sind bei einer versicherungspflichtigen Weiterbeschäftigung beitragsfrei in der Rentenversicherung. Allerdings hat der Arbeitgeber seinen Beitragsteil (die Hälfte des RV-Beitrags) an die zuständige Einzugsstelle zu entrichten.
b) Zu den Ausgaben der Rentenversicherung, die nicht Leistungen der Alterssicherung sind, leistet der Bund einen **Bundeszuschuß**.
c) Eine **Beitragserstattung** aus der Rentenversicherung ist heute nur noch dann möglich, wenn ein Versicherter aus der Pflichtversicherung ausscheidet, ohne das Recht zur freiwilligen Versicherung (mangelnde Vorversicherungszeiten) zu besitzen. Gleichzeitig heißt das, daß ihm die Erfüllung der Wartezeit von 60 Monaten bis zur Erlangung einer Erwerbsunfähigkeitsrente oder die Wartezeit für das Altersruhegeld (180 Monate) nicht mehr möglich ist.
Auf Antrag werden dem Versicherten unter bestimmten Voraussetzungen die Hälfte der Beiträge, die nach der Währungsreform (20. 6. 1948) entrichtet wurden sowie die Höherversicherungsbeiträge erstattet. Damit begibt er sich indes weiterer Ansprüche aus der Rentenversicherung.
Die früher mögliche Beitragserstattung bei Heirat einer Versicherten ist weggefallen.

3. Maßnahmen der Rehabilitation in der Rentenversicherung: a) Die Maßnahmen der Rehabilitation hat der Gesetzgeber als Regelleistung allen übrigen Leistungen vorangestellt. Sie sind bewußt auf die Wiederherstellung der Erwerbsfähigkeit abgestellt, wie auch die sonstigen Leistungen der Rentenversicherung, soweit sie die Berufs- oder Erwerbsunfähigkeit eines Versicherten betreffen, zumeist von der Erwerbsfähigkeit eines im Erwerbsleben Tätigen ausgehen. Die Maßnahmen werden nicht nur dann gewährt, wenn eine behebbare Berufsunfähigkeit bereits vorliegt oder eine bereits drohende abgewendet werden kann, sondern sie werden bereits zur Vorbeugung (Prävention) durchgeführt. Man unterscheidet daher auch in der Rentenversicherung zwischen den drei Phasen der Rehabilitation (medizinische, berufliche und soziale Rehabilitation).
Für die Rehabilitationsmaßnahmen kommen in Betracht Versicherte, Empfänger von Rente wegen Berufs- oder Erwerbsunfähigkeit sowie diejenigen Empfänger von Hinterbliebenenrenten, die wegen Berufsunfähigkeit eine erhöhte Rente beziehen. Empfänger von Altersruhegeld fallen nicht unter diese Rehabilitationsbestimmungen. Es ist in jedem Falle erforderlich, daß die Erwerbsfähigkeit infolge von Krankheit, anderen Gebrechen oder Schwäche der körperlichen oder geistigen Kräfte gefährdet oder gemindert ist. Ferner muß sie durch diese Maßnahmen die Erwerbsfähigkeit voraussichtlich erhalten, wesentlich gebessert oder wieder hergestellt werden können. Im Einzelfall ist die Durchführung eine Maßnahme also davon abhängig, ob sie nach Art und Umfang erfolgversprechend, erforderlich und für den Versicherungsträger möglich ist.

Nach den besonderen Umständen eines Einzelfalles ist eine Maßnahme dann **erfolgversprechend**, wenn insbesondere nach der Art des Leidens oder einer Beschädigung, nach den persönlichen Verhältnissen des Versicherten und – was nicht unwesentlich ist – seiner Bereitschaft zur Mitwirkung wahrscheinlich ist, so daß die Maßnahme zu einer wesentlichen Besserung oder Wiederherstellung führen kann. **Erforderlich** ist diese Maßnahme dann, wenn bei Hilfen anderer Art oder geringeren Umfanges ein gleicher oder annähernd gleicher Erfolg nicht erwartet werden kann. Möglich für den Versicherungsträger ist die Durchführung einer Maßnahme, wenn die erforderlichen Einrichtungen (Heilstätten, Umschulungswerkstätten, Rehabilitationszentren), sei es im eigenen Bereich der Rentenversicherung oder im Bereich anderer Versicherungsträger, vorhanden sind. Die Versicherungsträger sind daher gehalten, erforderliche Eigeneinrichtungen oder Benutzungsmöglichkeiten fremder Einrichtungen soweit auszubauen, daß die medizinische und berufsfördernde Betreuung in zureichendem Maße gesichert ist.

b) Die Maßnahmen umfassen im einzelnen

1) **Heilbehandlung:** Sie umfaßt alle erforderlichen medizinischen Maßnahmen, insbesondere Behandlung in Kur- und Badeorten und in Spezialanstalten. Dazu gehören auch die ambulante Maßnahme wie auch stationäre Maßnahmen im Sinne eines Heilverfahrens in Heilstätten, Sanatorien usw.;

Rehabilitation-Rentenversicherung
Die Leistungen sind hier durch das Rehabilitations-Angleichungsgesetz einheitlich zu den anderen Versicherungsträgern bezeichnet und z. T. erweitert (neu z. B. auch Haushaltshilfe, Belastungserprobung, Arbeitstherapie);

2) **Berufsförderung:** Die Berufsförderung in der gesetzlichen Rentenversicherung umfaßt Maßnahmen zur Wiedergewinnung oder Erhöhung der Erwerbsfähigkeit im bisherigen Beruf, die Ausbildung für einen anderen nach der bisherigen Berufstätigkeit zumutbaren Beruf und die Hilfe zur Erhaltung oder zur Erlangung einer Arbeitsstelle.

Die Berufsförderung wird unter der Voraussetzung der Eignung und Mitarbeit des Betreuten bis zur Erreichung ihres angestrebten Zieles, jedoch in der Regel nicht länger als ein Jahr gewährt. Die Träger der Rentenversicherung bedürfen dazu der unterstützenden Maßnahmen der Bundesanstalt für Arbeit (vgl. unten S. = ff.). Die Arbeitsverwaltung hat dabei im bestimmten Umfange schon Aufgaben der Berufsförderung durchgeführt. In anderen Vorschriften der Rentenversicherungsgesetze werden keine einzelnen Anordnungen für bestimmte Maßnahmen gegeben. Die Versicherungsträger können sich dabei in weitgehendem Maße der Arbeitsverwaltung bedienen. Hierbei spielt das pflichtgemäße Ermessen eine erhebliche Rolle. Die Verantwortlichkeit des Rentenversicherungsträgers wird dadurch nicht aufgehoben;

3) **soziale Maßnahmen:** Als begleitende Maßnahmen der beiden ersten Phasen der Rehabilitation ist neben der Heilbehandlung oder der Berufsförderung die soziale Sicherung der wirtschaftlichen Verhältnisse des Betreuten wesentlich. Der Träger der Rentenversicherung gewährt deshalb während dieser Zeit ein **Übergangsgeld**, das der jeweils zuständige Träger der Rentenversicherung festsetzt. Die Höhe des **Übergangsgeldes** bestimmt sich nach den Vorschriften wie in der Krankenversicherung,

d. h. 80 v. H. des Arbeitsentgelts (Regellohn), höchstens bis zum Nettolohn mit der Abweichung, daß der Regellohn bis zur Beitragsbemessungsgrenze der Rentenversicherung zu berücksichtigen ist. Für bestimmte Personen, wie freiwillig Versicherte und Selbständige in der Rentenversicherung, gelten Sonderregelungen. Insbesondere gelten zahlreiche Spezialvorschriften für die Übergangsgeldgewährung.

Für die Zusammenarbeit mit anderen Versicherungszweigen und -Trägern der Rehabilitationsmaßnahmen gelten hinsichtlich der Sonderaufgaben bei der Tuberkulosebekämpfung und der Krebsbekämpfung besondere Bestimmungen.

4. Renten an Versicherte. a) Gegenstand der Versicherungen und umfangreichste Leistung ist die Gewährung von Renten an Versicherte. Es werden folgende Renten gewährt:

1) **Altersruhegeld** nach Vollendung des 65. Lebensjahres, auf Wunsch des Versicherten auch zu einem späteren, unter bestimmten Voraussetzungen auch zu einem früheren (Vollendung des 62. bzw. 63. Lebensjahres) Zeitpunkt (zur flexiblen Altersgrenze vgl. unten S. 59),
2) Altersruhegeld als sog. **vorgezogenes Altersruhegeld** nach Vollendung des 60. Lebensjahres und bei einjähriger ununterbrochener Arbeitslosigkeit für die weitere Dauer der Arbeitslosigkeit,
3) **vorgezogenes Altersruhegeld für weibliche Versicherte,** wenn diese das 60. Lebensjahr vollendet und in den letzten 20 Jahren überwiegend eine rentenversicherungspflichtige Beschäftigung ausgeübt haben und eine solche Beschäftigung gegen Entgelt oder eine Erwerbstätigkeit nicht mehr ausüben,
4) **Rente wegen Berufsunfähigkeit,** wenn die Erwerbsunfähigkeit infolge von Krankheit oder anderen Gebrechen oder Schwäche der körperlichen oder geistigen Kräfte auf weniger als die Hälfte derjenigen eines körperlich und geistig gesunden Versicherten mit ähnlicher Ausbildung und gleichwertigen Kenntnissen und Fähigkeiten herabgesunken ist, und
5) **Rente wegen Erwerbsunfähigkeit,** wenn infolge von Krankehit oder anderen Gebrechen oder von Schwäche der körperlichen und geistigen Kräfte auf nicht absehbare Zeit eine Erwerbstätigkeit in gewisser Regelmäßigkeit nicht mehr ausgeübt oder nicht mehr als nur geringfügige Einkünfte durch Erwerbstätigkeit erzielt werden können.

Die vorgenannten Tatbestandsmerkmale werden als **Eintritt des Versicherungsfalles** bezeichnet. Die Gewährung einer Rente ist jedoch von weiteren Voraussetzungen abhängig; sie erfordert die Stellung eines **Rentenantrages** und ferner die Erfüllung einer **Wartezeit** (Versicherungszeit).

Dabei ist für den Rentenantrag beim Eintritt des Versicherungsfalles eine Wartezeit von 60 Monaten erforderlich für die Rente wegen Berufsunfähigkeit und auch für die Rente wegen Erwerbsunfähigkeit. Eine Wartezeit von 180 Monaten ist dagegen erforderlich für die Gewährung von Altersruhegeld sowohl für die Vollendung des 62. bzw. 63. bzw. 65. Lebensjahres wie auch für die beiden vorgezogenen Altersruhegelder. Die Wartezeit gilt als erfüllt für die Berufs- und Erwerbsunfähigkeitsrente, wenn der Versicherte wenigstens einen Beitrag entrichtet hat und danach infolge eines eingetretenen Arbeitsunfalles oder infolge eines militärischen oder militärähnlichen Dienstes und auch durch unmittelbare Kriegseinwirkung berufsunfähig geworden oder gestorben ist; für diese besonderen Regelungen gelten Sondervorschriften.

b) Die Wartezeit setzt sich zusammen aus den Beitragszeiten und den Ersatzzeiten.
Anrechnungsfähig sind als **Beitragszeiten** die Zeiten, für die Pflichtbeiträge oder freiwillige Beiträge rechtswirksam entrichtet wurden. Das gilt auch für die nach den besonderen Bestimmungen über die Nachversicherung auch nach Eintritt des Versicherungsfalles entrichteten Beiträge. Pflichtbeiträge, die während einer Berufsunfähigkeit entrichtet wurden, sind nur für das Altersruhegeld anzurechnen.
Als **Ersatzzeiten** werden berücksichtigt Zeiten, in denen der Versicherte gehindert war, Pflichtbeiträge zu entrichten.

Es handelt sich vor allen Dingen um folgende Zeiten:
1) Zeiten des militärischen oder militärähnlichen Dienstes, die auf Grund gesetzlicher Dienst- oder Wehrpflicht oder während eines Krieges geleistet worden sind sowie der Kriegsgefangenschaft und einer anschließenden Krankheit oder unverschuldeten Arbeitslosigkeit,
2) Zeiten der Internierung oder der Verschleppung sowie Zeiten einer anschließenden Krankheit oder unverschuldeten Arbeitslosigkeit,
3) Zeiten, in denen der Versicherte während oder nach Beendigung eines Krieges, ohne Kriegsteilnehmer zu sein, durch feindliche Maßnahmen an der Rückkehr aus dem Ausland oder aus den unter fremder Verwaltung stehenden deutschen Ostgebiete verhindert gewesen ist und dort festgehalten worden ist,
4) Zeiten der Freiheitsentziehung im Sinne des Bundesentschädigungsgesetzes, Zeiten einer anschließenden Krankheit oder unverschuldeten Arbeitslosigkeit sowie Zeiten der durch Verfolgungsmaßnahmen im Sinne des obengenannten Gesetzes hervorgerufenen Arbeitslosigkeit oder eines Auslandsaufenthaltes bis zum 31. 12. 1949,
5) Zeiten des Gewahrsams und einer anschließenden Krankheit oder unverschuldeten Arbeitslosigkeit bei Personen im Sinne des Häftlingshilfegesetzes,
6) die Zeit vom 1. 1. 1945 bis 31. 12. 1946 sowie außerhalb dieses Zeitraumes liegende Zeiten der Vertreibung, Flucht, Umsiedlung oder Aussiedlung und einer anschließenden Krankheit oder unverschuldeten Arbeitslosigkeit im Sinne des Bundesvertriebenengesetzes.

Ersatzzeiten können nur dann angerechnet werden, wenn vorher Beiträge und während der Ersatzzeit keine Pflichtbeiträge entrichtet worden sind. Sie werden jedoch ohne vorhergehende Beitragszeiten angerechnet, wenn innerhalb von drei Jahren nach Beendigung der Ersatzzeit oder einer durch sie aufgeschobenen oder unterbrochenen Ausbildung eine rentenversicherungspflichtige Beschäftigung aufgenommen worden ist. Für besondere Tatbestände gelten besondere Regelungen (z. B. bei sog. Halbbelegung, Wartezeitfiktion, bei Arbeitsunfall, Kriegseinwirkung usw.).

c) Sind diese Voraussetzungen erfüllt, bemißt sich die **Versichertenrente** nach verschiedenen Faktoren.
Einmal soll sich der jeweiligen Stand der Lohn- und Gehaltsentwicklung in der Rentenhöhe auswirken (Rentendynamik). Diesen Faktor nennt man **Allgemeine Bemessungsgrundlage**. Er wird ermittelt aus dem durchschnittlichen Bruttoarbeitsentgelt aller Versicherten der Rentenversicherung der Arbeiter und Angestellten ohne Auszubildende im Mittel des dreijährigen Zeitraumes vor dem Kalenderjahr, das dem Eintritt des Versicherungsfalles vorausgegangen ist. Diese allgemeine Bemessungsgrundlage wird jährlich durch Rechtsverordnung festgestellt.
Der Wert der Arbeit, den der Versicherte während seines gesamten Versicherungslebens erbracht hat, wird ausgedrückt durch die **Persönliche Bemessungsgrundlage**. Es ist das Individualentgelt des einzelnen Versicherten während der gesamten Versicherungsdauer (berechnet als Durchschnitt aus den einzelnen Kalenderjahren, für die Beiträge entrichtet worden sind, bis zur Höhe der Beitragsbemessungsgrenze) und ins Verhältnis zum Durchschnittsentgelt aller gesetzt. Es wird in Vomhundert zur allgemeinen Bemessungsgrundlage ausgedrückt. Wer also stets ein hohes Arbeitseinkommen hatte bzw. hohe Beiträge entrichtete, hat demzufolge eine höhere Persönliche Bemessungsgrundlage als derjenige, der nur geringe Beiträge entrichtet hat.
Auch die **Dauer der Zugehörigkeit zur Versicherung** wirkt sich für die Höhe der Rente aus. Als **Versicherungsjahre** werden die auf die Wartezeit anzurechnenden Versicherungszeiten (Beitragszeit und Ersatzzeit), die Ausfallzeiten und die Zurechnungszeit zusammengerechnet.

Ausfallzeiten sind:
- Zeiten einer Krankheit, unfallbedingten Arbeitsunfähigkeit, Schwangerschaft und Niederkunft bei versicherungspflichtigen Beschäftigten,
- Zeiten, in denen Rehabilitationsmaßnahmen durchgeführt worden sind,
- Zeiten, in denen Schlechtwettergeld bezogen wurde und
- Zeiten von Arbeitslosigkeit unter der Voraussetzung, daß der Berechtigte bei einem deutschen Arbeitsamt als Arbeitsuchender gemeldet war und versichermäßiges Arbeitslosengeld, Arbeitslosenhilfe, Sozialhilfe oder Familienunterstützung bezogen hat.

Diese Zeiten müssen mindestens einen Kalendermonat angedauert haben, um angerechnet werden zu können.
Ausfallzeiten sind auch Zeiten einer nach Vollendung des 16. Lebensjahres liegenden Ausbildungszeit ohne Beitragsleistung, einer weiteren Schulausbildung sowie eine abgeschlossene Fach- oder Berufsschulausbildung, ferner Zeiten des Bezuges einer Rente, wenn nach Wegfall der Rente erneut Rente wegen Berufs- oder wegen Erwerbsunfähigkeit oder ein Altersruhegeld oder Hinterbliebenenrente zu gewähren ist.
Die **Zurechnungszeit** stellt eine soziale Maßnahme zum Ausgleich einer Härte dar. Bei Versicherten, die vor Vollendung des 55. Lebensjahres berufsunfähig oder erwerbsunfähig geworden sind, soll die bei der Ermittlung der anrechnungsfähigen Versicherungsjahre sich ergebende geringere Zeit aufgebessert werden. So wird eine Zurechnungszeit den anrechnungsfähigen Versicherungsjahren zugerechnet, und zwar, wenn der Versicherungsfall vor dem 55. Lebensjahr eingetreten ist, die Zeit bis zum 55. Lebensjahr.

Für jedes Versicherungsjahr wird ein gesetzlich festgelegter **Jahresbetrag** (Steigerungssatz je Versicherungsjahr) angesetzt und das Ergebnis der Versicherungsjahre mit diesem Satz multipliziert. Der festgesetzte Jahresbetrag beträgt bei Berufsunfähigkeitsrenten 1 v. H., Erwerbsunfähigkeits- und Altersruhegeld 1,5 v. H. der Persönlichen Rentenbemessungsgrundlage.
Welche Bedeutung den einzelnen Faktoren bei der Rentenbemessung zukommt, ist S. 60 ff. dargestellt.

d) Zu der Versichertenrente wird für jedes Kind **ein Kinderzuschuß** gezahlt, der jährlich ein Zehntel der jeweils geltenden Allgemeinen Bemessungsgrundlage beträgt.

Anspruchsberechtigte Kinder sind die ehelichen Kinder, in den Haushalt des Rentenberechtigten aufgenommene Stiefkinder, für ehelich erklärte Kinder, an Kindes Statt angenommen Kinder, nichteheliche Kinder eines männlichen Versicherten, wenn seine Vaterschaft oder seine Unterhaltspflicht festgestellt ist, nichteheliche Kinder einer Versicherten, Pflegekinder, wenn das Pflegekindschaftsverhältnis vor Eintritt des Versicherungsfalles begründet worden ist. Unter bestimmten Voraussetzungen kann ein Kinderzuschuß auch für Enkel und Geschwister gewährt werden.

Der Kinderzuschuß wird bis zur Vollendung des 18. Lebensjahres gezahlt. Ausnahmsweise kann hierüber hinaus bis zur Vollendung des 25. Lebensjahres für ein Kind der Kinderzuschuß dann gewährt werden, wenn es sich in Schul- oder Berufsausbildung befindet, ein freiwilliges soziales Jahr ableistet oder wenn es bei Vollendung des 18. Lebensjahres infolge körperlicher oder geistiger Gebrechen außerstande ist, sich selbst zu unterhalten. Bei Verzögerung der Schul- oder Berufsausbildung durch die Erfüllung einer gesetzlichen Dienstpflicht wird der Kinderzuschuß um diese Zeit auch über das 25. Lebensjahr hinaus gezahlt. Wird ein Kinderzuschuß gewährt, entfällt das Kindergeld nach dem Bundeskindergeldgesetz.

e) Zu der Versichertenrente kommen evtl. Steigerungsbeträge aus der **Höherversicherung**.

f) Alle einmal festgesetzten Renten werden nach Maßgabe besonderer Anpassungsgesetze der Entwicklung der wirtschaftlichen Leistungsfähigkeit und der Produktivität sowie der Veränderung des Volkseinkommens angepaßt (jährliche Rentenanpassung).
Die Versichertenrente wird grundsätzlich vom Ablauf des Monats an gewährt, in dem ihre Voraussetzungen erfüllt sind. Als Voraussetzungen zählen der Eintritt des Versicherungsfalles, die Erfüllung der Wartezeit und in bestimmten Fällen der Antrag. Ausnahmsweise ist vom Beginn des Antragsmonats an die Rente wegen Berufsunfähigkeit oder wegen Erwerbsfähigkeit zu gewähren, wenn der Antrag später als drei Monate nach Eintritt der Berufs- oder Erwerbsunfähigkeit gestellt wird.

5. Renten an Hinterbliebene: a) Nach dem Tode des Versicherten erhalten seine Hinterbliebenen eine Hinterbliebenenrente. Die Hinterbliebenenrenten werden gewährt, wenn dem Verstorbenen zur Zeit seines Todes Versichertenrente zustand oder zu diesem Zeitpunkt die Wartezeit von ihm erfüllt ist oder als erfüllt gilt. Hinterbliebenenrenten werden auch gewährt, wenn der Versicherte verschollen ist.
Für die Feststellung des Anspruchs auf die Hinterbliebenenrente sind vom Versicherungsträger zunächst die Voraussetzungen in der Person des Versicherten zu prüfen. Hiernach muß die **Wartezeit** erfüllt sein. Für Hinterbliebenenrenten beträgt die Wartezeit 60 Kalendermonate. Im übrigen gilt die Wartezeit als erfüllt, wenn der Tod durch Arbeitsunfall, Wehrdienstbeschädigung usw. herbeigeführt wurde.

b) Die **Witwenrente** beträgt $^6/_{10}$ der Versichertenrente wegen **Berufs**unfähigkeit, jedoch ohne Zurechnungszeiten und ohne Kinderzuschuß.
Die Witwenrente beträgt jedoch $^6/_{10}$ der Versichertenrente wegen **Erwerbs**unfähigkeit (ohne Kinderzuschuß), wenn
1) die Witwe das 45. Lebensjahr vollendet hat,
2) die Witwe berufs- oder erwerbsunfähig ist oder
3) wenigstens ein waisenrentenberechtigtes Kind erzieht.
Hat der Versicherte bis zu seinem Tode Rente bezogen, sind als Witwenrente mindestens $^6/_{10}$ des Zahlbetrages dieser Rente (ohne Kinderzuschuß) zu gewähren.

c) Nach dem Tode des Versicherten erhalten seine Kinder eine **Waisenrente**. Als anspruchsberechtigte Kinder gelten die Kinder, die bereits in der Aufzählung beim Kinderzuschuß genannt sind (oben S. 56). Die Waisenrente beträgt bei Halbwaisen $^1/_{10}$, bei Vollwaisen $^1/_5$ der Versichertenrente wegen Erwerbsunfähigkeit. Die Waisenrente erhöht sich um den Kinderzuschuß.
Sie wird bis zur Vollendung des 18. Lebensjahres gewährt. Über diesen Zeitpunkt hinaus wird sie für ein Kind unter den gleichen Voraussetzungen und bis zur Vollendung des gleichen Lebensalters gewährt, wie der Kinderzuschuß.

d) Die Hinterbliebenenrenten dürfen zusammen nicht höher sein als die Rente, die dem Versicherten einschließlich des Kinderzuschusses zugestanden hätte, wenn er zum Zeitpunkt seines Todes Anspruch auf Rente wegen Erwerbsunfähigkeit gehabt hätte. Sind diese Renten höher, werden sie nach dem Verhältnis ihrer Höhe gekürzt.

6. Sonstige Leistungen aus der Rentenversicherung: a) Für die ersten drei Monate wird der Witwe anstelle der Witwenrente die Versichertenrente ohne Kinderzuschuß gewährt, die dem Versicherten im Zeitpunkt seines Todes zustand oder, wenn der Versicherte zu diesem Zeitpunkt nicht rentenberechtigt war, die Rente des Versicherten ohne Kinderzuschuß, aus der die Witwenrente zu berechnen ist.

Einer Witwe, die wieder heiratet, wird als **Abfindung** das Fünffache des Jahresbetrages der bisher bezogenen Witwenrente gewährt.
Eine **Witwerrente** nach den für die Witwenrente geltenden Bestimmungen wird dem Ehemann nach dem Tode seiner versicherten Ehefrau nur dann gewährt, wenn die Verstorbene den Unterhalt ihrer Familie überwiegend bestritten hat.
Einer **früheren Ehefrau** des Versicherten, deren Ehe mit dem Versicherten geschieden, für nichtig erklärt oder aufgehoben ist, wird nach dem Tode des Versicherten Rente gewährt. Hierbei ist Voraussetzung, daß ihr der Versicherte zur Zeit seines Todes Unterhalt nach den Vorschriften des Ehegesetzes oder aus sonstigen Gründen zu leisten hatte oder im letzten Jahr vor seinem Tode tatsächlich geleistet hat. Ist eine Witwenrente nicht zu gewähren, findet diese Vorschrift auch dann Anwendung, wenn eine Unterhaltsverpflichtung wegen der Vermögens- oder Erwerbsverhältnisse des Versicherten nicht bestanden hat. Einer geschiedenen Ehefrau, die wiederheiratet, wird als **Abfindung** das Fünffache des Jahresbetrages der bisher bezogenen Rente gewährt.
Auch einem **früheren Ehemann** der Versicherten, dessen Ehe mit der Versicherten geschieden, für nichtig erklärt oder aufgehoben ist, wird unter den Voraussetzungen, die für die Witwerrente gelten, nach dem Tode der Versicherten Rente gewährt. Einem geschiedenen Ehemann, der wiederheiratet, wird als Abfindung das Fünffache des Jahresbetrages der bisher bezogenen Rente gewährt.
Sind mehrere Personen nebeneinander als Witwe, Witwer oder früherer Ehegatte zum Bezug einer Rente berechtigt, erhält jeder Berechtigte nur den Teil der für ihn zu berechnenden Rente, der im Verhältnis zu den anderen Berechtigten der Dauer seiner Ehe mit dem Versicherten entspricht.

b) Die Träger der gesetzlichen Rentenversicherung können Mittel auch dafür verwenden, um allgemeine Maßnahmen oder Einzelmaßnahmen zur Erhaltung oder zur Erlangung der Erwerbsfähigkeit der Versicherten und ihrer Angehörigen zu finanzieren (s. auch oben S. 51 ff.).

Darüber hinaus können solche Mittel zur Hebung der gesundheitlichen Verhältnisse der Bevölkerung eingesetzt werden. Hier ist insbesondere an Erholungskuren für Kinder, Zuschüsse zu den Kosten für Zahnersatz und für Heil- und Hilfsmittel gedacht. Weiterhin können Mittel zum wirtschaftlichen Nutzen der Rentenberechtigten, der Versicherten und ihrer Angehörigen aufgewendet werden; solche Maßnahmen sind z. B. die Bereitstellung von Mitteln zur Förderung der Erstellung von Wohnungen und Eigenheimen für die versicherte Bevölkerung. Außerdem können Mittel der Versicherten aufgewendet werden, um Rentenberechtigte mit ihrer Zustimmung in einem Altersheim, Kinderheim oder einer ähnlichen Anstalt unterzubringen, wobei die Rente für die Dauer der Unterbringung ganz oder teilweise ruhen kann.

c) Durch die Rentenreform 1972 ist die sogenannte **flexible Altersgrenze** eingeführt. Wer das **63. Lebensjahr** vollendet und eine besondere Wartezeit von 35 Versicherungsjahren (Beitragszeiten, Ersatzzeiten, Ausfallzeiten) erfüllt hat, kann das Altersruhegeld mit Vollendung des 63. Lebensjahres beziehen. Schwerbeschädigte und Personen, die berufs- oder erwerbsunfähig sind, können es bereits nach Vollendung des **62. Lebensjahres** auf Antrag beanspruchen. Während der Zeit des flexiblen Altersruhegeldes besteht eine Verdienstgrenze. Sie beträgt $^3/_{10}$ von der Beitragsbemessungsgrenze (1974 z. B. 750,– DM).
Wird das Altersruhegeld erst nach dem 65. Lebensjahr beansprucht, erhält der Versicherte für jeden Monat der Weiterarbeit vom 65. bis zum **67. Lebensjahr** einen **Zuschlag** von monatlich 0,6 %, höchstens also 14,4 v. H. zur Rente.
Die Rentenversicherungsanstalten sind verpflichtet, bis 1979 alle wesentlichen Daten auf dem **Rentenkonto** des Versicherten zu speichern. Sie müssen ferner in einigen Jahren von Zeit zu Zeit Kontoauszüge versenden. Ab 1974 kann jeder 62jährige Versicherte eine **Rentenauskunft** über die Höhe der Anwartschaft auf Altersruhegeld verlangen.
Neu ist auch die Einführung einer **Rente nach Mindesteinkommen**. Hier wird ein Ausgleich für die Fälle geschaffen, in denen infolge eines regionalen oder branchenbedingten Lohngefälles oder wegen Lohnbenachteiligung der Frauenarbeit in der Vergangenheit – nur Pflichtbeiträge bis 31. 12. 1972 werden berücksichtigt – ein nicht der Arbeitsleistung entsprechendes Entgelt erzielt wurde. Die für den Versicherten maßgebende Rentenbemessungsgrundlage aus allen Pflichtbeiträgen – mindestens 25 anrechnungsfähige Versicherungsjahre müssen zurückgelegt sein – wird dadurch auf mindestens 75 v. H. festgelegt.

II. Besondere Rentenversicherungszweige

1. Knappschaftliche Rentenversicherung: Die Knappschaftsversicherung umfaßt die Rentenversicherung der im Bergbau Beschäftigten. Sie beinhaltet **auch die Krankenversicherung**, für die im wesentlichen die Vorschriften des Zweiten Buches der Reichsversicherungsordnung gelten. Abweichungen bestehen lediglich hinsichtlich des Personenkreises der Angestellten.
In der **Rentenversicherung** werden den Besonderheiten der Bergmannsarbeit entsprechend die Rentenleistungen unter günstigeren Voraussetzungen als in der übrigen Rentenversicherung gewährt. Die Renten sind auch wesentlich höher, wie auch der Beitrag zur gesetzlichen Knappschaftsrentenversicherung von einer höheren Beitragsbemessungsgrenze für Monatsbezüge ($2^1/_2$fache der allgemeinen Bemessungsgrundlage) erhoben wird. Beim Altersruhegeld beträgt der Steigerungssatz 2 v. H. (in der allgemeinen Rentenversicherung 1,5 v. H.). Der Beitrag ist von den Versicherten in Höhe von 8,5 v. H. und vom Arbeitgeber in Höhe von 15 v. H. des beitragspflichtigen Entgelts zu tragen.

Die Rente aus der Rentenversicherung der Arbeiter oder der Rentenversicherung der Angestellten: Für die Höhe der Rente maßgebende Faktoren

A Allgemeine Bemessungsgrundlage	B Persönliche Bemessungsgrundlage	C Zahl der anrechenbaren Versicherungsjahre	D Jahresbetrag (Steigerungssatz)	Formel
Sie soll bezwecken, daß auch die Rentner an der wirtschaftlichen Entwicklung teilnehmen. Sie wird alljährlich zum Jahresende für das folgende Kalenderjahr durch Rechtsverordnung festgesetzt. Ermittelt wird sie aus dem durchschnittlichen Bruttoarbeitsentgelt aller Versicherten der Arbeiterrentenversicherung und der Angestelltenversicherung (ohne Auszubildende) im Mittel des dreijährigen Zeitraumes vor dem Kalenderjahr, das dem Eintritt des Versicherungsfalles voraufgegangen ist. BEISPIEL: Versicherungsfall im Jahre 1974 Das tatsächliche durchschnittliche Bruttoarbeitsentgelt beträgt für das Jahr 1970 = 13 343 DM 1971 = 14 931 DM 1972 = 16 335 DM Summe 44 609 DM : 3 = 14 870 DM. Die allgemeine Bemessungsgrundlage für Versicherungsfälle des Jahres 1975 = 16 520 DM.	Das Individualentgelt des einzelnen Versicherten im Verhältnis zum Durchschnittsentgelt aller Versicherten soll auch in der Höhe der Rente zum Ausdruck kommen. So wird der Bruttojahresarbeitsverdienst des einzelnen Versicherten ins Verhältnis zum Durchschnittsverdienst aller Versicherten (Allgemeine Bemessungsgrundlage) gesetzt. Der sich aus den einzelnen Jahren nach der Formel $\frac{\text{Bruttoarbeitsentgelt des Versicherten} \times 100}{\text{durchschnittliches Bruttoarbeitsentgelt}}$ ergebende Verhältniswert von z. B. 1,40 wird mit der allgemeinen Bemessungsgrundlage multipliziert. Z. B. 16 520 × 1,40 = Persönliche Bemessungsgrundlage 23 128 DM.	Die Versicherungsdauer hat ebenfalls einen Einfluß auf die Höhe der Rente. Die Zahl der anrechenbaren Versicherungsjahre setzt sich zusammen aus 1. Beitragszeiten, 2. Ersatzzeiten (z. B. Wehrdienst), 3. Ausfallzeiten (Krankheit, Arbeitslosigkeit) und ggf. 4. einer Zurechnungszeit, wenn die Berufs- oder Erwerbsunfähigkeit vor Vollendung des 55. Lebensjahres eintritt. BEISPIEL: zusammen 50 Versicherungsjahre	Er ist gesetzlich festgelegt und beträgt für jedes anrechnungsfähige Versicherungsjahr 1 v. H. bei berufsunfähigen Rentnern und 1,5 v. H. bei erwerbsunfähigen Rentnern und Altersrentnern. BEISPIEL: Altersrente 1,5	$\frac{B\ (20\,818 \times C\ (50) \times D\ (1{,}5)}{100}$ = 15 613,50 DM Jahresrente
		Das Beispiel ist eine grobe Vereinfachung, um die Systematik der sogenannten dynamischen Rente darzustellen. Für jeden der maßgebenden Faktoren bestehen spezielle gesetzliche Regelungen. Die Höhe der Rente wird ferner durch Steigerungsbeträge aus der Höherversicherung, durch Rentenzuschlagsbeträge bei Altersruhegeld beginnend nach dem 65. Lebensjahr und evtl. durch Kinderzuschüsse beeinflußt. Für die Ermittlung der Hinterbliebenenrente ist zunächst die Versichertenrente nach vorstehender Formel zu errechnen.		

2. Altershilfe für Landwirte: a) Die Rentenversicherung der Landwirte gewährleistet den landwirtschaftlichen Unternehmern, deren Ehegatten, Witwen und älteren mitarbeitenden Familienangehörigen eine Grundsicherung für das Alter und die vorzeitige Erwerbsunfähigkeit. Dies geschieht durch einen Geldzuschuß zum Altenteil, das meist in Naturalien und Wohnung besteht sowie in der Zubilligung von Rehabilitationsmaßnahmen einschließlich der Bezahlung oder Stellung einer Ersatzkraft (Betriebshelfer). Die Gewährung von Altersgeld steht jedoch im Vordergrund dieser Aufgaben.
Die Gewährung eines **Altersgeldes** erleichtert der älteren Generation den Entschluß, jüngeren Kräften die Führung des landwirtschaftlichen Unternehmens zu übertragen und sich auf das Altenteil des Hofes zurückzuziehen; sie ist an die Abgabe des Hofes gebunden. Diese Abgabe des Hofes wiederum ermöglicht die Vergrößerung der verbleibenden Höfe und die frühere Übernahme des landwirtschaftlichen Unternehmens durch jüngere Kräfte, die dem Fortschritt in der landwirtschaftlichen Technik, der Betriebswirtschaft und der Absatzwege aufgeschlossen sind.
Träger der **Altershilfe** sind die bei den landwirtschaftlichen Berufsgenossenschaften eingerichteten **landwirtschaftlichen Alterskassen.** Die erforderlichen Mittel werden hauptsächlich durch Beiträge aufgebracht.
Grundsätzlich ist jeder landwirtschaftliche Unternehmer beitragspflichtig. Da der Einführung der Altershilfe für Landwirte volkswirtschaftliche Zielsetzungen auf Veränderungen der Agrarstruktur zugrunde lagen, ist ein vergleichsweise ungünstiges Verhältnis zwischen Beitragszahlern und Altersgeldberechtigten entstanden. Die infolge der Verbesserung der Agrarstruktur durch die Gewährung eines Altersgeldes gestiegene Zahl der Hofübergaben rechtfertigt aber auch einen erhöhten Zuschuß des Bundes zur Altershilfe. Der Zuschuß wird aus den Mitteln des **Grünen Planes** bereitgestellt. Er schwankt zwischen 70 und 75 v. H. der für die Leistungen benötigten Mittel.

b) Eine weitere von den landwirtschaftlichen Alterskassen gewährte Rente ist die **Landabgaberente**. Die Aufwendungen für diese Landabgaberente trägt der Bund. Sie wird gewährt, wenn ein landwirtschaftlicher Unternehmer sein Unternehmen zum Zwecke der Strukturverbesserung abgegeben hat. Unter bestimmten Voraussetzungen ist die Erstaufforstung der strukturverbessernden Abgabe gleichgestellt. Auch Witwen oder Witwer von landwirtschaftlichen Unternehmen können Landabgaberente erhalten, wenn sie aus den gleichen Gründen die Landwirtschaft aufgeben. Für den Bezug sind weitere besondere Voraussetzungen erforderlich. Dem vorgenannten Unternehmer kann auch ein Bundeszuschuß zur Nachentrichtung von Beiträgen zur gesetzlichen Rentenversicherung gewährt werden.
Die Höhe der Renten aus der Landw. Alterskasse wird in festen DM-Beträgen festgesetzt. Ab 1975 ist eine dynamische Anhebung wie mit der allgemeinen Rentenversicherung vorgesehen.

3. Handwerkerversicherung: Handwerker, die in die Handwerksrolle eingetragen sind, sind in der Rentenversicherung der Arbeiter versichert. Sie sind es aber nur so lange, als sie weniger als 216 Kalendermonate Beiträge für eine rentenversicherungspflichtige Beschäftigung oder Tätigkeit entrichtet haben. Die Versicherungspflicht beginnt mit dem Kalendermonat, der auf den Monat folgt, in dem die Voraussetzungen für die Versicherungspflicht erfüllt werden. Sie endet mit Ablauf des Kalendermonats, in dem die Voraussetzung für die Versicherungspflicht entfällt. Diese **Handwerkerversicherung** ist nur eine **Grundsicherung**. Das zeigt sich daran, daß der Gesetzgeber neben der zeitlichen Begrenzung der Versicherungspflicht und der Beschränkung der Höhe der pflichtmäßig zu entrichtenden Beiträge hier die Möglichkeit einer zusätzlichen privaten Versicherung eröffnet.
Die Leistungen entsprechen im wesentlichen denen der Rentenversicherung der Arbeiter. Einige Besonderheiten tragen der selbständigen Tätigkeit Rechnung.
Neben den Mitteln für die Ausgaben der Handwerkerversicherung, die durch Beiträge der Versicherten aufgebracht werden, wird auch ein Zuschuß des Bundes gewährt.
Bei den Trägern der Rentenversicherung der Arbeiter wird die Handwerkerversicherung durchgeführt; sie ziehen auch die Beiträge der Handwerker unmittelbar ein.

4. Wanderversicherung: Eine Wanderversicherung liegt vor, wenn ein Versicherter während seines Erwerbslebens sowohl in der Rentenversicherung der Arbeiter als auch in der Rentenversicherung der Angestellten oder in der knappschaftlichen Rentenversicherung oder in zweien von diesen versichert war. In diesem Falle wird die gesamte Zeit von dem Träger der Rentenversicherung festgestellt, an den der letzte Beitrag vor Eintritt des Versicherungsfalles entrichtet wurde. Für die Zuständigkeit der knappschaftlichen Rentenversicherung gelten hier indes besondere Vorschriften.

4. Kapitel
Die Bundesanstalt für Arbeit*

Träger der **Arbeitsvermittlung, Berufsberatung und Arbeitslosenversicherung** ist die Bundesanstalt für Arbeit in Nürnberg. Ihre Aufgaben sind im Arbeitsförderungsgesetz (AFG) vom 13. 5. 1969 geregelt.

A) Überblick über Aufgaben und Organisation

1. Aufgaben: Mit den Maßnahmen des Arbeitsförderungsgesetzes sollen Vollbeschäftigung und wirtschaftliches Wachstum erzielt und aufrechterhalten werden. Insbesondere sollen sie dazu beitragen, daß

a) weder Arbeitslosigkeit noch unterwertige Beschäftigung noch ein Mangel an Arbeitskräften eintreten oder fortdauern,
b) die berufliche Beweglichkeit der Erwerbstätigen gesichert und verbessert wird und nachteilige Folgen, die sich aus der technischen Entwicklung oder aus veränderter Wirtschaftsstruktur ergeben können, vermieden, ausgeglichen oder beseitigt werden,
c) die berufliche Eingliederung körperlich, geistig oder seelisch Behinderter gefördert wird,
d) Frauen, deren Unterbringung unter den üblichen Bedingungen des Arbeitsmarktes erschwert ist, weil sie verheiratet oder aus anderen Gründen durch häusliche Pflichten gebunden sind oder waren, beruflich eingegliedert werden,
e) ältere und andere Erwerbstätige, deren Unterbringung unter den üblichen Bedingungen des Arbeitsmarktes erschwert ist, beruflich eingegliedert werden,
f) die Struktur der Beschäftigung nach Gebieten und Wirtschaftszweigen verbessert wird.

Eine **aktive Berufs- und Beschäftigungspolitik** ist demnach die Aufgabe der Bundesanstalt. Sie hat deshalb auch Arbeitsmarkt- und Berufsforschung zu betreiben. Daraus soll eine genaue Kenntnis und nach Möglichkeit auch Vorausschau des Geschehens auf dem Arbeitsmarkt erlangt werden, die zur Einleitung geeigneter Maßnahmen erforderlich sind.

Neben den gezielten Maßnahmen für Einzelpersonen sind die nach f) erforderlichen Maßnahmen Ausdruck für die Mobilität dieses Gesetzes. Die **»Allgemeinen Maßnahmen zur Arbeitsbeschaffung«** sollen Arbeiten fördern, die geeignet sind,

g) Voraussetzungen für die Beschäftigung in Dauerarbeit zu schaffen,

* Von Willi Klostermeier.

h) Folgen von Strukturänderungen auszugleichen, Strukturverbessernde Maßnahmen vorzubereiten, zu ermöglichen oder zu ergänzen oder
i) Arbeitsangelegenheiten für langfristig arbeitslose ältere Arbeitnehmer zu schaffen.

Die Förderung kann durch Zuschüsse an die Träger der Maßnahmen und zusätzlich auch durch Darlehen erfolgen. Die Träger können sowohl juristische Personen des öffentlichen Rechts als auch Unternehmen oder Einrichtungen des privaten Rechts unter besonderen Bedingungen sein. Das nähere Verfahren über diese Förderungsmaßnahmen bestimmt die Bundesanstalt.

Vom Gesetzgeber ist der Bundesanstalt auch die Ausführung von Auftragsangelegenheiten übertragen. Zu diesen Aufgaben gehören die Durchführung der **Arbeitslosenhilfe**, die Zahlung des **Kindergeldes** nach dem Bundeskindergeldgesetz und einige weitere Aufgaben. Die Kosten werden der Bundesanstalt vom Bund erstattet.

Die Kosten der auftragsweisen Zahlung des **Konkursausfallgeldes** sind von der Unfallversicherung zu erstatten (s. D I–III).

2. Organisation: Die Bundesanstalt ist eine Körperschaft des öffentlichen Rechts. Sie ist nach folgenden Verwaltungsstufen gegliedert

a) Hauptstelle in Nürnberg
b) Landesarbeitsämter
c) Arbeitsämter

Zu den Arbeitsämtern gehören ferner die Neben-, Hilfs-, Melde- und Auszahlungsstellen.

Die räumliche oder bezirkliche Gliederung ist unter Berücksichtigung der wirtschaftlichen Zusammenhänge festgesetzt. Eine Übereinstimmung mit den Landes-, Stadt- oder Kreisgrenzen braucht nicht vorzuliegen.« Die Bundesanstalt sorgt durch grundsätzliche Weisungen dafür, daß die fachlichen Aufgaben der Bundesanstalt im gesamten Bundesgebiet sachdienlich und einheitlich erfüllt werden. Die Landesarbeitsämter koordinieren die fachliche Arbeit für größere Verwaltungsbezirke.

Die fachliche Gliederung der Bundesanstalt

I	II
Arbeitsmarktplanung	Arbeitslosengeld
Arbeitsvermittlung	Arbeitslosenhilfe
Berufsberatung	wertschaffende Arbeitslosenhilfe
Ärztlicher Dienst	Kindergeld
III	IV
Finanzwesen	Personalangelegenheiten
Sachverwaltung	allgemeine Verwaltung
Organisation	Statistik
Rationalisierung	Publizistik
Prüfdienst	

Zur Hauptstelle gehört ferner das Institut für Arbeitsmarkt- und Berufsforschung in Erlangen. Spezielle Fachaufgaben verlangen die Einrichtung zusätzlicher organisatorischer Einheiten (z. B. für Anwerbung ausländischer Arbeitskräfte, Ausbildung des Nachwuchses, wie z. B. Verwaltungsschulen.

B) Leistungsbereiche

I. Berufs- und Arbeitsförderung

1. Berufsberatung, Ausbildungsstellenvermittlung, Berufsausbildung, Berufsförderung. a) Die **Berufsberatung** hat die Aufgabe, die meist jüngeren Menschen, die vor der Berufswahl stehen, auf die vielen Möglichkeiten des Berufslebens hinzuweisen und zu beraten. Durch eine gute Berufsberatung wird nicht nur dem Einzelnen geholfen, auch die Leistungsfähigkeit der Wirtschaft wird durch die Zuführung guter Arbeitskräfte erhöht.
Der Einzelberatung muß deshalb eine **Berufsaufklärung** vorausgehen. Sie kann in der Form von Schulbesprechungen für Schüler oder als Elternabende für Eltern und sonstige Erzieher durchgeführt werden. Durch Wort, Bild, Schrift oder Ton soll auf die Bedeutung einer sorgfältigen **Berufswahl** hingewiesen werden. Die Bundesanstalt hat dabei Lage und Entwicklung des Arbeitsmarktes und der Berufe angemessen zu berücksichtigen. Sie soll die Belange einzelner Wirtschaftszweige und Berufe allgemeinen wirtschaftlichen und sozialen Gesichtspunkten unterordnen. Sie hat auch Ratsuchende in Fragen ihrer schulischen Bildung zu beraten, soweit sie für ihre Berufswahl und ihre berufliche Entwicklung von Bedeutung sind.
Jede Erteilung von Rat und Auskunft in Fragen der Berufswahl ist als Berufsberatung zu verstehen und fällt in die **alleinige Zuständigkeit der Arbeitsverwaltung**. Zu beachten ist hierbei, daß die Maßnahmen der öffentlichen Fürsorge zur Anbahnung eines Arbeitsverhältnisses nicht als Berufsberatung gelten, jedenfalls insoweit, als sie zur Erreichung des Fürsorgezweckes im Einzelfall erforderlich sind.

b) Die **Ausbildungsstellenvermittlung** ist auf das Zustandekommen von beruflichen Ausbildungsverhältnissen gerichtet. Die allgemeinen Vorschriften über die Vermittlung gelten auch hier. Geeignete Berufsanwärter sollen in einwandfreie Ausbildungsstätten vermittelt werden. Das Zusammenwirken mit anderen Stellen, wie Jugendwohlfahrtsbehörden, Organisationen der Wirtschaft, Berufsverbänden und dergleichen ist deshalb notwendig.
Als Ersatz für fehlende Ausbildungsstellen können Jugendliche, die lernfähig sind, in **Grundausbildungslehrgänge** eingewiesen werden. Diese Lehrgänge werden bis zu einem Jahr auf die Ausbildungszeit angerechnet. Für Jugendliche, die noch nicht berufsreif sind, können zur Erlan-

gung der erforderlichen Fähigkeit **Förderungslehrgänge** eingerichtet werden.

2. Förderung der beruflichen Bildung. a) Den Schwerpunkt einer in die Zukunft gerichteten **Beschäftigungspolitik** enthält das Arbeitsförderungsgesetz in den Vorschriften über die Förderung der beruflichen Bildung. Durch die ständigen Veränderungen des Arbeits- und Wirtschaftslebens in Auswirkung des technischen Fortschritts und bedingt durch strukturelle Veränderungen ist eine breite berufliche Bildung für die soziale und wirtschaftliche Stellung jedes Bürgers notwendig. Ihre Notwendigkeit ergibt sich aber auch im Hinblick auf wirtschaftliches Wachstum und die Einordnung im internationalen Wettbewerb.

b) Die **Berufsausbildung** muß so angelegt sein, daß sie einen künftigen Berufswechsel erleichtert. Wegen des ständigen Wandels in der Arbeits- und Berufsstruktur kommt es deshalb auf eine breite Grundausbildung an. Die Bundesanstalt gewährt Jugendlichen und Erwachsenen dann Zuschüsse und Darlehen für geeignete berufliche Ausbildung in Betrieben, überbetrieblichen Einrichtungen sowie für die Teilnahme an Grundausbildungs- und Förderungslehrgängen. Das Nähere bestimmen die Richtlinien der Bundesanstalt (vgl. unten S. 149).

c) Die **berufliche Fortbildung** hat das Ziel, berufliche Kenntnisse und Fähigkeiten zu erhalten, zu erweitern oder der technischen Entwicklung anzupassen oder einen beruflichen Aufstieg zu ermöglichen. Förderungswürdig ist der Ganztagsunterricht, der berufsbegleitende Unterricht und auch der Fernunterricht. Alle Maßnahmen müssen in jeder Hinsicht so ausgestaltet sein, daß sie eine erfolgreiche berufliche Förderung gewährleisten. Gefördert werden Personen, die eine die Beitragspflicht begründende Beschäftigung ausgeübt haben oder eine solche Beschäftigung ausüben wollen und deren Fähigkeiten und bisherige berufliche Tätigkeit erwarten lassen, daß sie an der Fortbildungsmaßnahme mit Erfolg teilnehmen werden.
Die Fortbildungsmaßnahmen sind nur dann förderungswürdig, wenn sie auf

1) einen beruflichen Aufstieg,
2) die Anpassung der Kenntnisse und Fähigkeiten,
3) den Eintritt oder Wiedereintritt weiblicher Arbeitssuchender in das Berufsleben,
4) eine bisher fehlende berufliche Abschlußprüfung,
5) die Heranbildung und Fortbildung von Ausbildungskräften,
6) die Wiedereingliederung älterer Arbeitssuchender in das Berufsleben

gerichtet sind.
Die Fortbildungskosten wie Lehrgangsgebühren, Kosten für Lernmittel, Fahrkosten, Kosten der Arbeitskleidung, Kranken- und Unfallversicherung sowie Kosten der Unterkunft und Verpflegung, wenn die Teilnahme an einer Maßnahme auswärtige Unterbringung erfordert, werden ganz

oder teilweise von der Bundesanstalt übernommen.
Der Teilnehmer der Fortbildungsmaßnahme wird durch die Gewährung eines **Unterhaltsgeldes** wirtschaftlich gesichert. Höhe und Umfang dieses Unterhaltsgeldes bestimmen sich nach den persönlichen Einkommensverhältnissen, dem Familienstand und dem Umfang der beruflichen Fortbildungsmaßnahme des Teilnehmers (vgl. hierzu auch unten S. 154).

d) Die Bundesanstalt fördert ferner die Teilnahme von Arbeitssuchenden an Maßnahmen, die das Ziel haben, den Übergang in eine andere berufliche Tätigkeit zu ermöglichen. Diese als **berufliche Umschulung** bezeichneten Maßnahmen sollen insbesondere die berufliche Beweglichkeit sichern oder bessern. Art und Umfang der Hilfe sind entsprechend den Hilfeleistungen bei der beruflichen Fortbildung vorgesehen.

e) Als Ermessensleistung kann die Bundesanstalt befristet an Arbeitgeber Zuschüsse für Arbeitnehmer gewähren, die eine volle Leistung am Arbeitsplatz erst nach einer Einarbeitungszeit erreichen können **(Einarbeitungszuschuß)**.

f) Neben dieser individuellen beruflichen Förderung gibt das Arbeitsförderungsgesetz der Bundesanstalt die Möglichkeit durch Darlehen und Zuschüsse im Wege der **institutionellen Förderung** zu wirken. Der eigentliche Träger der Bildungseinrichtung muß sich jedoch selbst in angemessenem Umfange mit eigenen Mitteln an den Kosten beteiligen. Die Berufsumschulung Behinderter als spezielle Aufgabe ist unter Nr. 4 behandelt.

3. Arbeitsvermittlung. a) Die Bundesanstalt ist Träger der Arbeitsvermittlung. Andere Stellen dürfen nur auf Grund eines ausdrücklichen Auftrages der Bundesanstalt tätig werden. Nähere Einzelheiten sind durch Rechtsverordnungen geregelt.
Die Zusammenführung von Arbeitgebern und Arbeitnehmern zur Begründung von Arbeitsverhältnissen ist das Ziel der Arbeitsvermittlung. Sie ist also zunächst nur auf den einzelnen Arbeitnehmer und Arbeitgeber, die als Partner eines zwischen ihnen abzuschließenden Arbeitsvertrages miteinander in Verbindung gebracht werden sollen, zu verstehen. Aufgabe der Arbeitsvermittlung ist es nun, dahin zu wirken, daß Arbeitssuchenden offene Stellen nachgewiesen werden und Wirtschaft und Verwaltung die erforderlichen Arbeitskräfte erhalten.

b) Die Arbeitsvermittlung muß sich nach bestimmten **Grundsätzen** vollziehen. Vor allem sind die **verfassungsrechtlichen Grundrechte** auf freie Entfaltung der Persönlichkeit, auf Gleichbehandlung, auf Freizügigkeit und auf freie Wahl des Berufes und des Arbeitsplatzes zu beachten. Aus diesen Rechten folgt, daß es Arbeitgeber und Arbeitnehmer völlig freisteht, ob sie die Arbeitsvermittlung in Anspruch nehmen wollen. Sie sind bei der Vermittlung auch nicht an die Vorschläge der Arbeitsvermittlung gebunden; ebensowenig bedarf der Arbeitgeber bei Einstellung eines Arbeitnehmers der Zustimmung des Arbeitsamtes.

Der **Grundsatz der Eignung** besagt, daß die persönliche Eignung des arbeitssuchenden den ersten grundlegenden Ansatz der Arbeitsvermittlung bildet. Sie umfaßt die körperlichen, geistigen und charakterlichen Anlagen der Person sowie ihre beruflichen Kenntnisse, Fähigkeiten und Erfahrungen. Demgegenüber stehen die sozialen Eigenschaften (z. B. Familienstand, Familienverhältnisse). Auch die menschlich-individuellen oder persönlichen Belange sind zu beachten. Bei Zweifel über die Eignung des Arbeitssuchenden hat die Arbeitsvermittlung den Ärztlichen Dienst, die Berufsberatung oder den Psychologischen Dienst einzuschalten.

Der **Grundsatz der Unparteilichkeit** fußt auf dem Prinzip der Rechtsstaatlichkeit. Weder Berufe noch Wirtschaftszweige, weder einzelne Orte oder bestimmte Bezirke, weder politische noch religiöse Anschauungen und Zugehörigkeiten darf die Arbeitsvermittlung begünstigen noch benachteiligen. Möglich ist nur eine Bevorzugung auf Grund gesetzlicher Vorschriften. Die Fragen nach der Zugehörigkeit zu einer Vereinigung ist dem Arbeitsvermittler im allgemeinen nicht erlaubt. Ausnahmen sind allerdings in besonderen Fällen gestattet (z. B. Tätigkeit bei konfessionellen Stellen). Ausnahmslos ist es untersagt, Arbeitnehmer zum Zwecke der Nichteinstellung ungünstig zu kennzeichnen. Bei Arbeitskämpfen hat die Arbeitsvermittlung sich neutral zu verhalten.

Der **Grundsatz der Gemeinnützigkeit** fordert von der Arbeitsvermittlung, daß sie stets das Gemeinwohl im Auge behält. Der Arbeitsvermittler muß sich daher um jeden bemühen, der sich an ihn wendet. Die allgemeine Unentgeltlichkeit und Gebührenfreiheit der Arbeitsvermittlung hat ihre Ursache ebenfalls in dem Grundsatz der Gemeinnützigkeit.

c) Die **Vermittlung von Frauen** ist grundsätzlich durch Frauen auszuüben. Den Besonderheiten der Frauenarbeit soll dadurch weitgehend Rechnung getragen werden. Ausnahmen hiervon kommen nur in besonderen Fällen in Betracht. Die Arbeitsvermittlung für Männer durch Frauen wird vom Gesetz nicht ausgeschlossen.

d) Im übrigen sind alle Umstände und Tatsachen, die bei der Durchführung der Arbeitsvermittlung über Arbeitnehmer und Arbeitgeber bekannt werden, **vertraulich** zu behandeln. Zur Auskunft ist die Arbeitsverwaltung nur berechtigt, wenn Vorgänge und Tatsachen im Einzelfall für die Vermittlung von Bedeutung sind, wenn sie amtlich bekanntgeworden sind oder wenn die Auskunft durch besondere Umstände gerechtfertigt erscheint (z. B. Aufnahme in die Hausgemeinschaft). Auf Verlangen ist das Arbeitsamt in solchen Fällen zur Auskunftserteilung verpflichtet.

4. Berufsumschulung, Rehabilitation: Der Bundesanstalt kommt im Hinblick auf ihre spezielle Aufgabe der Arbeitsvermittlung und der beruflichen Förderung und Berufsberatung ein Schwerpunkt im Bereich der

Rehabilitation zu. Die im Rahmen der Rehabilitation erforderlichen drei Phasen,

1. Phase: medizinische Rehabilitation
2. Phase: berufliche Rehabilitation
3. Phase: soziale Rehabilitation

haben im Falle der Berufsumschulung und Wiedereingliederung in den Produktionsprozeß eine besondere Beobachtung und Förderung seitens der Arbeitsverwaltung zur Voraussetzung.

Die Arbeitsvermittlung hat dahin zu wirken, daß Arbeitssuchenden offene Stellen nachgewiesen und Wirtschaft und Verwaltung die erforderlichen Arbeitskräfte erhalten. Dabei kommen der Bundesanstalt die notwendigen Maßnahmen und Aufgaben zu, die speziell der Arbeits- und Berufsförderung entsprechen. Denn sie kann derartige Maßnahmen selbst durchführen, sie kann fernerhin Einrichtungen, die Maßnahmen zur Erhaltung, Besserung und Wiederherstellung der Erwerbsfähigkeit durchführen, durch Darlehen und Zuschüsse fördern. Dabei ist insbesondere mit den übrigen Trägern der Sozialversicherung und den öffentlichen und privaten Trägern der Sozialhilfe zusammenzuwirken. Für die Dienststellen der Bundesanstalt ergibt sich daher zwingend eine enge Zusammenarbeit zwischen Vermittlung und Berufsberatung, Psychologischen und Ärztlichen Dienst. Ihre ureigenste Aufgabe der Berufsberatung und Förderung der beruflichen Ausbildung einschließlich der Sicherung des notwendigen Lebensunterhalts kann sie dabei durch Zusammenarbeit mit den übrigen zur Leistung verpflichteten Stellen nachkommen.

Durch das Rehabilitations-Angleichungsgesetz (in Kraft ab 1. 10. 1974) sind diese Aufgaben neu formuliert und erweitert worden. Da für alle Sozialversicherungsträger einheitliche Rehabilitationsleistungen gelten, kommt im Rahmen der 2. Phase der Arbeit der Bundesanstalt eine erweiterte Bedeutung zu.

II. Arbeitslosengeld, produktive Winterbauförderung, Kurzarbeitergeld

1. Arbeitslosengeld wird demjenigen gewährt, der arbeitslos ist, der Arbeitsvermittlung zur Verfügung steht, die Anwartschaftszeit erfüllt, sich beim Arbeitsamt arbeitslos gemeldet und es beantragt hat.

Die Anwartschaftszeit ist erfüllt, wenn in den letzten beiden Jahren vor der Arbeitslosmeldung 26 Wochen oder 6 Monate eine beitragspflichtige Beschäftigung ausgeübt wurde. Dabei stehen die Zeiten der Ableistung gesetzlicher Dienstpflichten den Zeiten einer Versicherung gleich.

Hat der Arbeitslose den Verlust der Arbeitsstelle grob fahrlässig herbeigeführt, kann ihm für eine begrenzte Dauer die Arbeitslosengeldgewährung versagt werden. Das Arbeitslosengeld ruht auch dann, wenn dieses mit einem Anspruch auf Krankengeld, Mutterschaftsgeld oder anderen Leistungen zusammentrifft, die aus ähnlichen Gründen gewährt werden. Auch für die Dauer der Gewährung von Arbeitsentgelt oder dem Anspruch darauf oder Urlaubsgeld ruht die Leistung.

Das Arbeitslosengeld beträgt ab 1. 1. 1975 68 v. H. des Nettoarbeitsentgeltes. Der bisherige Familienzuschlag ist entfallen.

Die Dauer des Bezuges ist entsprechend dem Nachweis der Dauer der Zugehörigkeit vor der Arbeitslosmeldung angepaßt. Sie beträgt nach einer Beschäftigungszeit von mindestens
26 Wochen = 78 Tage
39 Wochen = 120 Tage
52 Wochen = 156 Tage
78 Wochen = 234 Tage
104 Wochen = 312 Tage.

2. Bauunternehmern, denen während der Schlechtwetterzeit in den Monaten Januar und Februar infolge erforderlicher Mehrkosten für die Durchführung von Bauten in dieser Zeit Aufwendungen entstehen, können von der Bundesanstalt ein Zuschuß oder Darlehen oder Zinszuschüsse gewährt werden. Den Beschäftigten dieser Baubetriebe wird in der Schlechtwetterzeit unter besonderen Voraussetzungen ein **Schlechtwettergeld** gewährt, das den Entgeltausfall an diesen Tagen überbrücken soll.
Diese als **Produktive Winterbauförderung** bezeichneten Maßnahmen können durch Rechtsverordnung zeitlich ausgedehnt werden. So kann der Beginn der Förderungszeit auf den 1. Dezember vorverlegt oder ihr Ende bis zum 31. März ausgedehnt werden.

3. Unter besonderen zeitlichen und personellen Voraussetzungen wird ein **Kurzarbeitergeld** gewährt. Es erhalten Arbeitnehmer, wenn ihnen durch einen vorübergehenden, auf wirtschaftlicher Ursache oder einem unabwendbaren Ereignis beruhenden Arbeitsausfall im Betrieb ein Lohnausfall entsteht.
Einerseits soll durch die Gewährung dieser Leistung dem Arbeitnehmer der Arbeitsplatz erhalten, zum anderen soll der Lohnausfall teilweise ausgeglichen werden. Für die Betriebe liegt der Vorteil darin, daß eingearbeitetes Personal ihnen erhalten bleibt und dadurch vorübergehende konjunkturelle Schwankungen überwunden werden. Die Höhe des Kurzarbeitergeldes bemißt sich nach der Höhe des ausgefallenen Arbeitsentgelts.

C) Aufbringung der Mittel und beitragspflichtiger Personenkreis

1. Die **Mittel** zur Durchführung der Aufgaben der Bundesanstalt werden durch **Beiträge** der Arbeitnehmer und der Arbeitgeber je zur Hälfte aufgebracht. Arbeitgeber sind jedoch dann allein beitragspflichtig, wenn das Entgelt des Arbeitnehmers ein Zehntel der Beitragsbemessungsgrenze in der gesetzlichen Rentenversicherung nicht übersteigt oder wenn die Personen ein Freiwilliges soziales Jahr ableisten. Für Personen, die Grundwehr- oder Zivildienst leisten, trägt der Bund die Beiträge.
Der gesetzliche Beitrag beträgt für Arbeitnehmer und Arbeitgeber je 1 v. H. des Arbeitsentgelts des Arbeitnehmers (zus. 2 v. H.). Das Arbeitsentgelt wird jedoch nur bis zu einer monatlichen Beitragsbemessungsgrenze zur Beitragsleistung herangezogen. (1975: mtl. 2800,– DM.) Ab 1. 1. 1970 ist die Bemessungsgrenze an die Beitragsbemessungsgrenze der gesetzlichen Rentenversicherung angepaßt. Beiträge, die darüber als Entgelt gewährt werden, sind der Beitragspflicht nicht unterworfen.

Das Gesetz räumt die Möglichkeit einer ganzen oder teilweisen Aussetzung des Beitrags ein. Das ist dann der Fall, wenn die Bundesanstalt über genügende Rücklagen und Betriebsmittel verfügt, und keine Anzeichen dafür gegeben sind, daß in absehbarer Zeit ein erhöhter Finanzbedarf eintreten wird.

Der Beitrag wird von den Einzugsstellen (Krankenkassen) im Rahmen des Gesamtsozialversicherungsbeitrages eingezogen.

2. Der **Personenkreis** deckt sich im wesentlichen mit dem der Kranken- und Rentenversicherungen. Allerdings sieht die Beitragspflicht für Arbeitnehmer eine Begrenzung auf die Höhe des Entgelts (Versicherungspflichtgrenze bei Angestellten in der KV) nicht vor. Eine freiwillige Versicherung in der Arbeitslosenversicherung ist nicht möglich.
Bestimmte Personen unterliegen deshalb nicht der Beitragspflicht, weil ihnen im Rahmen ihrer arbeitsvertraglichen Regelung eine ausreichende Sicherung hinsichtlich des Kündigungsschutzes zugesichert ist. Andere sind deswegen nicht der Beitragspflicht unterstellt, weil die Gestaltung ihres Arbeitsverhältnisses infolge Geringfügigkeit diesen Schutz nicht erfordert. Einige Personen sind deshalb beitragsfrei, weil sie im Falle einer Arbeitslosigkeit auf dem allgemeinen Arbeitsmarkt deshalb nicht vermittelt werden können, weil es an einer Arbeitsvermittlungsfähigkeit mangelt (dauernd erwerbsunfähig, Personen, die das 63. Lebensjahr vollendet haben).

D) Auftragsangelegenheiten

I. Arbeitslosenhilfe

Die **Arbeitslosenhilfe** ist keine eigene Leistung der Bundesanstalt, sondern eine **Aufgabe des Bundes**, die der Bundesanstalt zur Durchführung übertragen ist. Die Gewährung von Arbeitslosenhilfe hat zwar die gleichen Voraussetzungen wie die von Arbeitslosengeld, jedoch mit der wichtigen Ausnahme, daß einerseits die Anwartschaft hier nicht erfüllt zu sein braucht, andererseits jedoch **Hilfsbedürftigkeit** gegeben sein muß. Als bedürftig gilt der Arbeitslose, der seinen Lebensunterhalt und den seiner Angehörigen, für die ein Anspruch auf Familienzuschlag besteht, nicht auf andere Weise als durch Unterstützung aus der Arbeitslosenhilfe bestreiten kann, und dessen Einkommen den Unterstützungssatz nicht erreicht. Selbstverständlich darf auch kein Anspruch auf Arbeitslosengeld bestehen.
Im übrigen gelten die Regelungen wie beim Arbeitslosengeld mit der Ausnahme, daß die Sätze der Arbeitslosenhilfe niedriger sind als die des Arbeitslosengeldes. Die Kosten erstattet der Bund.

II. Kindergeld nach dem Bundeskindergeldgesetz

Das Bundeskindergeldgesetz gewährt Personen für die Mehrbelastung, die ihnen durch Unterhalt und Erziehung von Kindern erwachsen, einen Ausgleich durch Beihilfen (Kindergeld). Kindergeld erhalten grundsätzlich alle Personen (auch Ausländer), die ihren Wohnsitz oder gewöhnlichen Aufenthalt in der Bundesrepublik einschließlich West-Berlin haben.
Kinder i. S. des Gesetzes sind eheliche, für ehelich erklärte, adoptierte und nichteheliche Kinder; in den Haushalt des Berechtigten aufgenommene Stief- und Pflegekinder; Enkel und Geschwister, die der Berechtigte in seinen Haushalt aufgenommen hat oder überwiegend unterhält. Kinder, die das 18. Lebensjahr vollendet haben, werden nur berücksichtigt, wenn sie sich in Schul- oder Berufsausbildung befinden, ein freiwilliges soziales Jahr i. S. des Gesetzes zur Förderung eines freiwilligen sozialen Jahres leisten, wegen körperlicher oder geistiger Gebrechen sich nicht selbst unterhalten können, als einzige Hilfe des Haushaltführenden in dem Haushalt des Berechtigten tätig sind, dem mindestens 4 weitere Kinder angehören, die bei dem Berechtigten berücksichtigt werden oder anstelle der länger als 90 Tage arbeitsunfähig erkrankten Hausfrau den Haushalt des Berechtigten führen. Nach Vollendung des 27. Lebensjahres werden Kinder berücksichtigt, wenn die Schul- oder Berufsausbildung dadurch verzögert wird, daß sie den gesetzlichen Wehr- oder Zivildienst leisten. Kinder, die weder ihren Wohnsitz noch ihren gewöhnlichen Aufenthalt im Gebiet des Deutschen Reiches nach dem Stand

vom 31. 12. 1937 haben, werden grundsätzlich nicht berücksichtigt.

Personen, die im Geltungsbereich des Gesetzes wohnen, aber ausschließlich oder überwiegend außerhalb dieses Gebietes erwerbstätig sind, haben keinen Anspruch auf Kindergeld, es sei denn, daß sie von ihrem inländischen Arbeitgeber zu nur vorübergehender Arbeit in das Ausland entsandt werden (z. B. zur Montage). Durch das **Einkommenssteuerreformgesetz** vom 5. 8. 1974, das zum 1. 1. 1975 in Kraft tritt, ist gegenüber der früheren Regelung der Personenkreis näher bestimmt und auch ausgeweitet. So ist z. B. Kindergeld auch für das Kind zu zahlen, dessen Berufsausbildung sich wegen mangelnden Studienplatzes oder infolge eines berufsbedingten Wohnortwechsels verzögert hat, und zwar für einen der Dauer der nachgewiesenen Verzögerung entsprechenden Zeitraum.

Das Kindergeld beträgt vom 1. 1. 1975 an für das erste Kind 50,– DM, für das zweite Kind 70,– DM und für das dritte und jedes weitere Kind je 120,– DM monatlich. Das Kindergeld wird zweimonatlich im Laufe der zwei Monate, für die es bestimmt ist, gezahlt. Für die Zahlung des Kindergeldes an Angehörige des öffentlichen Dienstes ist für eine Übergangszeit abweichend etwas anderes bestimmt. Hiernach wird bis Ende 1976 die Zahlung von den Trägern geleistet, denen die Zahlung von Bezügen und Arbeitsentgelt obliegt. Hier stellt der Bund den Ländern nach Bedarf die Mittel bereit.

Das Kindergeld wird dem Elternteil gewährt, den die Eltern bestimmen. Haben sie keine Bestimmung getroffen, ist derjenige berechtigt, der das Kind überwiegend unterhält. Steht der Mutter die Sorge für die Person des Kindes allein zu, erhält sie das Kindergeld.

Über den Antrag auf Kindergeld entscheidet das Arbeitsamt, in dessen Bezirk der Berechtigte seinen Wohnsitz hat. Das Kindergeld gilt nicht als Einkommen i. S. der Sozial- und Arbeitslosenversicherung und ist steuerfrei. Der Anspruch auf Kindergeld kann nicht gepfändet, verpfändet oder abgetreten werden.

III. Konkursausfallgeld

Eine weitere Auftragsleistung der Bundesanstalt für Arbeit ist die Zahlung von **Konkursausfallgeld.** Diese Leistung wurde durch das 3. Gesetz zur Änderung des Arbeitsförderungsgesetzes vom 17. 7. 1974 erstmals eingeführt. Danach haben Arbeitnehmer bei Zahlungsunfähigkeit ihres Arbeitgebers Anspruch auf Ausgleich ihres ausgefallenen Arbeitsentgelts, wenn sie bei Eröffnung des Konkursverfahrens über das Vermögen des Arbeitgebers für die letzten drei Monate vor Eröffnung des Konkursverfahrens noch Ansprüche auf Arbeitsentgelt haben. Zu den Ansprüchen auf Arbeitsentgelt gehören alle Ansprüche aus dem Arbeitsverhältnis, die Masseschulden im Sinne der Konkursordnung sein können. Der Eröffnung des Konkursverfahrens sind gleichgestellt die Abweisung des Antrages auf Eröffnung des Konkursverfahrens mangels Masse,

die vollständige Beendigung der Betriebstätigkeit, wenn ein Antrag auf Eröffnung des Konkursverfahrens nicht gestellt worden ist und ein Konkursverfahren offensichtlich mangels Masse nicht in Betracht kommt. Bei einem Nachlaßkonkurs treten an die Stelle der letzten drei Monate vor Eröffnung des Konkursverfahrens die letzten drei Monate vor dem Tode des Erblassers. Zu beachten ist, daß Ansprüche auf Arbeitsentgelt, die der Arbeitnehmer durch eine Rechtshandlung erworben hat, die nach Vorschriften der Konkursordnung angefochten worden ist, keinen Anspruch auf Konkursausfallgeld begründen.
Das Konkursausfallgeld ist so hoch wie der Teil des um die gesetzlichen Abzüge verminderten Arbeitsentgelts für die letzten drei Monate vor Eröffnung des Konkursverfahrens, den der Arbeitnehmer noch zu beanspruchen hat. Der Antrag auf das Konkursausfallgeld ist an das zuständige Arbeitsamt innerhalb einer Ausschlußfrist von zwei Monaten nach Eröffnung des Konkursverfahrens zu stellen. Er kann bei jedem Arbeitsamt gestellt werden. Im zutreffenden Falle hat auf Antrag das Arbeitsamt einen angemessenen Vorschuß auf das Konkursausfallgeld zu zahlen. Hierzu hat der Arbeitnehmer entsprechende Arbeitsgeldabrechnungen und Erklärungen des Arbeitgebers bzw. Konkursverwalters beizubringen. Im übrigen hat der Konkursverwalter auf Verlangen des Arbeitsamtes unverzüglich für jeden Arbeitnehmer, für den ein Anspruch auf Konkursausfallgeld in Betracht kommt, die Höhe des Arbeitsentgelts zu bescheinigen. Er hat auch zu bescheinigen, inwieweit die Ansprüche aus Arbeitsentgelt gepfändet, verpfändet oder abgetreten sind. Für das Verfahren sind die von der Bundesanstalt für Arbeit vorgesehenen Vordrucke zu benutzen. Der Konkursverwalter hat auch auf Verlangen des Arbeitsamtes unverzüglich das Konkursausfallgeld zu errechnen und auszuzahlen, wenn ihm dafür geeignete Arbeitnehmer des Betriebes zur Verfügung stehen und das Arbeitsamt die Mittel für die Auszahlung des Konkursausfallgeldes bereitstellt. Sind die Ansprüche auf Arbeitsentgelt vor Stellung des Antrages auf Konkursausfallgeld auf einen Dritten übertragen worden, so steht diesem der Anspruch auf das Konkursausfallgeld zu. Hinsichtlich der Pfändung, Verpfändung oder Übertragung gelten im übrigen die Regeln wie bei Ansprüchen auf Arbeitseinkommen. Mit der Stellung des Antrages gehen die Ansprüche auf das Arbeitsentgelt, die den Anspruch auf Konkursausfallgeld begründen, auf die Bundesanstalt über.
Die Einzugsstelle (Krankenkasse) erhält die Pflichtbeiträge zur gesetzlichen Krankenversicherung und gesetzlichen Rentenversicherung sowie die Beiträge zur Bundesanstalt für Arbeit, die auf die Arbeitsentgelte für die letzten drei Monate vor Eröffnung des Konkursverfahrens entfallen, und die nicht mehr entrichtet worden sind, auf Antrag vom zuständigen Arbeitsamt.
Die Mittel für das Konkursausfallgeld einschließlich der Beiträge zur Sozialversicherung, der Verwaltungskosten und sonstiger Kosten, die mit der Gewährung des Konkursausfallgeldes zusammenhängen, werden von den Berufsgenossenschaften jährlich nachträglich aufgebracht (Un-

fallversicherung). Die Kostenverteilung unter den Trägern erfolgt durch Rechtsverordnung. Die landwirtschaftlichen Berufsgenossenschaften bringen die Mittel für das Konkursausfallgeld auf, das den bei ihnen versicherten Arbeitnehmern gezahlt worden ist. Diese Umlage der Berufsgenossenschaft ist an die Bundesanstalt zu zahlen.

DRITTER TEIL
ARBEITSRECHT UND BETRIEBLICHES SOZIALWESEN UNTER DEM EINFLUSS MODERNER SOZIALPOLITIK*

Das Arbeitsrecht, das das Rechtsverhältnis zwischen Arbeitgeber und Arbeitnehmer regelt, hat sich seit seinen Anfängen als ein dem Schutz des Arbeitnehmers dienendes Rechtsgebiet entwickelt. Man spricht daher von einem Sonderrecht oder Berufsrecht der Arbeiter und Angestellten, das auch auf Personen in arbeitnehmerähnlicher Stellung anzuwenden ist. Der rechtliche Schutzzweck ergibt sich aus dem persönlichen, meist auch wirtschaftlichen Abhängigkeitsverhältnis, in dem der Arbeitnehmer zum Arbeitgeber steht. Der Arbeitnehmer stellt seine Arbeitskraft dem Arbeitgeber zur Verfügung. Dieser kann kraft seines Direktions- oder Weisungsrechts über die einzelnen Arbeitsleistungen des Arbeitnehmers im Rahmen des Arbeitsvertrags nach Gegenstand, Zeit und Ort der Arbeitsausführung verfügen. Damit ist der personenrechtliche Charakter des Arbeitsverhältnisses gekennzeichnet, in dem der in der Regel wirtschaftlich Schwächere gegenüber dem wirtschaftlich Stärkeren des Rechtsschutzes bedarf, der in seiner Gesamtheit als selbständiges Rechtsgebiet neben andere Rechtsgebiete wie bürgerliches Recht, Handelsrecht, Wirtschaftsrecht, Strafrecht, Verwaltungsrecht, Prozeßrecht getreten ist.
Aus dem Schutzbestreben ist die kollektivrechtliche Entwicklung des Arbeitsrechts zu verstehen. Die einzelnen Arbeitnehmer sind dem Arbeitgeber gegenüber wirtschaftlich die Schwächeren, in organisierter Zusammenfassung (Gewerkschaften) dagegen gleichberechtigte Partner bei der Regelung der Arbeitsbedingungen durch Tarifverträge, die sie notfalls durch Streik erzwingen können. Für den Betrieb, die Verwaltung und die Behörden gilt die kollektivrechtliche Regelung des Betriebsverfassungsgesetzes bzw. der Personalvertretungsgesetze des Bundes und der Länder.
Eine zusammenfassende Regelung des Arbeitsrechts (Kodifikation) liegt nicht vor. Neben den allgemein geltenden Bestimmungen des Bürgerlichen Gesetzbuches über den Dienstvertrag (§§ 611–630) wurden zahlreiche Gesetze und Verordnungen erlassen, die nach persönlichen oder sachlichen Geltungsbereichen Teilgebiete des Arbeitsrechts regeln (z. B. Lohnfortzahlungsgesetz, Bundesurlaubsgesetz, Kündigungsschutzgesetz, Mutterschutzgesetz, Schwerbehindertengesetz, Arbeitszeitordnung, Jugendarbeitsschutzgesetz). Die Aufsplitterung des Arbeitsrechts ist auf die wirtschaftliche, technische und sozialpolitische Entwicklung seit dem 19. Jahrhundert zurückzuführen.
Die gesetzlichen Bestimmungen, die das Arbeitsverhältnis betreffen, sind teils privatrechtlicher Natur; hier bleibt es den Beteiligten überlassen,

* Von Kurt Maurer

selbst für die Einhaltung und Durchsetzung dieser Regelung zu sorgen. Nach dem Grundsatz der Vertragsfreiheit können die Vertragsparteien den Arbeitsvertrag frei gestalten, soweit keine zwingende gesetzliche, tarifliche oder auf einer Betriebsvereinbarung beruhende Vorschriften entgegenstehen. Ist der Staat an der Durchsetzung der gesetzlichen Bestimmungen selbst interessiert, sind diese – durch Strafe, Bußgeld oder direkten Zwang erzwingbar – öffentlich-rechtlicher Natur.
Für Streitigkeiten zwischen Arbeitnehmer und Arbeitgeber sowie für kollektive Streitigkeiten aus Tarif- und Betriebsverfassungsrecht sind unter Ausschluß der ordentlichen Gerichte die Arbeits-, Landesarbeitsgerichte und das Bundesarbeitsgericht zuständig. Das Verfahren vor diesen Gerichten regelt das Arbeitsgerichtsgesetz (vgl. oben S. 9, das im Interesse der Arbeitnehmer dem Bedürfnis nach Vereinfachung, Beschleunigung und Billigkeit des Verfahrens Rechnung trägt.

5. Kapitel
Berufsbildungsrecht*

A) Allgemeines

I. Begriffsbestimmungen

Gegenstand der hier gemeinten Berufsausbildung sind alle Berufe mit Bildungsgängen außerhalb der den Schul- und Hochschulgesetzen der Länder unterstehenden Schulen und Hochschulen. Sie wird durchgeführt in Betrieben der Wirtschaft, in vergleichbaren Einrichtungen außerhalb der Wirtschaft, insbesondere des öffentlichen Dienstes, der Angehörigen freier Berufe und in Haushalten (betriebliche Berufsbildung) sowie in berufsbildenden Schulen und sonstigen Berufsbildungseinrichtungen außerhalb der schulischen und betrieblichen Berufsbildung.
Berufsbildung in diesem Sinne sind

a) die **Berufsausbildung**. Sie hat eine breit angelegte berufliche Grundbildung und die für die Ausübung einer qualifizierten beruflichen Tätigkeit notwendigen fachlichen Fertigkeiten und Kenntnisse in einem geordneten Ausbildungsgang zu vermitteln. Sie hat ferner den Erwerb der erforderlichen Berufserfahrungen zu ermöglichen;
b) die **berufliche Fortbildung**. Sie soll es ermöglichen, die beruflichen Kenntnisse und Fertigkeiten zu erhalten, zu erweitern, der technischen Entwicklung anzupassen oder beruflich aufzusteigen;
c) die **berufliche Umschulung**. Sie soll zu einer anderen beruflichen Tätigkeit befähigen.

Der im Rahmen der Berufsausbildung bisher allgemein übliche Begriff »Lehrherr« wurde durch den Begriff **»Ausbildender«** ersetzt. Außerhalb des Handwerks ist an die Stelle des Begriffes »Lehrling« der Begriff **»Auszubildender«** getreten, der zugleich auch den bisherigen Begriff »Anlernling« mit erfaßt.

II. Rechtsgrundlagen und deren Geltungsbereich

1. Rechtsgrundlagen sind

a) das Berufsbildungsgesetz (BBiG) vom 14. 8. 1969 (BGBl. I S. 1112),
b) die Handwerksordnung (HwO), i. d. F. vom 28. 12. 1965 (BGBl. I 1966 S. 1), mit späteren Änderungen.

2. Das **Berufsbildungsgesetz** gilt für alle Wirtschafts- und Berufszweige; vgl. jedoch folgenden Abschn. 3. Für Handwerks- und handwerksähnliche Betriebe gelten an Stelle bestimmter Teile des Berufsbildungsge-

* Von Paul Seipp.

setzes bestimmte Teile der Handwerksordnung.

Das Berufsbildungsgesetz gilt nicht für die Berufsbildung

a) die in berufsbildenden Schulen durchgeführt wird, die den Schulgesetzen der Länder unterstehen,
b) in einem öffentlich-rechtlichen Dienstverhältnis,
c) auf Kauffahrteischiffen, die nach dem Flaggenrechtsgesetz die Bundesflagge führen, soweit es sich nicht um Schiffe der Hochseeschifferei oder der Küstenfischerei handelt.

Bundesgesetzliche Regelungen über die Berufsbildung in Heil- und Heilhilfsberufen – z. B. das Krankenpflegesetz – bleiben unberührt.

III. Ausschüsse für Berufsbildung

Es besteht

a) ein Bundesausschuß und je ein Ausschuß bei jeder Landesregierung nach den §§ 50–55 BBiG,
b) ein Ausschuß bei jeder zuständigen Stelle (vgl. S. 88 ff.), und zwar im Handwerk nach den §§ 43–44 b HwO, in den übrigen Wirtschafts- und Berufszweigen nach den §§ 56–59 BBiG.

Die Aufgaben und Befugnisse der Ausschüsse sind aus der folgenden Übersicht zu ersehen.

AUSSCHÜSSE FÜR BERUFSBILDUNG

Bundesausschuß	Landesausschuß
Beratung der Bundesregierung in grundsätzlichen Fragen der Berufsbildung. Insbesondere hat er, unbeschadet der im Berufsbildungsgesetz ausdrücklich vorgeschriebenen Mitwirkungsrechte, 1. auf eine Weiterentwicklung der Aus- und Fortbildung der Ausbilder hinzuwirken; 2. Grundsätze für die Eignung der Ausbildungsstätten und für die Durchführung von Ausbildungsmaßnahmen außerhalb der Ausbildungsstätte aufzustellen; 3. Vorschläge für die Ordnung, den Ausbau und die Förderung der Berufsausbildung, der beruflichen Fortbildung und der beruflichen Umschulung zu erarbeiten; 4. Grundsätze für die Beratung und Überwachung der Ausbildungsstätten zu entwickeln; 5. die Zusammenarbeit zwischen der betrieblichen, der schulischen und der überbetrieblichen Berufsbildung zu fördern.	Beratung der Landesregierung in Fragen der Berufsbildung, die sich für das Land ergeben. Er hat insbesondere im Interesse einer einheitlichen Berufsbildung auf eine Zusammenarbeit zwischen der schulischen Berufsbildung und der Berufsbildung nach dem Berufsbildungsgesetz sowie auf eine Berücksichtigung der Berufsbildung bei der Neuordnung und bei der Weiterentwicklung des Schulwesens hinzuwirken.

<table>
<tr><th colspan="2">BERUFSBILDUNGSAUSSCHUSS DER ZUSTÄNDIGEN STELLE</th></tr>
<tr><th>Handwerk</th><th>Sonstige Wirtschafts- und Berufszweige</th></tr>
<tr><td colspan="2">1. Der Berufsbildungsausschuß ist in allen wichtigen Angelegenheiten der beruflichen Bildung zu unterrichten und zu hören.</td></tr>
<tr><td>2. Vor einer Beschlußfassung in der Vollversammlung über Vorschriften zur Durchführung der Berufsbildung ist die Stellungnahme des Berufsbildungsausschusses einzuholen. Der Berufsbildungsausschuß kann der Vollversammlung auch von sich aus Vorschläge für Vorschriften zur Durchführung der Berufsbildung vorlegen.
3. Beschlüsse des Berufsbildungsausschusses, zu deren Durchführung die für Berufsbildung im laufenden Haushalt vorgesehenen Mittel nicht ausreichen oder zu deren Durchführung in folgenden Haushaltsjahren Mittel bereitgestellt werden müssen, die die Ausgaben für Berufsbildung des laufenden Haushalts nicht unwesentlich übersteigen, bedürfen der Zustimmung der Vollversammlung. Im übrigen gelten die Vorschläge und Stellungnahmen des Berufsbildungsausschusses als von der Vollversammlung angenommen, wenn sie nicht mit einer Mehrheit von 3/4 der Mitglieder der Vollversammlung in ihrer ersten Sitzung geändert oder abgelehnt werden.</td><td>2. Der Berufsbildungsausschuß hat die auf Grund des Berufsbildungsgesetzes von der zuständigen Stelle zu erlassenden Rechtsvorschriften für die Durchführung der Berufsbildung zu beschließen. Gegen Beschlüsse, die gegen Gesetz oder Satzung verstoßen, kann der zur Vertretung der zuständigen Stelle Berechtigte innerhalb einer Woche Einspruch einlegen, der aufschiebende Wirkung hat; der Berufsbildungsausschuß hat seinen Beschluß zu überprüfen und erneut zu beschließen.
3. Beschlüsse, zu deren Durchführung die für Berufsbildung im laufenden Haushalt vorgesehenen Mittel nicht ausreichen, bedürfen für ihre Wirksamkeit der Zustimmung der für den Haushaltsplan zuständigen Organe. Das gleiche gilt für Beschlüsse, zu deren Durchführung in folgenden Haushaltsjahren Mittel bereitgestellt werden müssen, die Ausgaben für Berufsbildung des laufenden Haushalts nicht unwesentlich übersteigen.</td></tr>
</table>

IV. Berufsbildungsforschung

Zur Durchführung von Forschungsaufgaben für den Gesamtbereich der Berufsbildung bestimmen die für alle Wirtschafts- und Berufszweige geltenden §§ 61–72 BBiG die Errichtung eines Instituts als bundesunmittelbare Körperschaft des öffentlichen Rechts.

Mitglieder sind kraft Gesetzes der Bundesverband der Deutschen Industrie, die Bundesvereinigung der Deutschen Arbeitgeberverbände, die Bundesvereinigung der Fachverbände, des Deutschen Handwerks, die Deutsche Angestellten-Gewerkschaft, der Deutsche Gewerkschaftsbund, der Deutsche Handwerkskammertag, der Deutsche Industrie- und Handelstag und der Bund, vertreten durch den Bundesminister für Wirtschaft und den Bundesminister für Arbeit und Sozialordnung.

Dem Institut sind folgende Aufgaben gestellt:

a) Es hat durch Forschung die Berufsbildung zu fördern, insbesondere ist es seine Aufgabe, die Grundlagen der Berufsbildung zu klären, Inhalte und Ziele der Berufsbildung zu ermitteln, sowie die Anpas sung der Berufsbildung an die technische, wirtschaftliche und gesellschaftliche Entwicklung vorzubereiten.

b) Es hat die Gegebenheiten und Erfordernisse der Berufsbildung ständig zu beobachten, zu untersuchen und auszuwerten. Die Forschungsergebnisse und sonstige einschlägige Unterlagen sind zu sammeln; die wesentlichen Ergebnisse der Berufsbildungsforschung sind zu veröffentlichen.

c) Im Rahmen der Aufgaben nach Buchst. b soll das Institut auch den berufsbildenden Fernunterricht untersuchen und Vorschläge für seine Weiterentwicklung und seine Ausgestaltung machen. Berufsbildende Fernunterrichtslehrgänge sind auf Antrag der Fernunterrichtsinstitute darauf zu überprüfen, ob sie nach Inhalt, Umfang und Ziel sowie nach pädagogischer und fachlicher Betreuung der Lehrgangsteilnehmer den Vertragsbedingungen und der für den Fernunterrichtslehrgang betriebenen Werbung mit den Zielen der beruflichen Bildung im Sinne des Berufsbildungsgesetzes übereinstimmen und für das Erreichen des Lehrgangsabschlusses geeignet sind. Das Ergebnis der Überprüfung kann bestätigt werden; die Bestätigung ist zu widerrufen, wenn ihre Voraussetzungen nicht mehr vorliegen. Der Widerruf ist bekanntzumachen.

d) Das Institut soll mit anderen Einrichtungen und Stellen, die Forschung auf dem Gebiete der Berufsbildung betreiben, mit den Einrichtungen der Arbeitsmarkt- und Berufsforschung, der allgemeinen Bildungsforschung sowie der wirtschaftswissenschaftlichen, technischen und sozialwissenschaftlichen Forschung eng zusammenarbeiten.

Den Beauftragten des Instituts sind auf Verlangen die zur Durchführung ihrer Aufgaben erforderlichen Auskünfte zu erteilen, die dafür notwendigen Unterlagen vorzulegen und Besichtigungen der Betriebsräume, der Betriebseinrichtungen und der Ausbildungsplätze zu gestatten. Zuwiderhandlungen gegen diese Gesetze können mit einer Geldbuße bis zu 2000 DM geahndet werden.
Hinsichtlich des Rechts zur Auskunftsverweigerung gilt der Hinweis unten S. 89.

B) Berufsausbildung

I. Berufswege; Berufsberatung

1. Verläßt ein Schüler nach Erfüllung seiner Vollschulpflicht die Hauptschule oder zu diesem oder einem späteren Zeitpunkt eine Realschule oder ein Gymnasium, schlägt er in der Regel einen der folgenden **Berufswege** ein:

a) Er geht auf eine berufliche Schule mit Vollunterricht über, z. B. auf eine Berufsfachschule. Für die Dauer des Besuchs einer solchen

Schule ist er, wenn bestimmte Voraussetzungen erfüllt sind, in allen Ländern vom Besuch der Berufsschule befreit; in einigen Ländern ersetzt der Besuch einer solchen Schule auch den Besuch der Berufsschule völlig.

b) Er tritt in ein normales Arbeitsverhältnis ein – z. B. als Hilfsarbeiter oder Beifahrer – und besucht gleichzeitig die Berufsschule. Für diesen Berufsschüler gelten hinsichtlich seiner berufsrechtlichen Stellung sowohl allgemeines Arbeits- als auch Jugendarbeitsrecht:
   1) Er unterliegt in vollem Umfang den Vorschriften des Jugendarbeitsschutzes sowie den betriebsverfassungsrechtlichen Vorschriften für jugendliche Arbeitnehmer.
   2) Auf allen sonstigen Gebieten – Arbeitsvertrag, Arbeitsentgelt, Einstellung und Entlassung, Kündigung, Kündigungsschutz usw. – gelten für ihn die Bestimmungen des allgemeinen Arbeitsrechts.

c) Er beginnt ein Berufsausbildungsverhältnis. Gleichzeitig hat er die für ihn fachlich zuständige Berufsschule, Berufsschulabteilung oder Berufsschulklasse zu besuchen, soweit – z. B. bei Angehörigen von Streu- und Splitterberufen – nicht an die Stelle des Berufsschulbesuchs mit Teilzeitunterricht der Besuch von Lehrgängen mit Vollunterricht tritt (Zentralberufsschulen).

2. Bei der Bedeutung , die der richtigen Berufswahl zukommt, besteht zwar nicht eine zwingende, vom Staat oder von den Selbstverwaltungsorganisationen der Arbeitgeber und Arbeitnehmer ausgeübte Berufslenkung – sie würde gegen Art. 12 GG verstoßen –, wohl aber kann der Jugendliche die staatliche **Berufsberatung** freiwillig in Anspruch nehmen. Sie wird von den Arbeitsämtern ausgeübt.
Zu den Aufgaben der Berufsberatung gehört die planmäßige Vorbereitung der Berufswahl in Zusammenarbeit mit der Schule und die Aufklärung der Öffentlichkeit über Berufsfragen, die Erteilung von Rat und Auskunft an ratsuchende Personen, die Durchführung gesundheitlicher und fachpsychologischer Eignungsuntersuchungen, der Nachweis von Berufsausbildungsstätten und die Vermittlung in Ausbildungs- und Arbeitsstellen (eine solche Vermittlung darf – abgesehen von wenigen Ausnahmen – nur von den Berufsberatungsstellen vorgenommen werden).

II. Das Berufsausbildungsverhältnis

Für alle Wirtschafts- und Berufszweige gelten die §§ 3–19 BBiG.

1. Berufsausbildungsvertrag: Zur Begründung eines Berufsausbildungsverhältnisses bedarf es des Abschlusses eines Berufsausbildungsvertrages.

a) Er ist unverzüglich nach seinem Abschluß, spätestens vor dem Beginn der Berufsausbildung schriftlich niederzulegen und muß mindestens folgende Angaben enthalten: Art, sachliche und zeitliche Gliederung sowie

Ziel der Berufsausbildung, insbesondere die Berufstätigkeit, für die ausgebildet werden soll; Beginn und Dauer der Berufsausbildung; Ausbildungsmaßnahmen außerhalb der Ausbildungsstätte; Dauer der regelmäßigen täglichen Ausbildungszeit; Dauer der Probezeit; Zahlung und Höhe der Vergütung; Dauer des Urlaubs; Voraussetzungen, unter denen der Berufsausbildungsvertrag gekündigt werden kann. Die Niederschrift ist von dem Ausbildenden, dem Auszubildenden und dessen gesetzlichem Vertreter zu unterschreiben und dem Auszubildenden bzw. dessen gesetzlichem Vertreter auszuhändigen.

Nicht zulässig und daher rechtlich nichtig sind Vereinbarungen.

1) die den Auszubildenden für die Zeit nach Beendigung des Berufsausbildungsverhältnisses in der Ausübung seiner beruflichen Tätigkeit beschränken. Das gilt nicht, wenn sich der Ausbildende innerhalb der letzten drei Monate des Berufsausbildungsverhältnisses dazu verpflichtet, nach dessen Beendigung mit dem Auszubildenden entweder ein Arbeitsverhältnis auf unbestimmte Zeit einzugehen, oder aber ein Arbeitsverhältnis auf Zeit für die Dauer von höchstens 5 Jahren, sofern der Ausbildende Kosten für eine weitere Berufsausbildung des Auszubildenden außerhalb des Berufsausbildungsverhältnisses übernimmt und diese Kosten in einem angemessenen Verhältnis zur Dauer der Verpflichtung stehen;
2) über die Verpflichtung des Auszubildenden, für die Berufsausbildung eine Entschädigung zu zahlen,
3) über Vertragsstrafen,
4) über den Ausschluß oder die Beschränkung von Schadensersatzansprüchen oder die Festsetzung der Höhe eines Schadensersatzes in Pauschbeträgen.

b) Auf dem Berufsausbildungsvertrag sind, soweit sich aus seinem Wesen und Zweck und aus den gesetzlichen Vorschriften nichts anderes ergibt, die für den Arbeitsvertrag geltenden Rechtsvorschriften und Rechtsgrundsätze anzuwenden.

Schließen Eltern mit ihrem Kinde einen Berufsausbildungsvertrag, sind sie von dem Verbot des § 181 BGB befreit; es bedarf also nicht der Bestellung eines Pflegers. Das gleiche gilt für den gesetzlichen Vertreter des nichtehelichen Kindes und des an Kindes Statt angenommenen Kindes.

2. Beginn, Dauer und Beendigung des Berufsausbildungsverhältnisses:
Das Berufsausbildungsverhältnis **beginnt** mit der Probezeit. Sie muß mindestens einen Monat und darf höchstens 3 Monate betragen. Während der Probezeit kann es jederzeit ohne Einhaltung einer Kündigungsfrist gekündigt werden.
Die **Dauer** des Berufsausbildungsverhältnisses ist im Berufsausbildungsvertrag zu vereinbaren. Sie soll nicht mehr als 3 und nicht weniger als 2 Jahre betragen.
Für Handwerksbetriebe gilt ergänzend die Verordnung über die Festsetzung der Lehrzeit im Handwerk, durch die die Regeldauer auf 3 Jahre, für bestimmte Handwerke mit erhöhten Anforderungen auf 3½ Jahre festgesetzt wird.

Der Bundesminister für Wirtschaft oder der sonst zuständige Fachminister kann im Einvernehmen mit dem Bundesminister für Arbeit und Sozialordnung nach Anhörung des Bundesausschusses für Berufsbildung bestimmen, daß der Besuch einer berufsbildenden Schule oder die Berufsausbildung in einer sonstigen Einrichtung ganz oder teilweise auf die Ausbildungszeit anzurechnen ist. Die zuständige Stelle (vgl. unten S. 89 ff.) hat auf Antrag die Ausbildungszeit zu kürzen, wenn zu erwarten ist, daß der Auszubildende das Ausbildungsziel in kürzerer Zeit erreicht. In Ausnahmefällen kann die zuständige Stelle auf Antrag des Auszubildenden die Ausbildungszeit verlängern, wenn die Verlängerung erforderlich ist, um das Ausbildungsziel zu erreichen.

Das Berufsausbildungsverhältnis **endet** mit dem Ablauf der Ausbildungszeit. Besteht der Auszubildende vor Ablauf der Ausbildungszeit die Abschlußprüfung, endet es mit Bestehen der Prüfung. Besteht der Auszubildende die Abschlußprüfung nicht, verlängert sich auf sein Verlangen das Berufsausbildungsverhältnis bis zur nächstmöglichen Prüfung, höchstens um 1 Jahr.
Nach Ablauf der Probezeit kann ein Berufsausbildungsverhältnis nur unter bestimmten besonderen Voraussetzungen gekündigt werden.

3. Für den **Ausbildenden** löst der Berufsausbildungsvertrag folgende Ausbildungs- und Sorgepflichten aus:

a) Er hat dafür zu sorgen, daß dem Auszubildenden die Fertigkeiten und Kenntnisse vermittelt werden, die zum Erreichen des Ausbildungszieles erforderlich sind, und die Berufsausbildung in einer durch ihren Zweck gebotenen Form planmäßig, zeitlich und fachlich gegliedert so durchzuführen, daß das Ausbildungsziel in der vorgesehenen Ausbildungszeit erreicht werden kann.

   Nach BAG vom 11. 12. 1966, 1 AZR 39/64, haftet der Ausbildende bei eigenem Verschulden und fehlendem Mitverschulden des Auszubildenden für allen Schaden, der diesem aus dem Nichtbestehen der Abschlußprüfung erwächst.

b) Er hat selbst auszubilden oder einen Ausbilder ausdrücklich damit zu beauftragen.
c) Er hat dem Auszubildenden kostenlos die Ausbildungsmittel, insbesondere Werkzeuge und Werkstoffe zur Verfügung zu stellen, die zur Berufsausbildung und zum Ablegen von Zwischen- und Abschlußprüfungen, auch soweit solche nach Beendigung des Berufsausbildungsverhältnisses stattfinden, erforderlich sind.
d) Er hat den Auszubildenden zum Besuch der Berufsschule sowie zum Führen von Berichtsheften anzuhalten, soweit solche im Rahmen der Berufsausbildung verlangt werden, und diese durchzusehen.
e) Er hat dafür zu sorgen, daß der Auszubildende charakterlich gefördert sowie sittlich und körperlich nicht gefährdet wird.
f) Er darf dem Auszubildenden nur Verrichtungen übertragen, die dem Ausbildungszweck dienen und seinen körperlichen Kräften angemessen sind.
g) Er hat den Auszubildenden für die Teilnahme am Berufsschulunterricht und an Prüfungen freizustellen. Das gleiche gilt, wenn Ausbildungsmaßnahmen außerhalb der Ausbildungsstätte durchzuführen sind. Die Vergütung ist während dieser Zeit weiterzuzahlen.

Nach BAG vom 12. 10. 1962, 1 AZR 379/61, ist auch für die Zeit des Berufsschulweges die Vergütung weiterzuzahlen.

h) Er hat dem Auszubildenden bei Beendigung des Berufsausbildungsverhältnisses ein Zeugnis auszustellen; hat der Ausbildende die Berufsausbildung nicht selbst durchgeführt, soll auch der Ausbilder das Zeugnis unterschreiben. Das Zeugnis muß Angaben enthalten über Art, Dauer und Ziel der Berufsausbildung sowie über die erworbenen Fertigkeiten und Kenntnisse des Auszubildenden; auf sein Verlangen sind auch Angaben über Führung, Leistung und besondere fachliche Fähigkeiten aufzunehmen.
i) Er hat dem Auszubildenden eine angemessene Vergütung zu gewähren, die nach dem Lebensalter des Auszubildenden so zu bemessen ist, daß sie mit fortschreitender Berufsausbildung, mindestens jährlich, ansteigt; Sachleistungen können in Höhe der festgesetzten Sachbezugswerte angerechnet werden, jedoch nicht über 75 vom Hundert der Bruttovergütung hinaus. Eine über die vereinbarte regelmäßige tägliche Ausbildungszeit hinausgehende Beschäftigung ist besonders zu vergüten. Die Vergütung für den laufenden Kalendermonat ist spätestens am letzten Arbeitstag des Monats zu zahlen. Bis zur Dauer von 6 Wochen ist die Vergütung auch dann zu zahlen, wenn der Auszubildende sich für die Berufsausbildung bereit hält, diese aber ausfällt; wenn er infolge unverschuldeter Krankheit nicht an der Berufsausbildung teilnehmen kann oder aus einem sonstigen aus seiner Person liegenden Grund unverschuldet verhindert ist, seine Pflichten aus dem Berufsausbildungsverhältnis zu erfüllen.

4. Dem **Auszubildenden** erwachsen aus dem Berufsausbildungsvertrag insbesondere folgende Pflichten:
a) Er hat sich zu bemühen, die Fertigkeiten und Kenntnisse zu erwerben, die erforderlich sind, um das Ausbildungsziel zu erreichen. Dazu gehört insbesondere, daß er die in dem Rahmen seiner Berufsausbildung aufgetragenen Verrichtungen sorgfältig ausführt und an den Ausbildungsmaßnahmen teilnimmt, für die er freigestellt wird.
b) Er hat den Weisungen zu folgen, die ihm im Rahmen der Berufsausbildung vom Ausbildenden, vom Ausbilder oder von anderen weisungsberechtigten Personen erteilt werden.
c) Er hat die für die Ausbildungsstätte geltende Ordnung zu beachten.
d) Er hat Werkzeug, Maschinen und sonstige Einrichtungen pfleglich zu behandeln.

III. Ordnung der Berufsausbildung

Es gelten unterschiedliche Rechtsgrundlagen, und zwar
a) für Handwerksbetriebe und handwerksähnliche Betriebe die Handwerksordnung (§§ 21 bis 42 c) sowie die §§ 73, 74 BBiG,

b) für alle übrigen Wirtschafts- und Berufszweige das Berufsbildungsgesetz (§§ 20 bis 49, 75–97).

Die Regelungen stimmen teils überein, teils weisen sie Unterschiede auf.

1. Übereinstimmende Regelungen: Abgesehen von kleineren begrifflichen Abweichungen gelten die folgenden Vorschriften übereinstimmend.

a) Auszubildende darf nur **einstellen**, wer persönlich geeignet ist; Auszubildende darf nur **ausbilden**, wer persönlich und fachlich geeignet ist.

Persönlich nicht geeignet ist

1) wer Kinder und Jugendliche nicht beschäftigen darf.
2) wer wiederholt oder schwer gegen die die Berufsausbildung regelnden Rechts- und Verwaltungsvorschriften verstoßen hat.

Fachlich nicht geeignet ist, wer die erforderlichen beruflichen Fertigkeiten und Kenntnisse oder die erforderlichen berufs- und arbeitspädagogischen Kenntnisse nicht besitzt. Wer fachlich nicht geeignet ist oder aber nicht selbst ausbildet, darf Auszubildende nur einstellen, wenn er einen Ausbilder bestellt, der persönlich und fachlich für die Berufsausbildung geeignet ist.

b) Auszubildende dürfen nur **eingestellt werden**,

1) wenn die Ausbildungsstätte nach Art und Einrichtung für die Berufsausbildung geeignet ist,
2) wenn die Zahl der Auszubildenden in einem angemessenen Verhältnis zur Zahl der Ausbildungsplätze oder zur Zahl der beschäftigten Fachkräfte steht, es sei denn, daß andernfalls die Berufsausbildung nicht gefährdet wird (Verbot der „»Lehrlingszüchterei«).

Eine Ausbildungsstätte, in der die erforderlichen Kenntnisse und Fertigkeiten nicht im vollen Umfange vermittelt werden können, gilt dann als geeignet, wenn dieser Mangel durch Ausbildungsmaßnahmen außerhalb der Ausbildungsstätte behoben wird.

c) Für einen anerkannten Ausbildungsberuf darf nur nach der **Ausbildungsordnung** ausgebildet werden. In anderen als anerkannten Ausbildungsberufen dürfen Jugendliche unter 18 Jahren nicht ausgebildet werden, soweit die Berufsausbildung nicht auf den Besuch weiterführender Bildungsgänge vorbereitet (z. B. auf den Besuch einer Fach- oder Fachhochschule); im Handwerk ist nur eine Ausbildung für anerkannte Ausbildungsberufe zulässig.

Zur staatlichen Anerkennung von Ausbildungsberufen zur Aufhebung der Anerkennung und zum Erlaß von Ausbildungsordnungen ist der Bundesminister für Wirtschaft oder der sonst zuständige Fachminister im Einvernehmen mit dem Bundesminister für Arbeit und Sozialordnung und nach Anhören des Bundesausschusses für Berufsbildung ermächtigt. Die Ausbildungsordnung hat mindestens festzulegen

1. die Bezeichnung des Ausbildungsberufes,
2. die Ausbildungsdauer,
3. die Fertigkeiten und Kenntnisse, die Gegenstand der Berufsausbildung sind (Ausbildungsberufsbild),

4. eine Anleitung zur sachlichen und zeitlichen Gliederung der Fertigkeiten und Kenntnis (Ausbildungsrahmenplan),
5. die Prüfungsanforderungen.

Die Ausbildungsordnung kann auch festlegen, daß die Berufsausbildung in geeigneten Einrichtungen außerhalb der Ausbildungsstätte durchgeführt wird, wenn und soweit es die Berufsausbildung erfordert.
In den anerkannten Ausbildungsberufen sind – für den Auszubildenden gebührenfrei – Abschlußprüfungen (im Handwerk: Gesellenprüfungen) durchzuführen; eine Abschlußprüfung kann zweimal wiederholt werden. Dem Prüfling ist ein Zeugnis auszustellen.
Über die Zulassung zur Prüfung entscheidet beim Handwerk der Vorsitzende des Prüfungsausschusses, in den übrigen Wirtschafts- und Berufszweigen die zuständige Stelle; werden von ihnen die Zulassungsvoraussetzungen als nicht gegeben angesehen, entscheidet der Prüfungsausschuß.

d) Die Überwachung der Berufsausbildung obliegt der in folgendem Abschn. 2 näher bezeichneten **zuständigen Stelle**.
Sie hat insbesondere darüber zu wachen, daß die persönliche und fachliche Eignung sowie die Eignung der Ausbildungsstätte vorliegen.
Werden Mängel der Eignung festgestellt, hat die zuständige Stelle, falls der Mangel zu beheben und Gefährdung des Auszubildenden nicht zu erwarten ist, den Ausbildenden aufzufordern, innerhalb einer von ihr gesetzten Frist den Mangel zu beseitigen. Ist der Mangel der Eignung nicht zu beheben oder ist eine Gefährdung des Auszubildenden zu erwarten oder wird der Mangel nicht innerhalb der gesetzten Frist beseitigt, hat die zuständige Stelle dies der nach Landesrecht zuständigen Behörde mitzuteilen.
Die nach Landesrecht zuständige Behörde hat das Einstellen und Ausbilden zu untersagen, wenn die persönliche oder fachliche Eignung nicht oder nicht mehr vorliegt; die nach Landesrecht zuständige Behörde kann ferner für eine bestimmte Ausbildungsstätte das Einstellen und Ausbilden untersagen, wenn die Eignung der Ausbildungsstätte nicht oder nicht mehr vorliegt.
Die zuständige Stelle hat für anerkannte Ausbildungsberufe ein **Verzeichnis der Berufsausbildungsverhältnisse** (Lehrlingsrolle) einzurichten und zu führen, in das der wesentliche Inhalt des Berufsausbildungsvertrages gebührenfrei einzutragen ist.
Ein Berufsausbildungsvertrag und Änderungen seines wesentlichen Inhalts sind in das Verzeichnis einzutragen, wenn
1) der Berufsausbildungsvertrag den gesetzlichen Vorschriften und der Ausbildungsordnung entspricht,
2) die persönliche und fachliche Eignung sowie die Eignung der Ausbildungsstätte für das Einstellen und Ausbilden vorliegen.

Die Eintragung ist abzulehnen oder zu löschen, wenn die Eintragungsvoraussetzungen nicht vorliegen und der Mangel nicht behoben wird.
Der Ausbildende hat unverzüglich nach Abschluß des Berufsausbil-

dungsvertrages die Eintragung unter Beifügung einer Ausfertigung der Vertragsniederschrift zu beantragen; entsprechendes gilt bei Änderungen des wesentlichen Vertragsinhalts. Der Auszubildende hat ferner anzuzeigen eine vorausgegangene allgemeine und berufliche Ausbildung des Auszubildenden sowie die Bestellung von Ausbildern.
Soweit spezielle Vorschriften nicht bestehen, regelt und überwacht die zuständige Stelle die Durchführung der Berufsausbildung im Rahmen der allgemeinen gesetzlichen Vorschriften. Sie hat die Berufsausbildung durch Beratung der Ausbildenden und Auszubildenden zu fördern und zu diesem Zweck **Ausbildungsberater** zu bestellen. Die Ausbildenden sind verpflichtet, die für die Überwachung notwendigen Auskünfte zu erteilen und Unterlagen vorzulegen sowie die Besichtigung der Ausbildungsstätten zu gestatten.
Der Auskunftspflichtige kann die Auskunft auf solche Fragen verweigern, deren Beantwortung ihn selbst oder einen der nach der Strafprozeßordnung zur Aussageverweigerung berechtigten Angehörigen der Gefahr strafgerichtlicher Verfolgung oder eines Verfahrens nach dem Gesetz über Ordnungswidrigkeiten aussetzen würde.

2. Unterschiedliche Regelungen bestehen insbesondere hinsichtlich der Voraussetzungen der fachlichen Eignung und der zuständigen Stelle. Sie sind aus folgenden Übersichten zu entnehmen.

Tabelle 1: Gewerbe und Bergwesen

	Handwerk	Andere Gewerbezweige und Bergwesen
Voraussetzungen für fachliche Eignung	a) Geeignet ist, wer die Meisterprüfung in dem Handwerk, in dem ausgebildet werden soll, bestanden und das 24. Lebensjahr vollendet hat oder nach folgendem Buchstaben b) und c) ausbildungsberechtigt ist. b) Fachlich geeignet ist auch 1. wer eine Abschlußprüfung an einer deutschen Technischen Hochschule (Technischen Universität) oder einer öffentlichen oder staatlich anerkannten deutschen Ingenieurschule (Fachhochschule für Ingenieurwesen) bestanden hat, in dem Handwerk, das der Fachrichtung dieser Abschlußprüfung entspricht und wenn er in dem Handwerk, in dem ausgebildet werden soll, die Gesellenprüfung oder eine entsprechende Abschlußprüfung bestanden hat oder mindestens 4 Jahre praktisch tätig gewesen ist; 2. wer eine anerkannte Prüfung einer Ausbildungsstätte oder vor einer Prüfungsbehörde bestanden hat, wenn er in dem Handwerk, in dem ausgebildet werden soll, die Gesellenprüfung oder eine entsprechende Abschlußprüfung bestanden hat oder mindestens 4 Jahre tätig gewesen ist.	a) Die für die fachliche Eignung erforderlichen beruflichen Fertigkeiten und Kenntnisse besitzt, wer das 24. Lebensjahr vollendet hat und 1. die Abschlußprüfung in einer dem Ausbildungsberuf entsprechenden Fachrichtung bestanden hat, 2. eine Abschlußprüfung an einer deutschen Hochschule, einer öffentlichen oder staatlich anerkannten deutschen Ingenieurschule (Fachhochschule für Ingenieurwesen) oder Höheren Wirtschaftsfachschule (Fachhochschule für Wirtschaftswesen) in einer dem Ausbildungsberuf entsprechenden Fachrichtung bestanden hat und eine angemessen Zeit in seinem Beruf praktisch tätig gewesen ist, oder 3. eine anerkannte Prüfung an einer Ausbildungsstätte oder vor einer Prüfungsbehörde in einer dem Ausbildungsberuf entsprechenden Fachrichtung bestanden hat und eine angemessene Zeit in seinem Beruf praktisch tätig gewesen ist. b) Die nach Landesrecht zuständige Behörde kann Personen, die den Voraussetzungen des vorstehenden Buchstaben a) nicht entsprechen, die fachliche Eignung nach Anhören der Industrie- und Handelskammer widerruflich zuerkennen.

	Handwerk	Andere Gewerbezweige und Bergwesen
	c) In Handwerksbetrieben, die nach dem Tode des selbständigen Handwerkers für Rechnung des Ehegatten oder des Erben (in der Regel bis zur Vollendung des 25. Lebensjahres) fortgeführt werden, können bis zum Ablauf eines Jahres nach dem Tode des Ausbildenden auch Personen als für die Berufsausbildung fachlich geeignet gelten, welche die Meisterprüfung nicht abgelegt haben, die aber in dem Handwerk, in dem ausgebildet werden soll, die Gesellenprüfung oder eine entsprechende Abschlußprüfung bestanden haben oder mindestens 4 Jahre selbständig oder als Werkmeister oder in ähnlicher Stellung tätig gewesen ist,	c) In einem Graphischen Gewerbe ist fachlich geeignet, wer die Ausbildungs-, Meisterprüfung oder die handwerkliche Meisterprüfung in dem Gewerbe bestanden hat, in dem ausgebildet werden soll.
Zuständige Stelle	Handwerkskammer	Industrie- und Handelskammer, Bergämter

Tabelle 2: Land- und Hauswirtschaft

	Landwirtschaft einschl. ländlicher Hauswirtschaft	Hauswirtschaft ohne ländliche Hauswirtschaft
Voraussetzungen für fachliche Eignung	a) Für die fachliche Eignung erforderlichen beruflichen Fertigkeiten und Kenntnisse besitzt, wer 1. die Meisterprüfung in dem Ausbildungsberuf bestanden hat, in dem ausgebildet werden soll, 2. eine abgeschlossene Prüfung an einer deutschen Hochschule oder einer öffentlichen oder staatlich anerkannten deutschen Ingenieurschule (Fachhochschule für Ingenieurwesen) in einer dem Ausbildungsberuf entsprechenden Fachrichtung bestanden hat und eine angemessene Zeit in seinem Beruf praktisch tätig gewesen ist, oder 3. eine anerkannte Prüfung an einer Ausbildungsstätte oder vor einer Prüfungsbehörde an einer dem Ausbildungsberuf entsprechenden Fachrichtung bestanden hat und eine angemessene Zeit in seinem Beruf praktisch tätig gewesen ist. b) Die nach Landesrecht zuständige Behörde kann Personen, die den Voraussetzungen des Buchstaben a) nicht entsprechen, die fachliche Eignung nach Anhören der zuständigen Stelle widerruflich zuerkennen.	a) Die für die fachliche Eignung erforderlichen beruflichen Fertigkeiten und Kenntnisse besitzt, wer 1. die Meisterprüfung in dem Ausbildungsberuf bestanden hat, in dem ausgebildet werden soll, oder 2. eine abgeschlossene Prüfung an einer öffentlichen oder staatlich anerkannten Höheren Fachschule (Fachhochschule) in einer dem Ausbildungsberuf entsprechenden Fachrichtung bestanden hat und eine angemessene Zeit in seinem Beruf praktisch tätig gewesen ist. b) Die nach Landesrecht zuständige Behörde kann Personen, die den Voraussetzungen des Buchstaben a) nicht entsprechen, die fachliche Eignung nach Anhören der zuständigen Stellen widerruflich zuerkennen.
Zuständige Stelle	Landwirtschaftskammer bzw. die vom Land bestimmte Stelle	Nach Bestimmung des Bundesministers für Arbeit und Sozialordnung

Tabelle 3: Freie und sonstige Berufe

	Rechtsanwalts-, Patentanwalts- und Notargehilfen	Gehilfen in wirtschafts- und steuerrechtlichen Berufen	Arzt-, Zahnarzt- und Apothekenhelfer	Sonstige Berufe und Wirtschaftszweige
Voraussetzungen für fachliche Eignung	Zulassung als Rechts- oder Patentanwalt bzw. Bestellung als Notar	Bestellung bzw. Anerkennung als Wirtschaftsprüfer, vereidigter Buchprüfer, Steuerberater oder Steuerbevollmächtigter	Bestallung oder Approbation als Arzt, Zahnarzt oder Apotheker	Der zuständige Fachminister kann im Einvernehmen mit dem Bundesminister für Arbeit und Sozialordnung durch Rechtsverordnung für Fälle, die vorstehend nicht geregelt sind, die zuständige Stelle bestimmen und Vorschriften über die fachliche Eignung und die Eignung der Ausbildungsstätte erlassen. Für die Berufsbildung in Heil- und Heilhilfsberufen bleiben die bundesgesetzlichen Regelungen unberührt.
Zuständige Stelle	Rechtsanwalts-, Patentanwalts- bzw. Notarkammer	Wirtschaftsprüferkammer bzw. Berufskammer der Steuerbevollmächtigten	Arzt-, Zahnarzt bzw. Apothekenkammer	

IV. Mit Geldbuße bedrohte Ordnungswidrigkeiten

Ordnungswidrig handelt, wer

a) den wesentlichen Inhalt des Berufsausbildungsvertrages oder seine wesentlichen Änderungen nicht schriftlich niederlegt,
b) dem Auszubildenden oder dessen gesetzlichen Vertreter die unterzeichnete Niederschrift des Berufsausbildungsvertrages nicht aushändigt,
c) dem Auszubildenden Aufgaben überträgt, die dem Ausbildungszweck nicht dienen,
d) dem Auszubildenden die für die Teilnahme am Berufsschulunterricht, an Prüfungen oder an Ausbildungsmaßnahmen außerhalb der Ausbildungsstätte erforderliche Zeit nicht gewährt,
e) Auszubildende einstellt oder ausbildet, obwohl er persönlich oder fachlich nicht geeignet ist,
f) einen Ausbilder bestellt, obwohl dieser persönlich oder fachlich nicht geeignet ist oder diesem die Ausbildung untersagt worden ist,
g) Auszubildende einstellt oder ausbildet, obwohl ihm das Einstellen oder Ausbilden untersagt worden ist,
h) die Eintragung in das Verzeichnis nicht oder nicht rechtzeitig beantragt oder eine Ausfertigung der Vertragsniederschrift nicht beifügt,
i) der zuständigen Stelle oder ihrem Beauftragten eine Auskunft nicht, nicht rechtzeitig, unrichtig oder unvollständig erteilt, Unterlagen nicht vorlegt oder eine Besichtigung nicht gestattet.

Die Ordnungswidrigkeiten nach Buchst. a, b, h–i können mit einer Geldbuße bis zu 2000 DM, die Ordnungswidrigkeiten nach Buchst. c–g mit einer Geldbuße bis zu 10 000 DM geahndet werden.

6. Kapitel
Arbeitsvertragsrecht*

A) Der Einzelvertrag

I. Vertragspartner

1. Arbeitgeber und Arbeitnehmer sind die Partner des Arbeitsvertrags.

a) Arbeitgeber ist, wer mindestens eine Person in abhängiger Arbeit, in der Regel gegen Entgelt, beschäftigt. Vom Arbeitgeber ist der Unternehmer zu unterscheiden. Der Arbeitgeber ist stets Vertragspartner des Arbeitnehmers; der Unternehmer braucht dies nicht zu sein (z. B. Alleinunternehmer ohne Arbeitnehmer), er verfolgt als solcher wirtschaftliche Zwecke (Gewinnerzielung). Andererseits braucht der Arbeitgeber kein Unternehmer zu sein (z. B. bei Beschäftigung von Hauspersonal). In der Regel aber wird der Arbeitgeber gleichzeitig auch Unternehmer sein.
Arbeitgeber können sein: selbständige Gewerbetreibende, Personengemeinschaften (offene Handelsgesellschaft, Kommanditgesellschaft), juristische Personen (eingetragener Verein, Aktiengesellschaft, Bund, Länder, Gemeinden, Religionsgesellschaften).

b) Arbeitnehmer ist, wer einem anderen abhängige Arbeit, in der Regel gegen Entgelt, leistet. Die Verpflichtung zur Arbeitsleistung ergibt sich aus dem mit dem Arbeitgeber abgeschlossenen Arbeitsvertrag.
Arbeitnehmer sind: gewerbliche oder landwirtschaftliche Arbeiter, Handwerksgesellen, kaufmännische und technische Angestellte, Arbeiter und Angestellte im öffentlichen Dienst, bei Personengemeinschaften, juristischen Personen, im Privathaushalt usw. Auszubildende gelten ebenfalls als Arbeitnehmer. Keine Arbeitnehmer sind: Organe juristischer Personen (Vorstandsmitglieder eines Vereins, einer Genossenschaft, einer GmbH), selbständige Handelsvertreter, Beamte, Strafgefangene und Insassen von Heilanstalten, die zur Arbeit herangezogen werden, Ordensschwestern. Ehegatten und Kinder sind hinsichtlich ihrer Arbeitsleistung in Erfüllung der familienrechtlichen Pflichten keine Arbeitnehmer.
Arbeitnehmerähnliche Personen sind dagegen solche, die in wirtschaftlicher, aber nicht in persönlicher Abhängigkeit Arbeit für einen anderen leisten, so insbesondere Heimarbeiter, Hausgewerbetreibende, Kunstgewerbetreibende, Zeitungsreporter. Sie werden den Arbeitnehmern rechtlich nur in einzelnen Beziehungen gleichgestellt. Für sie sind die Arbeitsgerichte zuständig.

* Von Kurt Maurer.

2. Arbeiter und Angestellte: Unter den Arbeitnehmern unterscheidet man hauptsächlich Arbeiter und Angestellte. Die begriffliche Unterscheidung ist wichtig, da für sie z. T. besondere gesetzliche Bestimmungen gelten (Kündigungsfristen, Fortzahlung des Arbeitsentgelts im Krankheitsfall). Die Unterscheidung bestimmt sich in erster Linie danach, wie die Tätigkeit von den beteiligten Berufskreisen bewertet wird, andernfalls gilt nach allgemeiner Verkehrsanschauung als Angestellter, wer kaufmännische und büromäßige Arbeit leistet, wer überwiegend leitende, beaufsichtigende oder eine vergleichbare Tätigkeit ausübt. Reichen diese Maßstäbe nicht aus, kommt es darauf an, ob die geistige oder körperliche Arbeit überwiegt.

Angestellte sind: technische Angestellte in Betrieb, Büro oder Verwaltung; Handlungsgehilfen, Bühnenmitglieder und Musiker, Angestellte in Berufen der Erziehung, des Unterrichts, der Fürsorge, der Krankenpflege usw.

II. Arbeitsvertrag und Arbeitsverhältnis

1. Arbeitsvertrag ist der zwischen Arbeitgeber und Arbeitnehmer geschlossene gegenseitige Vertrag, durch den sich der Arbeitnehmer zur Arbeitsleistung in abhängiger Stellung, der Arbeitgeber v. a. zur Leistung der Arbeitsvergütung verpflichtet. Der Arbeitsvertrag ist ein schuldrechtlicher Vertrag, hebt sich aber von anderen Schuldverträgen (Kauf, Miete, Werkvertrag) durch seinen personenrechtlichen Charakter (Treuepflicht des Arbeitnehmers, Fürsorgepflicht und Weisungsrecht des Arbeitgebers) ab.

Keine Arbeitsverträge sind

a) selbständige Dienstverträge (z. B. zwischen selbständigem Handelsvertreter und Unternehmer, zwischen Arzt oder Rechtsanwalt und deren Klienten, zwischen Vorstandsmitglied und Aktiengesellschaft, zwischen Rundfunk oder Verlag und freien Mitarbeitern),
b) Werkverträge (wobei ein bestimmtes Werk, nicht die Arbeitsleistung geschuldet wird),
c) Gesellschaftsverträge (unter Gesellschaftern besteht keine Unter-, sondern Gleichordnung),
d) Zwangs- und Fürsorgeverhältnisse (Strafgefangene, Kinder und Jugendliche in Fürsorgeerziehung),
e) familienrechtlich begründete Verpflichtungen zur Mitarbeit des Ehegatten, der Kinder (§§ 1356, 1617 BGB).

2. Durch den Arbeitsvertrag, in dem sich der Arbeitnehmer zur Leistung abhängiger Arbeit verpflichtet, wird das **Arbeitsverhältnis** begründet und gestaltet (Vertragstheorie). Tritt der Arbeitnehmer die Arbeit an, tritt das Arbeitsverhältnis in das Stadium der Erfüllung mit weitergehenden Wirkungen als vor dem Arbeitsantritt (Treue- und Fürsorgepflicht, Gehorsamspflicht im Rahmen des Direktionsrechts, Urlaubsanspruch, Kündi-

gungsschutz, betriebsverfassungsrechtliche Stellung des Arbeitnehmers).
Liegt kein gültiger Arbeitsvertrag vor, spricht man von einem **»faktischen« Arbeitsverhältnis**, dem für die Vergangenheit im Interesse des Arbeitnehmers grundsätzlich die Rechtswirkungen eines gültigen Arbeitsvertrags zugestanden werden, das aber jederzeit und von jedem Teil mit sofortiger Wirkung gelöst werden kann.
Der auf die Begründung des Arbeitsverhältnisses gerichtete Arbeitsvertrag ist ein Rechtsgeschäft, das den Bestimmungen über Nichtigkeit und Anfechtbarkeit (§§ 105, 116–120, 123, 125, 134, 138, 142 BGB) unterliegt.

3. Der Arbeitsvertrag unterliegt in der Regel keiner Formvorschrift. Er kommt durch (fern-)mündliche oder stillschweigende Vereinbarung zustande. Der Schriftform bedürfen jedoch Arbeitsverträge mit Angestellten der Krankenkassen und Berufsgenossenschaften, die der Dienstordnung unterstehen sollen, Vereinbarung eines Wettbewerbsverbots mit Handlungsgehilfen (§ 74 Abs. 1 HGB). In der Regel hat die Nichtbeachtung der durch Tarifvertrag oder der von den Vertragsparteien vereinbarten Schriftform (§ 127 BGB) Nichtigkeit zur Folge.
Bei schriftlich abgeschlossenen Arbeitsverträgen wird Vollständigkeit des Vertrags vermutet. Wer sich auf eine mündliche Nebenabrede beruft, hat ihre Vereinbarung und Geltung neben dem schriftlichen Vertrag zu beweisen.

4. Mängel des Arbeitsvertrages: Rechtlich bedeutsame Vertragsmängel haben die Anfechtbarkeit oder Nichtigkeit des Vertrags zur Folge. Der Vertrag kann angefochten werden, wenn die Willenserklärung einer Partei auf Irrtum, arglistige Täuschung oder widerrechtliche Drohung zurückzuführen ist (§§ 119, 123 BGB). Die Anfechtung bewirkt rückwirkende Nichtigkeit. Das Rechtsgeschäft wird also als von Anfang an nichtig angesehen (§ 142 BGB). Nichtigkeitsgründe sind: Mangelnde Geschäftsfähigkeit, Scheinerklärung, mangelnde Ernstlichkeit der Erklärung, Formmangel, Verstoß gegen ein gesetzliches Verbot, Verstoß gegen die guten Sitten (§§ 105, 117, 118, 125, 134, 138 BGB).
Hat der Arbeitnehmer die Arbeit noch nicht angetreten, gelten die Bestimmungen des BGB über Anfechtbarkeit und Nichtigkeit uneingeschränkt. Hat er sie jedoch bereits angetreten, ist er für die Zeit seiner Tätigkeit so zu behandeln, als ob ein rechtswirksames Arbeitsverhältnis vorgelegen hätte. Die Lösung des Arbeitsverhältnisses kann also erst für die Zukunft unter Berufung auf die Anfechtung oder den Nichtigkeitsgrund erfolgen.

III. Inhalt des Arbeitsvertrags

1. Pflichten des Arbeitgebers. a) Der Arbeitnehmer ist, soweit er ein begründetes Interesse an der Beschäftigung hat, dem kein überwiegen-

des Interesse des Arbeitgebers entgegensteht, zu beschäftigen (**Beschäftigungspflicht** des Arbeitgebers).
Das Arbeitsverhältnis wird von dem Grundsatz beiderseitiger Treue beherrscht. Der Treuepflicht des Arbeitnehmers entspricht die **Fürsorgepflicht** des Arbeitgebers. Die Fürsorgepflicht ist teils gesetzlich geregelt (§ 618 BGB, § 62 HGB, § 120 a und b GewO), wonach Räume, Vorrichtungen, Gerätschaften zur Verrichtung der Dienste so beschaffen sein müssen, daß der Arbeitnehmer gegenüber Gefahren für Leben und Gesundheit geschützt ist. Im übrigen wird das gesamte Arbeitsverhältnis von dem Fürsorgegedanken beherrscht, wobei Verkehrsauffassung und Übung maßgebend sind.
Der Arbeitgeber darf den Betriebsangehörigen gegenüber bei gleichen Sachverhalten keine unsachliche oder sachfremde Unterschiede machen. Auf Grund dieses **Gleichbehandlungsgrundsatzes** kann der Arbeitnehmer einen Anspruch auf zusätzliche freiwillige Leistungen erwerben. Die Andersbehandlung ist zulässig, wenn in der Person (soziale Verhältnisse) oder im Verhalten des betreffenden Arbeitnehmers ein sachlicher Grund vorliegt. Keine Anwendung findet der Gleichbehandlungsgrundsatz bei Kündigungen, da es jeweils auf die besonderen Umstände des Einzelfalles ankommt.
Der Arbeitgeber kann gegenüber dem Arbeitnehmer wegen Verletzung seiner vertraglichen Pflichten oder aus unerlaubter Handlung zum **Schadensersatz** verpflichtet sein (Haftung aus den Vorverhandlungen, aus Verletzung der Lohnzahlungs-, Beschäftigungs- und Fürsorgepflicht).
Der Arbeitgeber hat den Arbeitnehmer vor Gefahren zu schützen, die bei Verrichtung der Arbeit im Betrieb erwachsen können. Ferner **haftet** der Arbeitgeber für eingebrachte Sachen des Arbeitnehmers (Straßenkleidung, die der Arbeitnehmer während der Arbeit ablegen muß, Motorräder, Personenkraftwagen). Nähere Regelung der Schadenstragung kann durch Gesetz, Tarifvertrag, Betriebsvereinbarung oder Einzelvertrag getroffen werden. Der Arbeitgeber haftet ferner bei Nichtabführung der Sozialversicherungsbeiträge.

b) Der Hauptpflicht des Arbeitnehmers zur Arbeitsleistung steht die Hauptpflicht des Arbeitgebers zur **Lohn- bzw. Gehaltszahlung** gegenüber. In besonderen Fällen ist jedoch der Lohn auch ohne Arbeitsleistung weiterzuzahlen (Annahmeverzug des Arbeitgebers, Krankheit des Arbeitnehmers, Urlaub, Suspendierung von der Arbeit, Betriebsrisiko). Der Arbeitnehmer kann aber auch von der Arbeitspflicht befreit sein, ohne einen Lohnanspruch zu haben (Werksbeurlaubung, sonstige vereinbarte Arbeitsaussetzungen, Streik, Grundwehrdienst, Wehrübung).
In der Regel ist **Geldlohn** die zu gewährende Arbeitsvergütung. **Natural- oder Sachlohn** ist der Lohn, der nicht als Geldlohn gewährt wird (Kost, Wohnung, Landnutzung, Heizung, Beleuchtung). Für die Feststellung des **Zeitlohnes** ist die Dauer der Arbeitsleistung ohne Rücksicht auf das Arbeitsergebnis maßgebend. Der Lohn kann nach Stunden, Tagen, Wochen oder Monaten bemessen werden. Bemißt sich der Lohn nach

dem Arbeitsergebnis, liegt Akkordarbeit vor, für die **Akkordlohn** bezahlt wird. Man unterscheidet Stück- oder Geldakkord, wonach das Arbeitsergebnis nach gleichen Werkstücken schätzungsweise bewertet wird, vom Zeitakkord. Bei diesem entspricht der Verdienst des Arbeiters dem Produkt aus Zeitfaktor (Stückzeit), Geldfaktor (der für jede Minute festgesetzte Geldbetrag) und Stückzahl. Das Arbeitsentgelt kann auch in Form von **Provision** gezahlt werden. Sie ist eine irgendwie nach Wert oder Umfang des Geschäfts bemessene Vergütung (insbesondere für Vermittlung oder Abschluß von Geschäften). Bei **Tantiemen** (Gewinnbeteiligung) handelt es sich um die Beteiligung am Geschäftsgewinn des Unternehmens; sie wird meist leitenden Angestellten gewährt. Die **Gratifikation** ist eine Sondervergütung, die der Arbeitgeber aus bestimmten Anlässen (Weihnachten, Geschäfts- und Dienstjubiläum, Neujahr, Geschäftsabschluß) den Arbeitnehmern gewährt; darin ist grundsätzlich eine Anerkennung für geleistete Dienste zu sehen.
Der Lohn setzt sich zusammen aus **Grundlohn** und **Zuschlägen** (Sonn- und Feiertagszuschläge, Zuschläge für Mehrarbeit). Jugendliche erhalten nach tariflicher oder betrieblicher Regelung innerhalb ihrer Tätigkeitsgruppe häufig ein nach ihrem Alter gestaffeltes Entgelt, das geringer ist als das der erwachsenen Arbeitnehmer bei gleicher Arbeit. Die in Art. 3 Abs. 2 GG geregelte Gleichberechtigung der Geschlechter umfaßt auch die **Lohngleichheit von Mann und Frau** für gleichartige und gleichwertige Arbeit.

c) Für das Arbeitsverhältnis wird die **Krankheit** des Arbeitnehmers erst dann von Bedeutung, wenn dieser zufolge der Krankheit seinen Vertragspflichten ganz oder teilweise nicht mehr nachkommen kann, wenn er also arbeitsunfähig ist. Auf die Krankheitsursache kommt es in der Regel nicht an (Veranlagung, Konstitution des Arbeitnehmers, Unfall, Ansteckung usw.).
Arbeiter haben die Erkrankung und deren voraussichtliche Dauer dem Arbeitgeber unverzüglich **anzuzeigen** und innerhalb von 3 Tagen eine ärztliche Bescheinigung darüber nachzureichen (§ 3 LohnfortzG). Entsprechendes gilt für Angestellte schon aus der allgemeinen Treuepflicht.
Arbeiter haben bei Erkrankung nach Beginn der Beschäftigung in der Regel Anspruch auf **Lohnfortzahlung** bis zur Dauer von 6 Wochen (Ausnahmen nach § 1 Abs. 2). Desgleichen haben die Angestellten einen Anspruch auf Gehaltszahlung für die ersten 6 Wochen ihrer Krankheit. Der Anspruch auf Fortzahlung des Lohnes oder Gehalts setzt voraus, daß die Krankheit vom Arbeitnehmer nicht verschuldet ist. Verschulden ist leichtfertiges, unverständiges Verhalten (besonders bei Unfällen im Straßenverkehr, gesundheitsschädigendes Verhalten während der Krankheit).
Der Bestand des Arbeitsverhältnisses wird durch Krankheit nicht berührt. Will der Arbeitgeber das Arbeitsverhältnis während der Krankheit beenden, muß er kündigen. Der Arbeitnehmer behält den Anspruch auf Entgeltfortzahlung, wenn der Arbeitgeber das Arbeitsverhältnis **aus**

Anlaß der Krankheit kündigt. Das gleiche gilt, wenn der Arbeitnehmer aus einem vom Arbeitgeber zu vertretenden Grund kündigt, der den Arbeitnehmer aus wichtigem Grund ohne Einhaltung einer Kündigungsfrist zur Kündigung berechtigt (§ 616 Abs. 2 BGB, § 6 LohnfortzG, § 63 HGB, § 133 c GewO).

2. Pflichten des Arbeitnehmers. a) Hauptpflicht des Arbeitnehmers ist die Pflicht zur Arbeitsleistung. Ist nichts anderes bestimmt, hat der Arbeitnehmer in Person zu leisten. Der Anspruch auf die Dienstleistung ist im Zweifel nicht übertragbar (§ 613 BGB). Nach § 613 a BGB tritt aber beim Betriebsübergang durch Rechtsgeschäft der neue Inhaber in die bestehenden Arbeitsverhältnisse ein; der Anspruch auf Dienstleistung geht also in diesem Fall kraft Gesetzes auf den neuen Inhaber über.
Die **Art** der Arbeit wird in der Regel durch die Stellung bestimmt, die der Arbeitnehmer nach dem Arbeitsvertrag einnehmen soll. Wird jemand als Hilfsarbeiter, Stenotypistin oder Schlosser eingestellt, ergibt sich aus der beruflichen Bezeichnung, welche Arbeiten zu verrichten sind. Bezüglich der Verrichtung von Nebenarbeiten gilt die jeweilige Verkehrssitte. Jüngere Arbeitnehmer können in der Regel zu vorübergehenden Nebenarbeiten eher herangezogen werden als ältere. Der etwaige Ausbildungszweck darf aber nicht beeinträchtigt werden. In Notfällen hat der Arbeitnehmer vorübergehend auch solche Arbeiten zu verrichten, die er sonst nicht zu verrichten hat (Löschungs- und Rettungsarbeiten bei Bränden im Betrieb). Vielfach wird die Pflicht zur Verrichtung anderer Arbeiten in Tarifverträgen geregelt.
Arbeitszeit ist die Zeit, in der der Arbeitnehmer zur Arbeitsleistung zur Verfügung zu stehen hat. Die Zeit zur Zurücklegung des Weges zum Betrieb gilt, wenn nichts anderes bestimmt ist, nicht als Arbeitszeit. **Arbeitsbereitschaft** (Beschäftigung von Wächtern, Pförtnern, Maschinenwärtern) ist Arbeitszeit. Der Arbeitgeber setzt **Dauer und Lage** der Arbeitszeit fest. Er hat die gesetzlichen oder tariflichen Schutzbestimmungen zu beachten. Über die Festsetzung von **Beginn und Ende** der täglichen Arbeitszeit und der **Pausen** hat der Betriebsrat mitzubestimmen (§ 87 Abs. 1 Nr. 2 BetrVG).
Wird durch den Arbeitsvertrag nichts anderes bestimmt, ist für den **Ort** der Arbeit in der Regel der Sitz des Betriebes, der Verwaltung oder des Haushalts entscheidend.
Die **Gehorsamspflicht** des Arbeitnehmers entspricht dem Direktions- oder Weisungsrecht des Arbeitgebers. Im Rahmen dieses Rechts hat der Arbeitnehmer den Anweisungen des Arbeitgebers zu folgen.
Durch den Arbeitsvertrag wird die **Tätigkeit des Arbeitnehmers** grundsätzlich nur allgemein durch die Angabe der Stellung bestimmt, die er im Betrieb einnehmen soll (Schlosser, Schreiner, Buchhalter usw.). Die einzelnen Arbeitsleistungen nach Gegenstand, Art der Ausführung, Zeit und Ort können in der Regel nicht von vornherein, sondern nur von Fall zu Fall bestimmt werden. Der Arbeitgeber muß also in der Lage sein, über die Arbeitskraft im Rahmen des Arbeitsvertrags verfügen zu

können. Das Direktionsrecht des Arbeitgebers erstreckt sich auch auf das **Verhalten** des Arbeitnehmers innerhalb des Betriebes (Benutzung der Räumlichkeiten und Einrichtungen, Behandlung der Maschinen und Werkzeuge, Anwesenheitskontrolle, Rauchverbot). **Torkontrolle** und **Leibesvisitation** werden in der Regel durch Tarifvertrag, Betriebsvereinbarung oder Arbeitsvertrag festgelegt. Fragen der Ordnung des Betriebs und des Verhaltens der Arbeitnehmer unterliegen der Mitbestimmung des Betriebsrats (§ 87 Abs. 1 Nr. 1 BetrVG).

b) Dem personenrechtlichen Charakter des Arbeitsverhältnisses entsprechend ist der Arbeitnehmer dem Arbeitgeber gegenüber nicht nur zur Arbeitsleistung verpflichtet, sondern er hat sich auch für die Interessen des Arbeitgebers und des Betriebes einzusetzen und alles zu unterlassen, was dieses Interesse beeinträchtigen könnte (Treuepflicht des Arbeitnehmers). Die so allgemein charakterisierte **Treuepflicht**, die das Gesamtverhalten des Arbeitnehmers gegenüber dem Arbeitgeber erfaßt, läßt sich nach Inhalt und Umfang nur nach den jeweils gegebenen besonderen Umständen bestimmen. Gewisse Betriebe verlangen erhöhte Pünktlichkeit, Zuverlässigkeit oder Sauberkeit (Krankenhäuser, Verkehrseinrichtungen, Banken). In **Tendenzbetrieben** (§ 118 BetrVG) kann die Treuepflicht schon durch tendenzwidriges Verhalten verletzt werden.
Der Arbeitnehmer hat **Nebenbeschäftigungen** zu unterlassen, die der Erfüllung seiner Arbeitspflicht widersprechen. Er darf Mitarbeiter nicht zum Vertragsbruch verleiten. Die freie Meinungsäußerung des Arbeitnehmers wird beschränkt, soweit es die Ordnung des Betriebes und der Arbeitsfrieden erfordern. Der Arbeitnehmer darf keine **Schmiergelder** entgegennehmen.

c) Der Arbeitnehmer kann zum **Schadensersatz** verpflichtet sein wegen Nichtleistung, mangelhafter Leistung (Schlechtleistung), verspäteter Leistung, Verletzung der Treuepflicht. Die Schadenshaftung kann sich ergeben aus Vertragsverletzung sowie aus unerlaubter Handlung (§§ 823, 824, 826 BGB, §§ 17, 18 UWG).
Mankohaftung ist die Haftung des Arbeitnehmers für Fehlbeträge an Geld oder Waren, die aus der Kassenführung oder Lagerverwaltung entstehen. Sie kann vertraglich beschränkt, aber auch auf jedes Manko (unverschuldete Fälle) erstreckt werden. Bei mitwirkendem Verschulden des Arbeitgebers kann die Mankohaftung ganz entfallen oder sich auf einen Teil beschränken, je nachdem der Schaden von dem einen oder anderen Vertragsteil überwiegend verursacht wurde (§ 254 BGB).
Gefahrengeneigte Arbeit liegt vor, wenn die Eigenart der zu leistenden Arbeit es mit großer Wahrscheinlichkeit mit sich bringt, daß auch dem sorgfältigen Arbeitnehmer gelegentlich Fehler unterlaufen, die zwar an sich vermeidbar waren, mit denen aber angesichts der menschlichen Unzulänglichkeit als mit einem typischen Abirren der Dienstleistung erfahrungsgemäß zu rechnen ist (Kraftfahrer, Straßenbahnführer, Lagerhalter, Kassierer, Lohnrechner). Die Abwägung, in welchem Umfang der

Arbeitnehmer von der Haftung befreit wird, hat allein aus dem Arbeitsverhältnis zu erfolgen. Dabei sind die gesamten Umstände des Einzelfalles zu berücksichtigen. Bei grober Fahrlässigkeit hat jedoch der Arbeitnehmer in aller Regel den Schaden allein zu tragen.

IV. Beendigung des Arbeitsverhältnisses

1. Beendigungsgründe: Das Arbeitsverhältnis kann für eine bestimmte Dauer vereinbart werden **(befristetes Arbeitsverhältnis)**, das mit dem Ablauf der vereinbarten Zeit endet. Ist die Zeitdauer nicht vereinbart, kann es durch einseitige Erklärung eines Vertragspartners gegenüber dem anderen beendet werden **(Kündigung)**. Die Lösung des Arbeitsverhältnisses durch **Vereinbarung** ist jederzeit möglich. Eine Lösung erfolgt ferner durch Eintritt einer vereinbarten **auflösenden Bedingung** sowie durch **Tod** des Arbeitnehmers stets, durch Tod des Arbeitgebers nur bei Erledigung des Vertragszwecks. Da Arbeitsverhältnisse in der Regel für unbestimmte Zeit vereinbart werden, erfolgt die Lösung meistens durch Kündigung.

Das **Probearbeitsverhältnis**, das dem Arbeitgeber Gelegenheit gibt, sich über die Eignung des Arbeitnehmers schlüssig zu werden, kann als befristetes oder unbefristetes Arbeitsverhältnis vereinbart werden. Das befristete endet mit Ablauf der Probezeit, wenn ein Vertragsteil dem anderen eine entsprechende Erklärung abgibt, andernfalls geht es in ein Arbeitsverhältnis auf unbestimmte Dauer über. Das unbefristete Probearbeitsverhältnis kann wie jedes auf unbestimmte Dauer vereinbarte Arbeitsverhältnis durch Kündigung gelöst werden.

Bei **vorübergehender Aushilfe** kann auch für Angestellte eine für beide Teile gleiche, **beliebige** Kündigungsfrist vereinbart werden. Dauert die Aushilfe länger als 3 Monate, gelten die allgemeinen Kündigungsfristen (§ 622 Abs. 4 BGB).

2. Die Kündigung (Begriff, ordentliche Kündigung, außerordentliche Kündigung): a) Kündigung ist die einseitige Erklärung des Arbeitgebers oder des Arbeitnehmers, daß das auf Dauer angelegte Arbeitsverhältnis für die Zukunft aufgelöst werden soll.

Es gibt zwei Arten der Kündigung: die **ordentliche** Kündigung beendet das auf unbestimmte Zeit angelegte Arbeitsverhältnis in der Regel unter Einhaltung einer Kündigungsfrist zu einem bestimmten Kündigungstermin. Mit der **außerordentlichen** Kündigung kann dagegen sowohl ein unbefristetes als auch befristetes Arbeitsverhältnis vor der Beendigung durch Zeitablauf ohne Einhaltung einer Kündigungsfrist beendet werden, wenn ein die vorzeitige Beendigung rechtfertigender Grund gegeben ist. Die Kündigung muß dem andern Teil zugehen, um wirksam zu werden. Der Zugang erfolgt, sobald die Kündigung in den Machtbereich des Empfängers gelangt, so daß dieser normalerweise davon Kenntnis nehmen kann. Eine gesetzliche Formvorschrift besteht nicht. (Ausnahme:

Kündigung des Berufsausbildungsvertrags wegen Berufswechsels.)
Die Kündigungserklärung muß so klar sein, daß kein Zweifel über den Zeitpunkt der Beendigung des Arbeitsverhältnisses bestehen kann. Die Kündigung ist nichtig, wenn sie gegen ein gesetzliches Verbot (z. B. gegen die Koalitionsfreiheit, Art. 9 Abs. 3 GG) oder gegen die guten Sitten (Kündigung aus Rachsucht, Vergeltung) verstößt.

b) Die **ordentliche Kündigung** erfolgt in der Regel unter Einhaltung einer bestimmten Kündigungsfrist, meist auch zu einem bestimmten Termin, zu dem sie allein ausgesprochen werden kann.
Das Arbeitsverhältnis der **Arbeiter** kann unter Einhaltung einer Kündigungsfrist von 2 Wochen gekündigt werden. Bei einer Betriebszugehörigkeit von 5 bzw. 10 Jahren erhöht sich die Kündigungsfrist auf einen bzw. zwei Monate zum Monatsende, bei einer Betriebszugehörigkeit von 20 Jahren auf drei Monate zum Ende des Kalendervierteljahres. Bei der Berechnung der Beschäftigungsdauer werden Zeiten, die vor der Vollendung des 35. Lebensjahres liegen, nicht berücksichtigt (§ 622 Abs. 2 BGB).
Das Arbeitsverhältnis der **Angestellten kann unter Einhaltung einer Kündigungsfrist** von 6 Wochen zum Schluß eines Kalendervierteljahres gekündigt werden. Eine kürzere Kündigungsfrist kann einzelvertraglich vereinbart werden, wenn sie einen Monat nicht unterschreitet und die Kündigung nur für den Schluß eines Kalendermonats zugelassen wird (§ 622 Abs. 1 BGB).
Die Kündigungsfristen können durch Tarifvertrag gekürzt werden. Im Geltungsbereich eines solchen Tarifvertrags können die abweichenden tariflichen Bestimmungen zwischen nichttarifgebundenen Arbeitnehmern und Arbeitgebern vereinbart werden. Für die Kündigung durch den Arbeitnehmer darf einzelvertraglich keine längere Frist vereinbart werden als für die Kündigung durch den Arbeitgeber (§ 622 Abs. 3 BGB).
Ist das Dienstverhältnis für Lebenszeit oder für längere Zeit als 5 Jahre eingegangen, kann es vom Arbeitnehmer nach Ablauf von 5 Jahren unter Einhaltung einer Kündigungsfrist von 6 Monaten gekündigt werden (§ 624 BGB).

c) Außerordentliche (fristlose) Kündigung: Das Arbeitsverhältnis kann von jedem Vertragsteil aus wichtigem Grund fristlos gekündigt werden, wenn Tatsachen vorliegen, auf Grund derer dem Kündigenden unter Berücksichtigung aller Umstände des Einzelfalles und unter Abwägung der Interessen beider Vertragsteile die Fortsetzung des Dienstverhältnisses bis zum Ablauf der Kündigungsfrist oder bis zur vereinbarten Beendigung des Dienstverhältnisses nicht zugemutet werden kann. Kündigungsgründe des Arbeitgebers können sein: Beharrliche Arbeitsverweigerung, mangelnde Tauglichkeit, mangelhafte Leistungen, Diebstahl, Unterschlagung, Störung des Betriebsfriedens seitens des Arbeitnehmers. Kündigungsgründe des Arbeitnehmers können sein: Nichtzahlung des geschuldeten Arbeitsentgelts, Ehrverletzungen, Tätlichkeiten, Verletzung der Schutzpflichten, Gefährdung von Leben und Gesundheit durch den Arbeitgeber.

Die Kündigung kann nur innerhalb von 2 Wochen seit Kenntnis der maßgebenden Tatsachen erfolgen. Auf Verlangen ist dem andern Teil der Kündigungsgrund unverzüglich schriftlich mitzuteilen (§ 626 BGB).

d) Bezüglich der **Mitbestimmung des Betriebsrats** bei Kündigungen s. unten S. 115.

B) Tarifvertrag

I. Allgemeine Hinweise

Gesetzliche Grundlage des Tarifrechts ist das Tarifvertragsgesetz i. d. Fassung vom 25. 8. 1969 mit Änderungen.

1. Bedeutung, Rechtsnatur, Form und Inhalt: Der Tarifvertrag dient der kollektiven Regelung der Lohn- und Arbeitsbedingungen der Arbeitnehmer in der Form zwingenden und unabdingbaren Rechts. Abweichende Vereinbarungen sind nur zulässig, soweit sie durch den Tarifvertrag gestattet sind oder eine für den Arbeitnehmer günstigere Regelung enthalten. Der Tarifvertrag untersteht als Vertrag den einschlägigen Bestimmungen des bürgerlichen Rechts. Nimmt der Tarifvertrag auf protokollierte Erklärungen Bezug und werden diese dem Tarifvertrag angeschlossen, gelten sie als dessen Bestandteile.
Der Tarifvertrag regelt Rechte und Pflichten der Tarifvertragsparteien (schuldrechtlicher Teil) und enthält Rechtsnormen, die Inhalt, Abschluß und Beendigung des Arbeitsverhältnisses sowie betriebliche und betriebsverfassungsrechtliche Fragen regeln (normativer Teil).

2. Tariffähigkeit, Tarifgebundenheit: a) Tariffähigkeit ist die Fähigkeit, Tarifvertragspartner zu sein. Tariffähig sind Gewerkschaften, der einzelne Arbeitgeber sowie Vereinigungen von Arbeitgebern, Zusammenschlüsse von Gewerkschaften und von Vereinigungen von Arbeitgebern (Spitzenorganisationen).
Vereinigungen der Arbeitnehmer (Gewerkschaften) und der Arbeitgeber müssen ausschließlich oder überwiegend kollektive Arbeitnehmer- bzw. Arbeitgeberinteressen wahrnehmen. Es müssen frei gebildete, von der Gegenseite und vom Staate unabhängige und überbetriebliche Vereinigungen sein. Parteipolitische und kirchliche Unabhängigkeit sind keine zwingenden Voraussetzungen. Unterverbände (Bezirke, Kreise, Ortsverwaltungen) können tariffähig sein, wenn sie wesentliche Aufgaben einer Koalition selbständig unter eigener Verantwortung wahrnehmen.
Mit der Auflösung der Gewerkschaft oder des Arbeitgeberverbandes endet deren Tariffähigkeit.

b) Tarifgebunden sind Arbeitnehmer und Arbeitgeber, die den tarifschließenden Verbänden (Gewerkschaft, Arbeitgeberverband) als Mitglieder angehören, ferner Arbeitgeber, die selbst Partei des Tarifvertrags sind (Firmentarif).
Die Tarifgebundenen unterliegen der Tarifwirkung nur, wenn sie auch in den Geltungsbereich des Tarifvertrags fallen. Tarifgebundenheit und tariflicher Geltungsbereich sind zwei streng voneinander zu scheidende Voraussetzungen für den Eintritt der Tarifwirkung. Für die Tarifwirkung betrieblicher und betriebsverfassungsrechtlicher Normen ist nur die Tarifgebundenheit des Arbeitgebers erforderlich.
Die Tarifwirkung tritt mit dem Verbandseintritt ein. Durch Austritt aus dem Verband, Verbandsausschluß, Beendigung des Arbeitsverhältnisses wird die Tarifgebundenheit nicht beendet. Sie bleibt bestehen bis zur Beendigung des Tarifvertrags. Bei den Partnern des Arbeitsvertrags kommt es nicht auf die Kenntnis ihrer Tarifgebundenheit an. Eine diesbezügliche Mitteilungspflicht besteht auch bei späteren Beitritt zur Vereinigung nicht.

3. Geltungsbereich, Tarifkonkurrenz. a) Von den Rechtsnormen des Tarifvertrags werden nur die Tarifgebundenen erfaßt, die unter den tariflichen **Geltungsbereich** in räumlicher, betrieblicher, fachlicher, persönlicher und zeitlicher Hinsicht fallen.
Unter **räumlichem** Geltungsbereich versteht man das Tarifgebiet, für das der Tarifvertrag gilt. Der Betriebssitz ist hierfür maßgebend. Wird der Betrieb aus dem bisherigen Tarifgebiet verlegt, endet die Tarifwirkung.
Der **betriebliche** Geltungsbereich richtet sich in der Regel nach bestimmten Wirtschaftszweigen, denen die Betriebe angehören. Für die Zuordnung ist der wirtschaftliche Hauptzweck des Betriebs entscheidend, so daß alle dem Betrieb angehörenden Arbeitnehmer, auch wenn sie vereinzelt betriebsfremde Tätigkeiten verrichten (z. B. Bauarbeiter in der Holzindustrie), dem für den Betrieb geltenden Tarifvertrag unterstehen (Grundsatz der Tarifeinheit).
Bei **fachlicher** Differenzierung ergibt sich der fachliche Geltungsbereich, so besonders bei Lohntarifen (z. B. für kaufmännische oder für technische Angestellte). Bei Verrichtung mehrerer Tätigkeiten ist die überwiegende Tätigkeit des Arbeitnehmers maßgebend.
Bezüglich des **zeitlichen** Geltungsbereichs ist zu beachten, daß der Beginn des Tarifvertrags mit rückwirkender Kraft vereinbart werden kann, er kann sich mit dem Vertragsabschluß decken, er kann aber auch auf eine spätere Zeit festgelegt werden.

b) Tarifkonkurrenz liegt vor, wenn mindestens zwei Tarifverträge auf dasselbe Arbeitsverhältnis anwendbar sind. Das setzt voraus, daß die räumlichen, betrieblichen, fachlichen, persönlichen und zeitlichen Geltungsbereiche miteinander übereinstimmen. Bei gegebener Tarifkonkurrenz ist davon auszugehen, daß für jeden Betrieb nur ein Tarifvertrag infrage kommt (Prinzip der Tarifeinheit). Unter den mehreren Tarifverträgen ist dann der fachlich, persönlich oder räumlich engere Tarifvertrag dem entsprechenden weiteren Tarifvertrag vorzuziehen. Ist in dieser Weise keine Lösung zu erzielen, gilt der Tarifvertrag, der die meisten Arbeitsverhältnisse des Betriebs umfaßt.

4. Beendigung des Tarifvertrags: In der Regel bestimmen die Tarifparteien die Beendigungsmöglichkeiten (Zeitablauf, Kündigung, auflösende Bedingungen). Ist keine Kündigung vereinbart worden, kann der Tarifvertrag jederzeit fristlos gekündigt werden. Für die außerordentliche Kündigung werden besonders schwerwiegende Gründe verlangt. Bei Irrtum, Täuschung und Drohung (§§ 119, 123 BGB) wird anstelle der rückwirkenden Anfechtbarkeit (§ 142 BGB) Kündigung aus wichtigem Grunde mit Wirkung für die Zukunft aus Gründen der Rechtssicherheit zugelassen.
Mit der Beendigung des Tarifvertrags sind die Tarifvertragsparteien nicht mehr an den schuldrechtlichen Teil (Friedenspflicht, Tariferfüllungspflicht) gebunden. Die Tarifnormen sind nicht mehr zwingend, sie gelten jedoch weiter (Nachwirkung), bis sie durch eine andere Abmachung (Tarifvertrag, Betriebsvereinbarung oder arbeitsvertragliche Vereinbarung) ersetzt werden (§ 4 Abs. 5).

II. Der normative Teil des Tarifvertrags

Die Rechtsnormen des Tarifvertrags wirken auf die Arbeitsverhältnisse **unmittelbar und zwingend** (Unabdingbarkeit). Einzelabreden, die ungünstigere Bedingungen enthalten, sind rechtsunwirksam. Abweichende Abmachungen sind zulässig, soweit sie durch den Tarifvertrag zugelassen oder wenn sie für den Arbeitnehmer günstiger sind.

1. Zum normativen Teil des Tarifvertrags gehören:

a) **Inhaltsnormen**, die den Inhalt der privatrechtlichen Arbeits- und Ausbildungsverhältnisse regeln, nämlich Vorschriften über die Lohnzahlung (Art, Höhe, Ort und Zeit, Eingruppierung in Lohnklassen, Zulagen, Berechnung des Akkordlohns, Lohnzahlung bei Arbeitsverhinderung), Bestimmungen über Prämien, Provisionen, Tantiemen, Gratifikationen, soziale Zuwendungen, Verteilung des Betriebsrisikos, Direktionsrecht des Arbeitgebers, Ruhe- und Hinterbliebenengeld usw.;
b) **Abschlußnormen.** Sie regeln die Begründung des Arbeitsverhältnisses durch Formvorschriften; Abschluß- und Einstellungsverbote von Frauen, Jugendlichen; Abschlußgebote (Einstellung von älteren Angestellten, Schwerbehinderten, Wiedereinstellung nach Beendigung des Arbeitskampfes);
c) **Beendigungsnormen.** Sie regeln die Kündigungsfristen, Kündigungstermine, Kündigungsgründe bei fristloser Kündigung, Form der Kündigung;
d) **betriebliche Fragen,** die die allgemeine Ordnung des Betriebs ange-

hen (Verhaltensvorschriften für die Arbeitnehmer innerhalb des Betriebs, Rauchverbot, Tor- und Anwesenheitskontrolle) oder die Einrichtung und Instandhaltung des Betriebs (Maschinen, Wasch-, Umkleide- und Aufenthaltsräume, Parkplätze) sowie Wohlfahrtseinrichtungen betreffen;

e) **betriebsverfassungsrechtliche Fragen,** die durch Tarifvertrag im Rahmen des Betriebsverfassungsgesetzes geregelt werden. Zwingende Vorschriften des Gesetzes müssen beachtet werden (Wahl und Zusammensetzung des Betriebsrats, Zusammensetzung des Aufsichtsrats). Sie gelten wie die Rechtsnormen über betriebliche Fragen für Betriebe, deren Arbeitgeber tarifgebunden sind, also ohne Rücksicht auf die Tarifgebundenheit der Arbeitnehmer.

Sind im Tarifvertrag gemeinsame Einrichtungen der Tarifvertragsparteien geregelt (Lohnausgleichskassen, Urlaubsmarkenregelung usw.), so gelten diese Regelungen auch unmittelbar und zwingend für die Satzung dieser Einrichtung und das Verhältnis der Einrichtung zu den tarifgebundenen Arbeitgebern und Arbeitnehmern.

2. Verzicht auf entstandene tarifliche Rechte ist in der Regel unzulässig und nichtig. Der Arbeitnehmer kann daher trotz Verzichts den tariflichen Anspruch auch noch nach Beendigung des Arbeitsverhältnisses geltend machen. Das gleiche gilt für den Verzicht durch Ausgleichsquittung.
Der Verzicht auf tarifliche Rechte ist aber ausnahmsweise wirksam, wenn er in einem von den Tarifparteien gebilligten gerichtlichen oder außergerichtlichen Vergleich (Vergleichsverzicht) erfolgt.

3. Verwirkung: Nach § 4 Abs. 4 TVG ist die Verwirkung von tariflichen Rechten ausgeschlossen. Unter Verwirkung versteht man den Verlust von Rechten zufolge verspäteter Geltendmachung: Die Erfüllung muß für den Schuldner (meist Arbeitgeber) unzumutbar sein, da er auf die Nichtmehrgeltendmachung seitens des Gläubigers (meist des Arbeitnehmers) vertrauen darf (illoyale Verspätung).

4. Einwendung der Arglist: Sie greift durch, wenn in der Geltendmachung eines Anspruchs ein gröblich unanständiges Verhalten des Gläubigers zu sehen ist (unzulässige Rechtsausübung). Es muß sich aber stets um besonders grobe Fälle handeln. Sie ist – im Gegensatz zum Einwand der Verwirkung – gegen tarifliche Rechte zulässig.

5. Ausschlußfristen: Ausschlußfristen sind Fristen für die Geltendmachung von Rechten. Werden die Rechte nicht innerhalb der Frist geltend gemacht, erlöschen die Rechte mit Fristablauf. Das Erlöschen ist von Amts wegen zu berücksichtigen. Ausschlußfristen bezüglich tariflicher Rechte können rechtswirksam nur im Tarifvertrag, nicht also in Einzelverträgen oder Betriebsvereinbarungen aufgenommen werden. Wird die tarifliche Ausschlußfrist ausdrücklich auf sämtliche Rechte aus dem Arbeitsverhältnis bezogen, werden von ihr auch außertarifliche Rechte betroffen.

Gerichtliche Geltendmachung ist im Zweifel nicht erforderlich, es genügt, wenn der Arbeitgeber aus dem Vorbringen des Arbeitnehmers entnehmen kann, welche Forderungen gestellt werden. Auf bloße Unkenntnis der Ausschlußklausel kann sich der Arbeitnehmer nicht berufen.
Keine Ausschlußfrist im obigen Sinne ist gegeben, wenn innerhalb der Frist Auszahlung oder Inhalt der Abrechnung nachzuprüfen sind (Nachprüfungsfrist). Sie beseitigt den Tarifanspruch nicht und kann daher auch einzelvertraglich vereinbart werden.

6. Abkürzung von Verjährungsfristen: Nach § 225 BGB können die Vertragsparteien die Verjährungsfristen abkürzen. Bezüglich tariflicher Rechte kann jedoch die Abkürzung nur im Tarifvertrag erfolgen.

III. Der schuldrechtliche Teil des Tarifvertrags

Zum schuldrechtlichen Teil des Tarifvertrags gehören »Rechte und Pflichten der Tarifvertragsparteien« (§ 1 Abs. 1 TVG), die diese ausdrücklich vereinbaren oder die sich aus dem Wesen des Tarifvertrags selbst ergeben. Vereinbarungen werden insbesondere getroffen zur Schaffung und Unterhaltung gemeinsamer wie auch einseitiger Einrichtungen (Lohnausgleichskassen, Urlaubsmarkenregelungen, Wohlfahrtseinrichtungen, Erholungsheime), zur Bildung von Tarifkommissionen, Tarifämtern, Schiedsgerichten und Schlichtungsstellen. Ferner können für den Fall der Verletzung des Tarifvertrags Bestimmungen über Vertragsstrafen und Schadensersatz aufgenommen werden.
Aus dem Wesen des Tarifvertrags ergeben sich besondere Pflichten der Tarifparteien, die keiner ausdrücklichen Vereinbarung bedürfen, so die **Friedenspflicht**, wonach für die Dauer des Tarifvertrags der Arbeitskampf untersagt ist, ferner die **Durchführungspflicht**, wonach die Tarifparteien ihre Mitglieder zur Durchführung der tariflichen Bestimmungen anzuhalten haben.

IV. Allgemeinverbindlicherklärung

Durch die Allgemeinverbindlicherklärung soll ein Tarifvertrag im Rahmen seines Geltungsbereichs auf Außenseiter erstreckt werden. Dadurch sollen tarifgebundene Arbeitgeber vor Schmutzkonkurrenz geschützt, die bevorzugte Einstellung nichtorganisierter Arbeitnehmer durch tarifgebundene Arbeitgeber verhindert werden. Das Verfahren regelt sich nach § 5 TVG, §§ 4 ff. DVO zum TVG.

V. Tarifregister, Bekanntgabe des Tarifvertrags durch den Arbeitgeber

Beim Bundesminister für Arbeit und Sozialordnung wird ein Tarifregister geführt, in das der Abschluß, die Änderung und die Aufhebung der Tarifverträge sowie der Beginn und die Beendigung der Allgemeinverbindlichkeit eingetragen werden.
Die Einsicht des Tarifregisters sowie der registrierten Tarifverträge ist jedem gestattet. Von den Eintragungen kann eine (beglaubigte) Abschrift angefordert werden.
Der Arbeitgeber ist verpflichtet, den für seinen Betrieb maßgebenden Tarifvertrag an geeigneter Stelle auszulegen.

C) Betriebsvereinbarung

Die Betriebsvereinbarung ist ein zwischen dem Arbeitgeber und dem Betriebsrat vereinbarter Normenvertrag, der Inhalt, Abschluß und Beendigung der Arbeitsverhältnisse sowie betriebliche und betriebsverfassungsrechtliche Fragen regelt. Die Betriebsvereinbarung ist von beiden Teilen gemeinsam zu beschließen, schriftlich niederzulegen und zu unterzeichnen, soweit sie nicht auf einem Spruch der Einigungsstelle beruht (§ 77 Abs. 2 BetrVG). Regelungen der Betriebsvereinbarung gelten unmittelbar und zwingend.
Arbeitsbedingungen, die durch Tarifvertrag geregelt sind oder üblicherweise geregelt werden, können nicht Gegenstand einer Betriebsvereinbarung sein, es sei denn, daß der Tarifvertrag eine ergänzende Regelung durch Betriebsvereinbarung ausdrücklich zuläßt (§ 77 Abs. 3 BetrVG).
Auf in einer Betriebsvereinbarung normierte Rechte kann der Arbeitnehmer nur mit Zustimmung des Betriebsrats verzichten. Die Verwirkung solcher Rechte ist ausgeschlossen. Ausschlußfristen für ihre Geltendmachung sowie Abkürzungen der Verjährungsfristen können rechtswirksam nur durch Tarifvertrag oder Betriebsvereinbarung vereinbart werden (§ 77 Abs. 4 BetrVG).
Für die Durchführung der Betriebsvereinbarung hat der Arbeitgeber allein Sorge zu tragen. Selbst wenn der Arbeitgeber die Durchführung unterläßt oder entsprechende Maßnahmen nicht ordnungsmäßig durchführt, darf der Betriebsrat nicht einseitig vorgehen. Er kann aber die sachgerechte Durchführung im arbeitsrechtlichen Beschlußverfahren erzwingen.
Der Arbeitgeber hat die Betriebsvereinbarung an geeigneter Stelle im Betrieb auszulegen, eine Ordnungsvorschrift, die die Rechtswirksamkeit der Betriebsvereinbarung nicht berührt.
Soweit nichts anderes vereinbart ist, kann die Betriebsvereinbarung mit dreimonatiger Frist gekündigt werden (§ 77 Abs. 5). Die außerordentliche Kündigung aus wichtigem Grund ist nach allgemeinen Rechtsgrundsätzen zulässig.

Mit Ablauf der Betriebsvereinbarung treten die in ihr getroffenen Regelungen außer Kraft. Sie gelten jedoch in Angelegenheiten weiter, in denen ein Spruch der Einigungsstelle die Einigung zwischen Arbeitgeber und Betriebsrat ersetzen kann (Gegenstände der zwingenden Mitbestimmung, z. B. nach § 87), bis sie durch eine andere Abmachung (Tarifvertrag, Betriebsvereinbarung, Einzelvertrag) ersetzt worden sind.

7. Kapitel
Arbeitsschutzrecht*

Der Arbeitnehmer hat die Arbeit in Person und in der Regel im Betrieb oder Haushalt des Arbeitgebers zu erbringen. Daraus können Gefahren für Leben, Gesundheit, Arbeitskraft und Sittlichkeit erwachsen. Die zivilrechtlichen Vorschriften sind für einen wirksamen Schutz nicht ausreichend. Sie werden daher durch öffentlich-rechtliche Bestimmungen – dazu gehören auch die von den Berufsgenossenschaften als Träger der Unfallversicherung herausgegebenen Unfallverhütungsvorschriften – ergänzt, wodurch der Arbeitgeber dem Staat gegenüber zu deren Einhaltung verpflichtet wird.

A) Allgemeiner Arbeitsschutz

Der allgemeine Arbeitsschutz umfaßt insbesondere den allgemeinen Betriebsschutz, den Arbeitszeitschutz einschließlich der Urlaubsgewährung, die Regelung der Sonn- und Feiertagsarbeit, den allgemeinen Kündigungsschutz.

I. Der allgemeine Betriebsschutz

Er ist grundsätzlich in § 618 BGB geregelt und gilt für alle Arbeitsverhältnisse, Sondervorschriften desselben Inhalts finden sich in § 62 HBG für die Handlungsgehilfen, §§ 120 a–f GewO für gewerbliche Arbeitnehmer. Danach hat der Arbeitgeber insbesondere Räume, Vorrichtungen, Maschinen und Gerätschaften, zur Verfügung gestellte Wohn- und Schlafräume so in Ordnung zu halten, daß der Arbeitnehmer gegen Gefahren für Leben und Gesundheit geschützt ist. Desgleichen hat er für die Wahrung von Sitte und Anstand Sorge zu tragen. Bei Verstößen hat der Arbeitnehmer aus dem Gesichtspunkt der Fürsorgepflicht des Arbeitgebers einen privatrechtlichen Erfüllungsanspruch und gegebenenfalls auch einen Anspruch auf Schadensersatz.
Die Durchführung des Arbeitsschutzes kann für einzelne Gewerbezweige durch Verordnung, für einzelne Betriebe durch Verfügung geregelt werden. Nach § 87 f. BetrVG können durch Betriebsvereinbarungen entsprechende Maßnahmen vorgesehen werden. Entsprechende Regelungen werden auch in Arbeitsverträge aufgenommen.

* Von Kurt Maurer.

Die Arbeitsschutzbestimmungen der GewO sind öffentlich-rechtlicher Natur, sie können durch Verwaltungszwang und Strafe erzwungen werden.

II. Arbeitszeitschutz

Der Arbeitszeitschutz bestimmt die Höchstdauer der täglichen bzw. wöchentlichen Arbeitszeit, die zeitliche Lage der Arbeit und die Arbeitspausen sowie die Arbeit an Sonn- und Feiertagen.

1. Die Arbeitszeitordnung: Sie gilt grundsätzlich für alle Arbeitnehmer über 18 Jahre. Ausgenommen sind die Landwirtschaft einschließlich des Gartenbaues, des Weinbaues und der Imkerei, die Fischerei, Seeschifffahrt und Luftfahrt. Für Bäckereien und Konditoreien gilt das Gesetz über die Arbeitszeit in Bäckereien und Konditoreien.

a) Arbeitszeit ist die Zeit vom Beginn bis zum Ende der Arbeit. Die regelmäßige werktägliche Höchstarbeitszeit beträgt 8 Stunden. Praktisch trifft dies heute nach Einführung der 5-Tage-Woche nicht mehr zu. Die an Werktagen regelmäßig verkürzte Arbeitszeit kann auf die übrigen Werktage derselben sowie der vorhergehenden oder der folgenden Woche verteilt werden. Ausgleichsarbeit ist ferner zulässig, wenn es die Art des Betriebs erfordert, wenn die Arbeit durch Betriebsfeiern, Volksfeste, öffentliche Veranstaltungen oder aus ähnlichem Anlaß an Werktagen ausfällt. Die tägliche Arbeitszeit darf in keinem dieser Fälle 10 Stunden überschreiten.

Ausnahmen: Arbeitnehmer dürfen an 30 Tagen im Jahr über die regelmäßige Arbeitszeit hinaus mit Mehrarbeit bis zu zwei Stunden, jedoch nicht länger als zehn Stunden täglich beschäftigt werden. Durch Tarifvertrag kann die tägliche Arbeitszeit bis zu zehn Stunden verlängert werden. Bei dringenden Bedürfnissen kann das Gewerbeaufsichtsamt eine Verlängerung oder abweichende Verteilung der Arbeitszeit durch befristete Regelung zulassen. Bei Vor- und Abschlußarbeiten (Reinigung, Instandsetzungsarbeiten) kann die regelmäßige Arbeitszeit um zwei Stunden, beim Zuendebedienen der Kundschaft einschließlich der damit verbundenen Räumungsarbeiten um eine halbe Stunde bis auf zehn Stunden verlängert werden. In Notfällen finden die Vorschriften der AZO keine Anwendung.

b) Ruhezeiten, Arbeitspausen: Nach Beendigung der täglichen Arbeit ist eine ununterbrochene Ruhezeit von 11, in Gast- und Schankwirtschaften und im Verkehrswesen von 10 Stunden zu gewähren.

Männliche Arbeitnehmer haben bei einer mehr als 6stündigen Arbeitszeit einen Anspruch auf eine halbstündige, weibliche Arbeitnehmer bei einer mehr als $4\frac{1}{2}$stündigen Arbeitszeit einen Anspruch auf eine angemessene Ruhepause.

c) Mehrarbeitsvergütung: Für geleistete Mehrarbeit ist neben dem

Grundlohn ein Zuschlag zu zahlen (Mehrarbeitszuschlag). Ist nichts vereinbart worden, gilt ein Zuschlag von 25 v. H. als angemessen.

2. Ladenschlußgesetz: Es enthält im Interesse der Arbeitnehmer eine weitgehende bundeseinheitliche Regelung des Ladenschlusses an Werk- Sonn- und gesetzlichen Feiertagen. Gleichzeitig soll es dem ungesunden Wettbewerb wirksam entgegentreten. Die Verkaufsstellen müssen zu folgenden Zeiten für den geschäftlichen Verkehr mit Kunden geschlossen sein: An Sonn- und Feiertagen, montags bis freitags bis 7 Uhr und ab 18.30 Uhr; sonnabends bis 7 Uhr und ab 14 Uhr; am ersten Sonnabend im Monat sowie an den vier aufeinanderfolgenden Sonnabenden vor dem 24. Dezember ab 18 Uhr.
Besondere Verkaufszeiten gelten für Apotheken, Bahnhöfe, Flughäfen, Friedhöfe, Friseurbetriebe, Kur- und Erholungsorte, Märkte und Messen, Verkauf bestimmter Waren an Sonntagen, Tankstellen, Warenautomaten.

3. Sonn- und Feiertagsarbeit: Zur Arbeit an Sonn- und Feiertagen dürfen Arbeiter nicht verpflichtet werden (§ 105 a GewO). Für Gewerbe, deren Ausübung an Sonn- und Festtagen zur Befriedigung täglicher oder an diesen Tagen besonders hervortretender Bedürfnisse der Bevölkerung erforderlich ist, können durch Verfügung der höheren Verwaltungsbehörde Ausnahmen zugelassen werden (§ 105 e). Das Verbot findet keine Anwendung auf Arbeiten, die in Notfällen oder im öffentlichen Interesse unverzüglich vorgenommen werden müssen (§ 105 c).
Besondere Vorschriften enthält das Gesetz über die Arbeitszeit in Bäckereien und Konditoreien vom 29. 6. 1936.

III. Urlaub

Urlaub im engeren Sinn ist **Erholungs**urlaub, d. h. Freistellung von der Arbeit zum Zweck der Erholung unter Fortzahlung des Arbeitsentgelts.

1. Nach § 3 Abs. 1 Bundesurlaubsgesetz besteht in jedem Urlaubsjahr (= Kalenderjahr) erstmalig nach sechsmonatigem Bestehen des Arbeitsverhältnisses (Wartezeit), ein Urlaubsanspruch von mindestens 18 Werktagen. Maßgebend ist das Lebensalter bei Beginn des Kalenderjahres. Diese Mindestregelung ist unabdingbar.
Anspruch auf Teilurlaub in Höhe von einem Zwölftel des Jahresurlaubs für jeden vollen Monat des Arbeitsverhältnisses besteht a) für Zeiten eines Kalenderjahres, für die wegen nichterfüllter Wartezeit in diesem Kalenderjahr kein voller Urlaubsanspruch erworben wurde, b) beim Ausscheiden aus dem Arbeitsverhältnis vor erfüllter Wartezeit, c) beim Ausscheiden in der ersten Hälfte des Kalenderjahres nach erfüllter Wartezeit. Halbe Tage sind auf volle Arbeitstage aufzurunden.
Soweit für das laufende Kalenderjahr von einem früheren Arbeitgeber bereits Urlaub gewährt worden ist, besteht kein Anspruch gegenüber

dem nachfolgenden Arbeitgeber. Bei der zeitlichen Festlegung des Urlaubs sind die Wünsche des Arbeitnehmers zu berücksichtigen, wenn nicht dringende betriebliche Belange oder Urlaubswünsche anderer Arbeitnehmer aus sozialen Gründen entgegenstehen. Der Urlaub ist zusammenhängend zu gewähren, es sei denn, daß dringende betriebliche oder in der Person des Arbeitnehmers liegende Gründe entgegenstehen. Einer der Urlaubsteile muß dann mindestens 12 aufeinanderfolgende Werktage betragen (§ 7 Abs. 3). Den Urlaub im Bereich der Heimarbeit regelt § 12.
Der Urlaub muß im laufenden Kalenderjahr gewährt und genommen werden. Die Übertragung auf das folgende Kalenderjahr ist nur aus dringenden betrieblichen oder persönlichen Gründen des Arbeitnehmers zulässig. Der Urlaub ist dann innerhalb der ersten 3 Monate des folgenden Kalenderjahres zu gewähren und zu nehmen. Kann der Urlaub wegen Beendigung des Arbeitsverhältnisses ganz oder teilweise nicht mehr genommen werden, ist er abzugelten.
Während des Urlaubs darf der Arbeitnehmer keine dem Urlaubszweck widersprechende Erwerbstätigkeit leisten. Durch ärztliches Zeugnis nachgewiesene Tage der Arbeitsunfähigkeit werden nicht angerechnet. Das gilt auch für Kuren und Schonungszeiten, soweit ein Anspruch auf Fortzahlung des Arbeitsentgelts nach den gesetzlichen Vorschriften über die Entgeltfortzahlung im Krankheitsfall besteht.
Das Urlaubsentgelt bemißt sich nach dem durchschnittlichen Arbeitsverdienst der letzten 13 Wochen vor Beginn des Urlaubs.

2. Der Urlaub für **Jugendliche** ist in § 19 JArbSchG geregelt (s. unten S. 118).

IV. Kündigungsschutz

1. Allgemeiner Kündigungsschutz nach dem Kündigungsschutzgesetz: Der allgemeine Kündigungsschutz gilt für die Arbeitnehmer der Betriebe und Verwaltungen des privaten und öffentlichen Rechts mit in der Regel mehr als 5 Arbeitnehmern, nicht aber für Angestellte in leitender Stellung.
a) Die Kündigung gegenüber einem Arbeitnehmer, der das 18. Lebensjahr vollendet hat und dessen Arbeitsverhältnis in demselben Betrieb oder Unternehmen ununterbrochen länger als 6 Monate bestanden hat, ist rechtsunwirksam, wenn sie sozial ungerechtfertigt ist. Die Kündigung ist sozial ungerechtfertigt, wenn sie nicht durch in der Person oder in dem Verhalten des Arbeitnehmers liegende Gründe oder durch dringende betriebliche Erfordernisse, die der Weiterbeschäftigung entgegenstehen, bedingt ist; ferner wenn in Betrieben des privaten Rechts

1. die Kündigung gegen eine Richtlinie nach § 95 BetrVG verstößt,
2. der Arbeitnehmer an einem anderen Arbeitsplatz im selben Betrieb oder in einem anderen Betrieb des Unternehmens weiterbeschäftigt werden kann,

3. die Weiterbeschäftigung nach zumutbaren Umschulungs- oder Fortbildungsmaßnahmen möglich ist oder
4. eine Weiterbeschäftigung unter geänderten Arbeitsbedingungen möglich ist und der Arbeitnehmer sein Einverständnis hiermit erklärt hat

und wenn der Betriebsrat aus einem dieser Gründe binnen einer Woche schriftlich widersprochen hat.

In Betrieben und Verwaltungen des öffentlichen Rechts gilt § 1 Abs. 2 Nr. 2.

Ist dem Arbeitnehmer aus dringenden betrieblichen Erfordernissen gekündigt worden, ist die Kündigung gleichwohl sozial ungerechtfertigt, wenn bei der Auswahl des Arbeitnehmers soziale Gesichtspunkte nicht oder nicht ausreichend berücksichtigt worden sind. Stehen jedoch betriebstechnische, wirtschaftliche oder sonstige berechtigte betriebliche Bedürfnisse der Weiterbeschäftigung entgegen, ist die Kündigung sozial gerechtfertigt. Kündigt der Arbeitgeber das Arbeitsverhältnis und bietet er dem Arbeitnehmer die Fortsetzung des Arbeitsverhältnisses zu geänderten Arbeitsbedingungen an (Änderungskündigung), kann der Arbeitnehmer das Angebot unter dem Vorbehalt annehmen, daß diese Änderung nicht sozial ungerechtfertigt ist. Der Vorbehalt ist dem Arbeitgeber innerhalb der Kündigungsfrist, spätestens innerhalb von 3 Wochen nach dem Zugang der Kündigung zu erklären (§ 2).

Der Arbeitnehmer kann binnen einer Woche nach der Kündigung Einspruch beim Betriebsrat einlegen. Hält dieser den Einspruch für begründet, hat er eine Verständigung mit dem Arbeitgeber zu versuchen.

b) Die Rechtsunwirksamkeit der sozial ungerechtfertigten wie auch der außerordentlichen Kündigung muß beim Arbeitsgericht innerhalb von 3 Wochen nach Zugang der Kündigung geltend gemacht werden. Wird die Frist versäumt, gilt die Kündigung als von Anfang an rechtswirksam, ein vom Arbeitnehmer nach § 2 erklärter Vorbehalt erlischt. Stellt das Gericht fest, daß das Arbeitsverhältnis durch die Kündigung nicht aufgelöst worden ist und ist dem Arbeitnehmer die Fortsetzung des Arbeitsverhältnisses nicht zuzumuten, hat das Gericht auf Antrag des Arbeitnehmers das Arbeitsverhältnis aufzulösen und den Arbeitgeber zur Zahlung einer angemessenen Abfindung zu verurteilen. Desgleichen hat das Gericht auf Antrag des Arbeitgebers zu entscheiden, wenn eine den Betriebszwecken dienliche Zusammenarbeit nicht zu erwarten ist.

Besteht das Arbeitsverhältnis nach der Entscheidung des Gerichts fort und ist der Arbeitnehmer inzwischen ein neues Arbeitsverhältnis eingegangen, kann er binnen einer Woche nach Rechtskraft des Urteils dem früheren Arbeitgeber gegenüber die Fortsetzung des Arbeitsverhältnisses durch Erklärung verweigern. Mit dem Zugang der Erklärung erlischt das bisherige Arbeitsverhältnis.

2. Kündigungsschutz im Rahmen der Betriebsverfassung: Die Kündigung eines Mitglieds des Betriebsrats oder der Jugendvertretung ist während der Amtszeit sowie innerhalb eines Jahres nach deren Ablauf unzulässig,

es sei denn, daß der Arbeitgeber aus wichtigem Grund zur fristlosen Kündigung berechtigt ist. Wird die Kündigung während der Amtszeit ausgesprochen, bedarf sie der Zustimmung des Betriebsrats, die durch Entscheidung des Gerichts ersetzt werden kann (§ 15 Abs. 1 KSchG). Mitglieder des Wahlvorstandes und Wahlbewerber genießen den Kündigungsschutz gemäß Abs. 3. Für Mitglieder der Personalvertretung gilt § 15 Abs. 2.
Wird der Betrieb stillgelegt, ist die Kündigung der oben genannten Personen frühestens zum Zeitpunkt der Stillegung zulässig, es sei denn, daß ihre Kündigung zu einem früheren Zeitpunkt durch zwingende betriebliche Erfordernisse bedingt ist (Abs. 4). Dies gilt auch bei Stillegung einer Betriebsabteilung, wenn die Übernahme in eine andere Betriebsabteilung nicht möglich ist (Abs. 5).

3. Anzeigepflichtige Entlassungen: Das Verfahren bei Massenentlassungen (§§ 17–22 KSchG) bezweckt die Entlastung des Arbeitsmarktes und bewirkt gleichzeitig den mittelbaren Schutz des Arbeitnehmers. Der allgemeine Kündigungsschutz bleibt bestehen.
Will der Arbeitgeber innerhalb von 4 Wochen in Betrieben

a) mit in der Regel mehr als 20 und weniger als 50 Arbeitnehmern mehr als 5 Arbeitnehmer,
b) mit in der Regel mindestens 50 und weniger als 500 Arbeitnehmern 10 v. H. der regelmäßig beschäftigten Arbeitnehmer oder aber mehr als 25 Arbeitnehmer,
c) mit in der Regel mindestens 500 Arbeitnehmern mindestens 50 Arbeitnehmer

entlassen, hat er dies dem Arbeitsamt unter Beifügung der Stellungnahme des Betriebsrats schriftlich anzuzeigen. Vom Eingang der Anzeige an läuft eine einmonatige Sperrfrist, in der die anzuzeigenden Entlassungen nur mit Zustimmung des Landesarbeitsamtes erfolgen dürfen. Die Zustimmung kann rückwirkend bis zum Tag der Antragstellung erteilt werden. Die Sperrfrist kann vom Landesarbeitsamt bis auf 2 Monate verlängert werden. Nach Ablauf der Sperrfrist beginnt eine einmonatige Freifrist, in der die angezeigten Entlassungen vorgenommen werden können. Solange die Anzeige nicht erstattet ist, sind anzeigepflichtige Entlassungen, nicht aber die zugrunde liegenden Kündigungen, unwirksam. Der Arbeitnehmer kann sich daher auf die unwirksame Entlassung berufen und die Fortsetzung des Arbeitsverhältnisses verlangen. Er kann aber auch die unzulässige Lösung des Arbeitsverhältnisses hinnehmen, indem er sein Einverständnis dem Arbeitgeber gegenüber zu erkennen gibt.
Auf Betriebe mit in der Regel 20 und weniger Arbeitnehmer, auf Saison- und Kampagnebetriebe, Betriebe der öffentlichen Hand, die andere als wirtschaftliche Zwecke verfolgen, sowie auf Seeschiffe, Binnenschiffe und Luftfahrzeuge und ihre Besatzung finden die Bestimmungen über anzeigepflichtige Massenentlassungen keine Anwendung.

4. Älteren Angestellten kann der Arbeitgeber, der regelmäßig mehr als 2 Angestellte, ausschließlich der Auszubildenden beschäftigt, bei einer Beschäftigungsdauer von mindestens 5, 8, 10 bzw. 12 Jahren nur mit einer Kündigungsfrist von 3, 4, 5 bzw. 6 Monaten zum Schluß des Kalendervierteljahres kündigen. Voraussetzung ist, daß der Angestellte das 30. Lebensjahr vollendet hat und seit Vollendung des 25. Lebensjahres mindestens 5 Jahre beim Arbeitgeber beschäftigt war (AngKündSchG).

B) Arbeitsschutz für besondere Personengruppen

I. Kinder und Jugendliche

Das Jugendarbeitsschutzgesetz regelt die Beschäftigung von Kindern und Jugendlichen. Kinder sind Personen, die noch nicht oder noch zum Besuch einer Schule mit Vollunterricht verpflichtet sind oder die, falls sie der Pflicht zum Besuch einer solchen Schule nicht unterworfen oder von ihr befreit sind, noch nicht das 14. Lebensjahr vollendet haben. Jugendliche sind alle übrigen noch nicht 18 Jahre alten Personen. Das Gesetz gilt für die Beschäftigung von Kindern und Jugendlichen als Auszubildende, Arbeiter, Angestellte, Praktikanten und Volontäre sowie für die Beschäftigung mit sonstigen Dienstleistungen, die der Tätigkeit vorgenannter Gruppen ähnlich sind, ferner für die Beschäftigung als Heimarbeiter.

1. Verbot der Kinderarbeit: Die Beschäftigung von Kindern ist grundsätzlich verboten. Kinder über 12 Jahre dürfen jedoch in der Landwirtschaft mit leichten Arbeiten beschäftigt werden. Kinder über 3 Jahre können mit Genehmigung der Aufsichtsbehörde bei Musikaufführungen und entsprechenden Veranstaltungen sowie im Ton-, Fernsehfunk und bei Filmaufnahmen mitwirken.

2. Arbeit Jugendlicher: a) Mit der Beschäftigung eines Jugendlichen darf nur begonnen werden, wenn er innerhalb der letzten 12 Monate von einem Arzt untersucht worden ist und eine entsprechende **ärztliche Bescheinigung** dem Arbeitgeber vorliegt. Vor Ablauf des ersten Beschäftigungsjahres muß sich der Arbeitgeber eine ärztliche Bescheinigung über eine Nachuntersuchung vorlegen lassen.

b) Die tägliche **Arbeitszeit** darf 8 Stunden, die wöchentliche Arbeitszeit der Jugendlichen unter bzw. über 16 Jahren 40 bzw. 44 Stunden nicht überschreiten. Im Bergbau unter Tage darf die tägliche Arbeitszeit 8, in vier aufeinanderfolgenden Wochen 168 Stunden nicht überschreiten.

Bei einer Arbeitszeit von mehr als $4\frac{1}{2}$ bis 6 Stunden bzw. mehr als 6 Stunden sind Ruhepausen von 30 bzw. 60 Minuten zu gewähren. Eine tägliche Freizeit von mindestens 12 Stunden muß ununterbrochen gewährt werden.

Nachtarbeit zwischen 20 und 6 Uhr sowie **Sonntagsarbeit** sind grundsätzlich verboten. **Mehrarbeit** aus dringenden Gründen des Gemeinwohls kann von der Aufsichtsbehörde genehmigt werden, ebenso die Überschreitung der zulässigen Arbeitszeit bei Arbeitsbereitschaft. Vorübergehende und unaufschiebbare Arbeit bedarf keiner Genehmigung. Die Mehrarbeit ist grundsätzlich mit dem Zuschlag von mindestens 25 v. H. zu vergüten.

Die Beschäftigung von Kindern und Jugendlichen mit **Akkordarbeit** und Arbeiten, bei denen durch gesteigertes Arbeitstempo ein höheres Entgelt erzielt werden kann, ist grundsätzlich verboten.

Der Arbeitgeber hat dem Jugendlichen die zur Erfüllung der **Berufsschulpflicht** erforderliche Zeit zu gewähren. Beginnt der Berufsschulunterricht vor 9 Uhr, darf der Jugendliche nicht vor Schulbeginn beschäftigt werden. An Berufsschultagen, an denen die Unterrichtszeit mindestens 6 Stunden einschließlich der Pausen beträgt, ist der Jugendliche ganz von der Arbeit freizustellen. Die Unterrichtszeit einschließlich der Pausen wird auf die Arbeitszeit angerechnet. Das Entgelt ist für die Berufsschulzeit einschließlich der Wegezeit zur und von der Schule weiterzuzahlen.

c) Die **Urlaubsregelung** für Jugendliche setzt voraus, daß diese zu Beginn des Kalenderjahres noch nicht 18 Jahre alt sind. Hat der Jugendliche zu diesem Zeitpunkt bereits das 18. Lebensjahr vollendet, steht ihm der Urlaub nach dem Bundesurlaubsgesetz zu.

Dem Jugendlichen ist für jedes Urlaubsjahr (Kalenderjahr) unter Fortzahlung des Entgelts, das er ohne Urlaub erhalten hätte, Urlaub zu gewähren, erstmals nach einer ununterbrochenen Beschäftigung von mehr als 3 Monaten. Der Urlaub beträgt mindestens 24, für den im Bergbau unter Tage beschäftigten Jugendlichen 28 Werktage. Wird der Jugendliche im Urlaubsjahr weniger als 6 Monate beschäftigt, erhält er für jeden vollen Beschäftigungsmonat ein Zwölftel des Urlaubs. Das gilt auch, wenn der Jugendliche nach der Beschäftigung von 6 und mehr Monaten durch eigenes Verschulden aus einem Grund entlassen wird, der eine fristlose Kündigung rechtfertigt, oder wenn er das Beschäftigungsverhältnis unberechtigt vorzeitig löst.

Der Urlaub soll zusammenhängend, bei Berufsschülern in der Zeit der Berufsschulferien gewährt werden. Während des Urlaubs darf der Jugendliche keine dem Urlaubszweck widersprechende Erwerbstätigkeit leisten. Der Urlaub ist abzugelten, wenn er wegen Beendigung der Beschäftigung ganz oder teilweise nicht mehr gewährt werden kann.

3. Weitere Schutzvorschriften: Der Arbeitgeber hat bei der Einrichtung und Unterhaltung der Arbeitsstätte, Geräte und Maschinen usw. dafür zu sorgen, daß Kinder und Jugendliche in bezug auf Leben, Gesundheit und Sittlichkeit ausreichend geschützt werden. Er hat sie über die Unfall- und Gesundheitsgefahren zu belehren.

Körperliche Züchtigung ist verboten. Der Arbeitgeber muß Kinder und Jugendliche vor Züchtigungen und Mißhandlungen sowie vor sittlicher

Gefährdung durch andere Beschäftigte oder Haushaltsangehörige schützen. Kindern und Jugendlichen unter 16 Jahren dürfen keine alkoholischen Getränke und Tabakwaren, Jugendlichen über 16 Jahren kein Branntwein gegeben werden (§ 44). Lassen die dem Jugendlichen übertragenen Arbeiten Gefahren für die Gesundheit befürchten, hat die Aufsichtsbehörde die ärztliche Untersuchung vom Personensorgeberechtigten sowie vom Arbeitgeber zu fordern. Die Kosten der Untersuchung trägt das Land.
Der Arbeitgeber hat im Betrieb an geeigneter Stelle einen Abdruck des Jugendarbeitsschutzgesetzes und der hierzu ergangenen Rechtsverordnungen zur Einsicht auszulegen oder auszuhändigen und einen Aushang über Beginn und Ende der regelmäßigen täglichen Arbeitszeit und der Ruhepausen der Jugendlichen an sichtbarer Stelle anzubringen. Der Arbeitgeber ist verpflichtet, ein Verzeichnis der beschäftigten Jugendlichen unter Angabe des Tages und des Beginns der Beschäftigung sowie des gewährten Urlaubs und ein Verzeichnis der an Samstagnachmittagen und an Sonn- und Feiertagen beschäftigten Jugendlichen zu führen. Die mit der Durchführung des Gesetzes betrauten Stellen, die beteiligten Jugendlichen sowie die Betriebs- und Personalvertretungen sind zur Einsicht in die Verzeichnisse befugt.
Die Aufsicht über die Ausführung der Schutzvorschriften obliegt den von den Landesregierungen bestimmten Behörden (Aufsichtsbehörden). Bei der obersten Landesbehörde ist ein Ausschuß für Jugendarbeitsschutz gebildet, der aufklärend über Sinn und Inhalt des Jugendarbeitsschutzgesetzes wirkt.
Verstöße gegen das Gesetz werden als Ordnungswidrigkeiten oder Straftaten geahndet (§§ 66–68).

II. Frauen

1. Allgemeiner Schutz: Wegen erhöhter Schutzbedürftigkeit dürfen nach der AZO Frauen in Bergwerken, Salinen, Aufbereitungsanstalten und unterirdisch betriebenen Brüchen und Gruben nicht untertage, bei Förderung, Transport und Verladung auch nicht übertage beschäftigt werden. Mit Vor- und Abschlußarbeiten dürfen Frauen höchstens eine Stunde über die für den Betrieb zulässige Dauer der Arbeitszeit beschäftigt werden. Arbeiterinnen dürfen nicht in der Nachtzeit von 20 bis 6 Uhr und an Tagen vor Sonn- und Feiertagen nicht nach 17 Uhr beschäftigt werden. Die Beschränkungen finden keine Anwendung auf vorübergehende Arbeiten, die in Notfällen sofort vorgenommen werden müssen. Die Vornahme solcher Arbeiten ist unverzüglich dem Gewerbeaufsichtsamt anzuzeigen.
Für Frauen, die in Gaststätten und ähnlichen Betrieben tätig sind, gelten die Nrn. 40 bis 49 der AusfVO zur AZO.

Nach der **Freizeitanordnung** vom 22. 10. 1943 werden Frauen mit eigenem Hausstand zur Erledigung häuslicher Aufgaben auf Verlangen bestimmte Freizeiten gewährt. In einem Zeitraum von 4 Wochen haben sie Anspruch auf einen bzw. zwei unbezahlte Hausarbeitstage. Nach 1945 erließen die Länder Bremen, Hamburg, Niedersachsen und Nordrhein-Westfalen eigene **Hausarbeitstagsgesetze**, wonach in einem Zeitraum von einem Monat ein bezahlter Hausarbeitstag zu gewähren ist. Diese Bestimmungen sind nach Einführung der 5-Tage-Woche kaum noch von praktischer Bedeutung.

2. Mutterschutz: Der Schutz der berufstätigen Frau während der Schwangerschaft und nach der Niederkunft ist im Mutterschutzgesetz geregelt. Geschützt werden Frauen, die in einem Arbeitsverhältnis stehen, ferner Heimarbeiterinnen und ihnen Gleichgestellte, soweit sie am Stück mitarbeiten. Der Arbeitgeber hat die erforderlichen Vorkehrungen und Maßnahmen zum Schutz von Leben und Gesundheit der werdenden oder stillenden Mutter zu treffen (§ 2).

a) Beschäftigungsverbote für werdende Mütter: Werdende Mütter dürfen nicht beschäftigt werden

1) in den letzten 6 Wochen vor der Entbindung, es sei denn, daß sie sich zur Arbeitsleistung ausdrücklich bereit erklären. Die Erklärung kann jederzeit widerrufen werden;
2) soweit nach ärztlichem Zeugnis Leben und Gesundheit von Mutter und Kind bei fortdauernder Beschäftigung gefährdet sind;
3) mit schweren körperlich oder gesundheitlich gefährdenden Arbeiten;
4) mit Mehr-, Nacht- und Sonntagsarbeit.

b) Beschäftigungsverbote nach der Entbindung: Verboten ist die Beschäftigung:

1) 8 Wochen nach der Entbindung und 12 Wochen nach Früh- und Mehrlingsgeburten;
2) mit Arbeiten in den ersten Monaten nach der Entbindung, die nach ärztlichem Zeugnis die Leistungsfähigkeit der Frau übersteigen;
3) für stillende Mütter mit bestimmten gesundheitsgefährdenden Arbeiten, Mehr-, Nacht- und Sonntagsarbeit sowie während der zum Stillen erforderlichen Freizeit.

Werdende Mütter sollen dem Arbeitgeber ihre Schwangerschaft und den mutmaßlichen Tag der Entbindung mitteilen, sobald ihnen ihr Zustand bekannt ist. Auf Verlangen des Arbeitgebers sollen sie das Zeugnis eines Arztes oder einer Hebamme vorlegen. Der Arbeitgeber hat die Aufsichtsbehörde unverzüglich von der Mitteilung der werdenden Mutter zu benachrichtigen (§ 5).

c) Kündigungsschutz: Die Kündigung gegenüber einer Frau während der Schwangerschaft und bis zum Ablauf von 4 Monaten nach der Entbindung ist unzulässig, wenn dem Arbeitgeber zur Zeit der Kündigung die Schwangerschaft oder die Entbindung bekannt war oder innerhalb zweier Wochen nach Zugang der Kündigung bekannt wird. Gegenüber Mitarbeiterinnen im Familienhaushalt gilt der Kündigungsschutz nur für die ersten 5 Monate der Schwangerschaft. Eine unzulässige Kündigung ist rechtsunwirksam. Der Arbeitgeber, der die Beschäftigung einer verbotswidrig entlassenen Arbeitnehmerin ablehnt, kommt in Annahmeverzug und hat das Arbeitsentgelt weiter zu zahlen, soweit der Frau kein

Mutterschaftsgeld zusteht. Die für den Arbeitsschutz zuständige oberste Landesbehörde oder die von ihr bestimmte Stelle kann »in besonderen Fällen ausnahmsweise« die Kündigung für zulässig erklären. Die Zulassung muß vor der Kündigung erteilt werden. Durch das Kündigungsverbot wird der Arbeitgeber nicht gehindert, während der Schutzfristen die Nichtigkeit des Arbeitsvertrags geltend zu machen oder den Vertrag anzufechten. Befristete Arbeitsverhältnisse enden auch während der Schutzfristen durch Zeitablauf.
Eine Frau kann während der Schwangerschaft und während der Schutzfrist nach der Entbindung das Arbeitsverhältnis ohne Einhaltung einer Frist zum Ende der Schutzfrist kündigen, damit sie sich kurzfristig entscheiden kann, ob sie sich der Pflege ihres Kindes widmen oder weiterarbeiten will.

d) Wirtschaftliche Sicherung: Frauen erhalten während der Schutzfristen des § 3 Abs. 2 und des § 6 Abs. 1 (6 Wochen vor und 8 bzw. 12 Wochen nach der Entbindung) anstelle des ausfallenden Arbeitsentgelts **Mutterschaftsgeld** nach den Bestimmungen der RVO. Auch bei nichtversicherten Frauen ist Voraussetzung, daß sie bei Beginn der Schutzfrist vor der Entbindung in einem Arbeits- oder Heimarbeitsverhältnis stehen oder ihr Arbeitsverhältnis während der Schwangerschaft vom Arbeitgeber zulässig aufgelöst worden ist und daß zwischen dem 10. und 4. Monat vor der Entbindung für mindestens 12 Wochen ein Arbeitsverhältnis bestanden hat. Als Mutterschaftsgeld wird das um die gesetzlichen Abzüge verminderte durchschnittliche kalendertägliche Arbeitsentgelt der letzten 3 abgerechneten Kalendermonate, bei wöchentlicher Abrechnung der letzten 13 abgerechneten Wochen vor Beginn der Schutzfrist vor der Entbindung gewährt (§ 200 Abs. 2 RVO). Die Auszahlung erfolgt durch die zuständige Krankenkasse bzw. durch die Allgemeine Ortskrankenkasse des Wohnorts bei nichtversicherten Frauen.
Frauen, die in der gesetzlichen Krankenversicherung versichert sind, erhalten auch die sonstigen Leistungen der Mutterschaftshilfe nach den Vorschriften der RVO, nämlich ärztliche Betreuung und Hilfe sowie Hebammenhilfe, Versorgung mit Arznei-, Verband- und Heilmitteln, Pflege in einer Entbindungs- oder Krankenanstalt. Nichtversicherte Frauen haben weder nach dem Mutterschutzgesetz noch nach der RVO Anspruch auf die sonstigen Leistungen.
Der Arbeitgeber hat Frauen, soweit sie nicht Mutterschaftsgeld beziehen können, mindestens den Durchschnittsverdienst der letzten 3 Monate oder der letzten 13 Wochen vor Beginn des Monats, in dem die Schwangerschaft eingetreten ist, zu gewähren, wenn sie wegen eines generellen oder individuellen Beschäftigungsverbots oder wegen des Verbots der Mehr-, Nacht- und Sonntagsarbeit teilweise oder völlig aussetzen müssen oder wegen dieser Verbote ihre Beschäftigung oder Entlohnung wechseln (Mutterschutzlohn, § 11).
Im Familienhaushalt beschäftigte Frauen, deren Arbeitsverhältnis nach Ablauf des 5. Monats der Schwangerschaft durch Kündigung aufgelöst worden ist, erhalten vom Zeitpunkt der Auflösung an bis zur Gewährung

der Leistungen des Mutterschutzgesetzes eine Sonderunterstützung zu Lasten des Bundes (§ 12).

III. Schwerbehinderte

1. Rechtsgrundlage für den Schutz von Schwerbehinderten ist das Schwerbehindertengesetz. Schwerbehinderte sind Personen, die körperlich, geistig oder seelisch behindert und infolge ihrer Behinderung in ihrer Erwerbsfähigkeit nicht nur vorübergehend um wenigstens 50 v. H. gemindert sind, sofern sie rechtmäßig im Geltungsbereich dieses Gesetzes wohnen, sich gewöhnlich aufhalten oder eine Beschäftigung als Arbeitnehmer ausüben.
Sind die genannten Personen um weniger als 50 v. H., aber wenigstens um 30 v. H. behindert, sollen sie auf ihren Antrag vom Arbeitsamt den Schwerbehinderten gleichgestellt werden, wenn sie infolge ihrer Behinderung ohne diese Hilfe einen geeigneten Arbeitsplatz nicht erlangen oder nicht behalten können. Die Gleichstellung kann zeitlich befristet werden.

2. Beschäftigungspflicht der Arbeitgeber: Private Arbeitgeber und Arbeitgeber der öffentlichen Hand, die über mindestens 16 Arbeitsplätze verfügen, haben auf wenigstens 6 v. H. der Arbeitsplätze Schwerbehinderte zu beschäftigen.

3. Ausgleichsabgabe: Solange Arbeitgeber die vorgeschriebene Zahl Schwerbehinderter nicht beschäftigen, haben sie für jeden unbesetzten Pflichtplatz monatlich eine Ausgleichsabgabe von 100 DM an die für den Sitz zuständige Hauptfürsorgestelle abzuführen. Bei Arbeitgebern, die über weniger als 30 Arbeitsplätze verfügen, kann die Abgabe für einen bestimmten Zeitraum allgemein oder für einzelne Landesarbeitsamtsbezirke herabgesetzt oder erlassen werden, wenn die Zahl der unbesetzten Pflichtplätze die Zahl der unterzubringenden Schwerbehinderten so erheblich übersteigt, daß die Pflichtplätze dieser Arbeitgeber nicht in Anspruch genommen zu werden brauchen.

4. Pflichten der Arbeitgeber: Die Arbeitgeber haben die Schwerbehinderten so zu beschäftigen, daß diese ihre Fähigkeiten und Kenntnisse möglichst voll verwerten und weiterentwickeln können.

5. Zusatzurlaub: Schwerbehinderten ist ein bezahlter zusätzlicher Urlaub von 6 Arbeitstagen zu gewähren. Soweit sonstige Urlaubsregelungen einen längeren Zusatzurlaub vorsehen, bleiben sie unberührt.

6. Kündigungsschutz: Die Kündigung eines Schwerbehinderten durch den Arbeitgeber bedarf der vorherigen Zustimmung der Hauptfürsorgestelle. Die Kündigungsfrist beträgt mindestens 4 Wochen. Die Zustimmung ist schriftlich zu beantragen. Die Hauptfürsorgestelle soll die Entscheidung innerhalb eines Monats vom Tag des Eingangs des Antrags an treffen. Die Zustimmung zur außerordentlichen Kündigung kann nur innerhalb von 2 Wochen beantragt werden. Die Frist beginnt mit dem Zeitpunkt, in dem der Arbeitgeber von den für die Kündigung maßgebenden Tatsachen Kenntnis erlangt. Die Hauptfürsorgestelle soll die Zustimmung erteilen, wenn die Kündigung aus einem Grunde erfolgt, der nicht im Zusammenhang mit der Behinderung steht. Schwerbehinderte, denen aus Anlaß eines Streiks oder einer Aussperrung fristlos gekündigt worden ist, sind nach Beendigung des Arbeitskampfes wieder einzustellen.

IV. Heimarbeiter

Für Heimarbeiter gilt das Heimarbeitsgesetz. Der Heimarbeiter arbeitet im Auftrag und für Rechnung von Gewerbetreibenden oder Zwischenmeistern allein oder mit Familienangehörigen in seiner Wohnung oder Betriebsstätte. Heimarbeiter sind zwar persönlich selbständig, aber vom Arbeitgeber wirtschaftlich abhängig. Sie gelten daher als »arbeitnehmerähnliche Personen« und werden den Arbeitnehmern teilweise gleichgestellt, so hinsichtlich des Lohnschutzes (§ 119 b GewO), der gesetzlichen Urlaubsregelung, des Mutterschutzes usw. Der Hausgewerbetreibende unterscheidet sich vom Heimarbeiter dadurch, daß er fremde Hilfskräfte beschäftigt, aber selbst am Stück mitarbeitet. Beschäftigt er nicht mehr als 2 Hilfskräfte, untersteht er wie der Heimarbeiter dem Heimarbeitsgesetz. Zwischenmeister (§ 2 Abs. 3) sowie Hausgewerbetreibende mit mehr als zwei fremden Hilfskräften können vom Heimarbeitsausschuß den Heimarbeitern gleichgestellt werden.

Der Heimarbeit ausgebende Unternehmer hat Listen über die von ihm beschäftigten Personen sichtbar auszuhängen, Entgeltverzeichnisse auszulegen, Entgeltbelege den Heimarbeitern auszuhändigen. Arbeitsstätte und Arbeitsausführung dürfen Leben, Gesundheit oder Sittlichkeit der Beschäftigten nicht gefährden. Bestehen für den Zuständigkeitsbereich eines Heimarbeitsausschusses keine Gewerkschaften oder Vereinigungen der Auftraggeber, kann der Heimarbeitsausschuß Entgelt und Vertragsbedingungen mit bindender Wirkung festsetzen. Die Entgelte sind als Stück- bzw. Zeitentgelte festzusetzen. Der Entgeltschutz obliegt der Obersten Arbeitsbehörde bzw. der von ihr bestimmten Stelle.
Beiderseits kann an jedem Tag für den Ablauf des folgenden Tages, nach mehr als vierwöchiger Beschäftigung mit zweiwöchiger Frist gekündigt werden. Wird der Beschäftigte überwiegend von einem Auftraggeber oder Zwischenmeister beschäftigt, so können letztere nach 5- bzw. 10jährigem Beschäftigungsverhältnis mit ein- bzw. zweimonatiger Frist zum Monatsende, nach 20jährigem Beschäftigungsverhältnis mit dreimonatiger Frist zum Quartalsende kündigen.

8. Kapitel
Betriebsverfassungsrecht*

A) Allgemeine Hinweise

1. Rechtsgrundlage, Geltungsbereich: Das Betriebsverfassungsgesetz (BetrVG) enthält die Verfassung des Betriebs, der Gemeinschaft aus Arbeitnehmern (Belegschaft) und Arbeitgebern. Das BetrVG gilt im Bereich der Privatwirtschaft, es findet keine Anwendung auf Verwaltungen und Betriebe des öffentlichen Dienstes sowie auf Religionsgemeinschaften und deren karitative und erzieherische Einrichtungen. Auf Tendenzbetriebe findet es nur insoweit Anwendung, als die Eigenart des Unternehmens oder des Betriebs dem Gesetz nicht entgegensteht (§ 118).
Das BetrVG erfaßt alle Arbeitnehmer (Arbeiter und Angestellte einschließlich der zu ihrer Berufsausbildung Beschäftigten), nicht dagegen die leitenden Angestellten.

2. Betriebsrat: In Betrieben mit in der Regel mindestens 5 ständigen wahlberechtigten Arbeitnehmern, von denen 3 wählbar sind, werden Betriebsräte gewählt. Wahlberechtigt sind alle Arbeitnehmer, die das 18. Lebensjahr vollendet haben. Wählbar sind alle Wahlberechtigten, die 6 Monate dem Betrieb angehören. Nicht wählbar ist, wer infolge Richterspruchs die Wählbarkeit oder die Fähigkeit, öffentliche Ämter zu bekleiden, nicht besitzt.
Der Betriebsrat besteht in Betrieben mit in der Regel
5 bis 20 wahlberechtigten Arbeitnehmern aus einer Person (Betriebsobmann)
21 bis 50 wahlberechtigten Arbeitnehmern aus 3 Mitgliedern,
51 wahlberechtigten Arbeitnehmern bis 150 Arbeitnehmern aus 5 Mitgliedern,
151 bis 300 Arbeitnehmern aus 7 Mitgliedern,
301 bis 600 Arbeitnehmern aus 9 Mitgliedern,
601 bis 1000 Arbeitnehmern aus 11 Mitgliedern
usw. (s. § 9).
Arbeiter und Angestellte müssen entsprechend ihrem zahlenmäßigen Verhältnis im Betriebsrat vertreten sein, wenn dieser aus mindestens 3 Mitgliedern besteht.
Die regelmäßigen Betriebsratswahlen finden alle 3 Jahre in der Zeit vom 1. März bis 31. Mai statt. Der Betriebsrat wird in geheimer und unmittelbarer Wahl gewählt. Die Wahl erfolgt nach den Grundsätzen der Verhältniswahl. Der Wahlvorstand, der nach §§ 16, 17 zu bestellen bzw. zu

* Von Kurt Maurer.

wählen ist, hat die Wahl einzuleiten, sie durchzuführen und das Wahlergebnis festzustellen. Die Wahl kann beim Arbeitsgericht angefochten werden, wenn gegen wesentliche Vorschriften verstoßen worden ist. Die Wahl darf weder behindert noch beeinflußt werden. Die Kosten der Wahl trägt der Arbeitgeber.
Die Amtszeit des Betriebsrats beträgt 3 Jahre. Der Betriebsrat wählt aus seiner Mitte den Vorsitzenden und dessen Stellvertreter. Die Betriebsratssitzungen finden in der Regel während der Arbeitszeit statt. Die Beschlüsse des Betriebsrats werden in der Regel mit der Mehrheit der Stimmen der anwesenden Mitglieder gefaßt. Die Betriebsratsmitglieder führen ihr Amt unentgeltlich und ehrenamtlich. In Betrieben von mindestens 300 Arbeitnehmern an werden Betriebsratsmitglieder nach Maßgabe des § 38 von ihrer beruflichen Tätigkeit freigestellt. Für Kosten und Sachaufwand des Betriebsrats hat der Arbeitgeber aufzukommen.
Der Betriebsrat hat einmal in jedem Kalendervierteljahr eine Betriebsversammlung einzuberufen und in ihr einem Tätigkeitsbericht zu erstatten. Die Betriebsversammlung kann Angelegenheiten, die den Betrieb oder seine Arbeitnehmer unmittelbar betreffen, behandeln.

3. Jugendvertretung: In Betrieben, in denen in der Regel mindestens 5 Arbeitnehmer beschäftigt werden, die das 18. Lebensjahr noch nicht vollendet haben (jugendliche Arbeitnehmer), werden Jugendvertretungen gewählt. Wahlberechtigt sind alle jugendlichen Arbeitnehmer des Betriebs, wählbar sind die Arbeitnehmer, die das 24. Lebensjahr noch nicht erreicht haben. Die Zahl der Jugendvertreter richtet sich nach der Zahl der im Betrieb beschäftigten jugendlichen Arbeitnehmer (§§ 60–62).
Die Jugendvertretung kann zu allen Betriebsratssitzungen einen Vertreter entsenden. Bei Behandlung von einschlägigen Fragen kann die gesamte Jugendvertretung teilnehmen. Die Jugendvertreter haben Stimmrecht, soweit die Beschlüsse des Betriebsrats überwiegend jugendliche Arbeitnehmer betreffen. Die Jugendvertretung kann vor oder nach jeder Betriebsversammlung im Einvernehmen mit dem Betriebsrat eine Betriebsjugendversammlung einberufen (§§ 60–71).

4. Arbeitgeber und Betriebsrat: Arbeitgeber und Betriebsrat sollen mindestens einmal im Monat zu einer Besprechung zusammentreten. Maßnahmen des Arbeitskampfes zwischen Arbeitgeber und Betriebsrat sind unzulässig. Der Arbeitsablauf und der Betriebsfrieden dürfen nicht gestört werden. Jede parteipolitische Betätigung ist im Betrieb zu unterlassen. Zur Beilegung von Meinungsverschiedenheiten ist bei Bedarf eine Einigungsstelle zu bilden, deren Beschlüsse der Arbeitgeber durchzuführen hat (§§ 74–80).

5. Mitwirkungs- und Beschwerderecht des Arbeitnehmers: Der Arbeitgeber hat den Arbeitnehmer über dessen Aufgabe, Tätigkeit, über Unfall- und Gesundheitsgefahren zu unterrichten. Der Arbeitnehmer ist in betrieblichen Angelegenheiten, die seine Person betreffen, zu hören. Er ist zur Einsicht in die über ihn geführten Personalakten berechtigt und hat, falls er sich benachteiligt fühlt, das Recht, sich bei der zuständigen Stelle des Betriebs zu beschweren (§§ 81–86).

6. Schutz Auszubildender in Betriebsverfassungsorganen: Beabsichtigt der Arbeitgeber, einen Auszubildenden, der Mitglied der Jugendvertretung oder des Betriebsrats ist, nach Beendigung des Berufsausbildungsverhältnisses nicht in ein Arbeitsverhältnis auf unbestimmte Zeit zu übernehmen, hat er dies 3 Monate vor Beendigung des Ausbildungsverhältnisses dem Auszubildenden schriftlich mitzuteilen. Verlangt jedoch der Auszubildende vom Arbeitgeber innerhalb der letzten 3 Monate vor Beendigung des Ausbildungsverhältnisses schriftlich die Weiterbeschäftigung, gilt ein Arbeitsverhältnis auf unbestimmte Zeit im Anschluß an das Ausbildungsverhältnis als begründet.
Der Arbeitgeber kann binnen 2 Wochen nach Beendigung des Ausbildungsverhältnisses die Feststellung der Nichtbegründung bzw. die Auflösung des Arbeitsverhältnisses wegen Unzumutbarkeit der Weiterbeschäftigung beim Arbeitsgericht beantragen.

B) Mitbestimmungs-, Mitwirkungs- und Informationsrechte des Betriebsrats

I. Soziale Angelegenheiten

Der Betriebsrat hat, soweit keine gesetzliche oder tarifliche Regelung besteht, in folgenden Angelegenheiten mitzubestimmen: Fragen der Ordnung des Betriebs; Beginn und Ende der täglichen Arbeitszeit; Verteilung der Arbeitszeit auf die einzelnen Wochentage; vorübergehende Verkürzung oder Verlängerung der betriebsüblichen Arbeitszeit; Zeit, Ort und Art der Auszahlung des Arbeitsentgelts; Aufstellung allgemeiner Urlaubsgrundsätze und des Urlaubsplans, zeitliche Lage des Urlaubs; Einführung technischer Einrichtungen; Verhütung von Arbeitsunfällen; Form, Ausgestaltung und Verwaltung von Sozialeinrichtungen; Zuweisung und Kündigung von Werkswohnungen; Entlohnungsgrundsätze; Akkord- und Prämiensätze; Vorschlagswesen. Kommt keine Einigung zustande, entscheidet die Einigungsstelle.
Durch freiwillige Betriebsvereinbarungen können zusätzliche Maßnahmen zur Verhütung von Arbeitsunfällen und Gesundheitsschädigungen, die Errichtung von Sozialeinrichtungen und Maßnahmen zur Förderung der Vermögensbildung geregelt werden. Werden die Arbeitnehmer durch Änderung der Arbeitsplätze, des Arbeitsablaufs oder der Arbeitsumgebung besonders belastet, kann der Betriebsrat dagegen angemessene Maßnahmen verlangen.

II. Personelle Angelegenheiten

1. Personelle Angelegenheiten (Personalplanung, Ausschreiben von Arbeitsplätzen, Personalfragebogen, Beurteilungsgrundsätze, Auswahlrichtlinien, Berufsbildung) sind im Einvernehmen zwischen Arbeitgeber und Betriebsrat zu regeln.

2. Mitbestimmung bei personellen Einzelmaßnahmen a) In Betrieben mit in der Regel mehr als 20 wahlberechtigten Arbeitnehmern hat der Arbeitgeber vor jeder **Einstellung, Eingruppierung, Umgruppierung** und **Versetzung** unter Vorlage der erforderlichen Unterlagen den Betriebsrat zu unterrichten und dessen Zustimmung einzuholen.
Der Betriebsrat kann die Zustimmung verweigern, wenn die Maßnahme gegen gesetzliche oder tarifliche Bestimmungen, gegen gerichtliche Entscheidungen, behördliche Anordnungen oder gegen Auswahlrichtlinien (§ 95) verstoßen würde, wenn eine Ausschreibung des Arbeitsplatzes unterblieben ist, der betroffene Arbeitnehmer ungerechtfertigt benachteiligt wird, die Besorgnis besteht, daß der Arbeitnehmer den Betriebsfrieden durch gesetzwidriges Verhalten stören würde.
Verweigert der Betriebsrat die Zustimmung, hat er dies innerhalb einer Woche nach Unterrichtung durch den Arbeitgeber diesem schriftlich mitzuteilen, widrigenfalls die Zustimmung als erteilt gilt. Der Arbeitgeber kann beim Arbeitsgericht beantragen, die Zustimmung zu ersetzen.
Bei Dringlichkeit kann der Arbeitgeber die personelle Maßnahme vorläufig durchführen. Bestreitet der Betriebsrat die Dringlichkeit, darf der Arbeitgeber die Maßnahme nur aufrechterhalten, wenn er innerhalb von 3 Tagen die Ersetzung der Zustimmung und die Feststellung, daß die Maßnahme dringend erforderlich war, beim Arbeitsgericht beantragt (§ 100).
b) Der Betriebsrat ist vor jeder **Kündigung** zu hören. Der Arbeitgeber hat ihm die Gründe der Kündigung mitzuteilen. Eine ohne Anhörung ausgesprochene Kündigung ist unwirksam.
Bedenken gegen die ordentliche Kündigung hat der Betriebsrat unverzüglich, spätestens innerhalb einer Woche dem Arbeitgeber schriftlich mitzuteilen, andernfalls gilt die Zustimmung als erteilt. Innerhalb dieser Frist kann der Betriebsrat der ordentlichen Kündigung widersprechen, wenn bei der Auswahl des zu kündigenden Arbeitnehmers soziale Gesichtspunkte nicht berücksichtigt wurden, die Kündigung gegen die Auswahlrichtlinien (§ 95) verstößt, der Arbeitnehmer an einem anderen Arbeitsplatz weiterbeschäftigt werden kann, die Weiterbeschäftigung nach zumutbaren Umschulungs- oder Fortbildungsmaßnahmen oder unter geänderten Vertragsbedingungen möglich ist. Hat der Arbeitnehmer gegen die Kündigung, der der Betriebsrat frist- und ordnungsmäßig widersprochen hat, die Kündigungsschutzklage erhoben, ist der Arbeitnehmer nach Ablauf der Kündigungsfrist bis zur rechtskräftigen Entscheidung bei unveränderten Arbeitsbedingungen weiterzubeschäftigen. Auf Antrag des Arbeitgebers kann ihn das Gericht durch einstweilige

Verfügung von der Weiterbeschäftigung bei voraussichtlich erfolgloser Klage, Unzumutbarkeit der Weiterbeschäftigung oder offensichtlich unbegründetem Widerspruch entbinden.

Hat der Betriebsrat gegen eine **außerordentliche Kündigung** Bedenken, hat er diese unter Angabe der Gründe unverzüglich spätestens innerhalb von 3 Tagen dem Arbeitgeber mitzuteilen.

Die außerordentliche Kündigung von Mitgliedern des Betriebsrats, der Jugendvertretung, der Bordvertretung und des Seebetriebsrats, des Wahlvorstandes sowie von Wahlbewerbern bedarf der Zustimmung des Betriebsrats. Das Arbeitsgericht kann die verweigerte Zustimmung auf Antrag des Arbeitgebers ersetzen.

III. Wirtschaftliche Angelegenheiten

In Unternehmen mit in der Regel mehr als 100 ständig beschäftigten Arbeitnehmern ist ein **Wirtschaftsausschuß** zu bilden. Der Unternehmer hat den Wirtschaftsausschuß über wirtschaftliche Angelegenheiten des Unternehmens (wirtschaftliche und finanzielle Lage, Produktions- und Absatzlage, Produktions- und Investitionsprogramm, Rationalisierungsvorhaben, Fabrikations- und Arbeitsmethoden; Einschränkung, Stillegung, Verlegung oder Zusammenschluß von Betrieben usw.) rechtzeitig zu unterrichten. Die Beilegung von Meinungsverschiedenheiten erfolgt durch die Einigungsstelle.

In Betrieben mit in der Regel mehr als 20 wahlberechtigten Arbeitnehmern hat der Unternehmer geplante Betriebsänderungen, die wesentliche Nachteile für die Belegschaft zur Folge haben können, mit dem Betriebsrat zu beraten. Kommt ein Interessenausgleich über die geplante Betriebsänderung oder eine Einigung über den Sozialplan nicht zustande, so kann der Präsident des Landesarbeitsamtes um Vermittlung ersucht bzw. die Einigungsstelle angerufen werden. Kommt eine Einigung über den Sozialplan nicht zustande, so entscheidet die Einigungsstelle. Der Nachteilsausgleich der Arbeitnehmer erfolgt gemäß § 113.

9. Kapitel
Betriebliche Sozialpolitik*

A) Allgemeine Hinweise

I. Begriff und Entwicklung

Neben der Sozialpolitik des Staates und der Tarifvertragsparteien gibt es eine Sozialpolitik der Betriebe – oft auch als »soziale Betriebsgestaltung« oder »soziale Betriebspolitik« bezeichnet. Es handelt sich dabei um soziale Maßnahmen und Verhaltensweisen, die auf eigene Initiative der Betriebe zurückgehen und nicht durch Gesetz oder Tarifvertrag geregelt sind.
Geschichtlich gesehen, sind überhaupt die Betriebe die ersten Träger von Sozialmaßnahmen gewesen. Noch bevor »Sozialpolitik« zu einem Begriff wurde, haben fortschrittliche Unternehmen aus eigener Verantwortung und nach eigenem Ermessen eine betriebliche Fürsorge entwikkelt, um ihren Arbeitern das Arbeitsdasein zu erleichtern. Sie ergriffen darüber hinaus Maßnahmen, die sich auch auf das außerbetriebliche Leben der Arbeiter erstreckten. Vor allem die Einrichtung von Kranken- und Pensionskassen hat hier ihren Ursprung. Sie waren Vorläufer einer Entwicklung, die der Staat zu Ende des 19. Jahrhunderts zu der deutschen Sozialgesetzgebung ausformte. Im Zuge der fortschreitenden Industrialisierung weitete sich die staatliche Sozialpolitik aus. Dabei wurden wesentliche Bereiche der »klassischen« betrieblichen Sozialpolitik von der überbetrieblichen Sozialpolitik übernommen. Dennoch hat die sozialpolitische Aktivität der Betriebe an Umfang und Gewicht nicht eingebüßt. Es haben sich dabei neue Schwerpunkte herausgebildet, die ein Ausdruck dafür sind, daß Sozialpolitik sich in ständiger Anpassung an gesellschaftliche und wirtschaftliche Veränderungen vollzieht.

II. Aufgaben

Wie jede Sozialpolitik, so hat auch die betriebliche Sozialpolitik das Ziel, soziale Spannungen soweit wie möglich zu verringern. Der Betrieb ist von Natur aus ein Spannungsfeld. Bei aller Gemeinsamkeit, die sich aus der letzten Zielsetzung für alle am Arbeitsprozeß Beteiligten ergibt, bestehen doch unabweisbare Gegensätzlichkeiten, die geeignet sind, Konflikte auszulösen.
Da sind zunächst die entgegengesetzten Interessenlagen: Aufgabe des

* Von Dorothee Müller-Hagen.

Betriebes ist es, Güter zu erzeugen oder Dienstleistungen zu erbringen. Dabei muß er auf die Dauer rentabel arbeiten, d. h. auf einen hohen Umsatz und relativ geringe Kosten sehen. Der Arbeitnehmer hingegen verfolgt mit seiner Tätigkeit im Betrieb persönliche Interessen, die vom Rentabilitätsinteresse des Betriebes abweichen. Er erstrebt einen möglichst hohen Verdienst und ist an einem sicheren Arbeitsplatz interessiert, der ihm ein gutes Fortkommen verspricht. Zweifellos schwingt in dem Gegensatz zwischen dem Einkommensinteresse auf der einen und dem Rentabilitätsinteresse auf der anderen Seite auch der – für den einzelnen mehr oder weniger unbewußte – weltanschauliche Gegensatz zwischen Arbeitnehmer und Arbeitgeber mit.

Sodann können die technisch-rationalen Gesetzmäßigkeiten im Betrieb Konflikte verursachen, wenn und soweit sie im Gegensatz zur menschlichen Natur stehen. Die Technik hat zwar in vieler Hinsicht die Arbeit für den Menschen erleichtert. Ihr Verdienst ist es vor allem, ihn von der körperlich schweren Arbeit weitgehend befreit zu haben. Aber der technische Fortschritt hat auch wieder neue Arbeitsanforderungen mit sich gebracht, die den arbeitenden Menschen in anderer Hinsicht beanspruchen. In jedem Fall verlangt der technisierte Großbetrieb vom Menschen ein Anpassen und Einfügen in betriebsnotwendige Gegebenheiten. So engt z. B. die aus Produktivitätsgründen erforderliche Arbeitsteilung zwangsläufig den persönlichen Freiheitsspielraum des Menschen ein. Für jeden Betrieb sind eine nach Leistungs- und Produktionsgesichtspunkten differenzierte Ordnung und eine weisunggebende Führung zwingend erforderlich, in die sich der Arbeitnehmer einfügen bzw. der er sich unterordnen muß.

Während früher die sozialen Konflikte überwiegend in der materiellen Lage der Arbeitnehmerschaft ihren Ursprung hatten, mit der Folge, daß die betriebliche Sozialpolitik schwergewichtig auf die Sicherung und Verbesserung der Einkommenssituation der Mitarbeiter gerichtet war, sind es heute mehr die erwähnten Anpassungsvorgänge zwischen Mensch, Technik und arbeitsteiligem Großbetrieb, die Spannungen auslösen können. Diese Gewichtsverlagerung ist das Ergebnis wirtschaftlicher, technischer und gesellschaftlicher Entwicklungen. Ein gestiegener Lebensstandard – aufgrund eines hohen wirtschaftlichen Wachstums – und ein umfassender Schutz gegen die Hauptrisiken des Arbeitslebens – aufgrund eines ausgedehnten sozialen Sicherheitssystems – haben den Arbeitnehmern ein hohes Maß materieller Sicherheit verliehen. Hinzu kommt, daß ein ausgebautes staatliches und betriebliches Bildungswesen das Bildungsniveau breiter Bevölkerungsschichten erhöht hat. Diese Entwicklungen haben bei vielen Menschen die Erwartungen in Bezug auf die Arbeit verändert. Es geht ihnen um so mehr als um die »volle Lohntüt« und um den sicheren Arbeitsplatz. Der moderne qualifizierte Arbeitnehmer will seine Fähigkeiten in die Arbeit entfalten können. Er strebt daher nach mehr Freiheits- und Verantwortungsspielraum in der Arbeit und nach mehr persönlicher Anerkennung. Auch will der selbstbewußte Arbeitnehmer, dessen Stellung außerhalb des Betriebes durch Freiheit und Gleichberechtigung gekennzeichnet ist, sich weniger betrieblichen Sachzwängen unterwerfen, sondern seine Arbeitswelt mitgestalten. Auf der anderen Seite ist der Technisierungsgrad der Wirtschaft weiter gestiegen und damit der Spielraum für die Befriedigung der genannten immateriellen Arbeitserwartungen vieler Menschen zwangsläufig eingeengt worden.

Die Aufgabe der betrieblichen Sozialpolitik ist damit umfassender geworden. Neben die materielle und gesundheitliche Sicherung tritt die Schaffung von Arbeitsbedingungen, die dem Arbeitnehmer eine größere Arbeitszufriedenheit vermitteln. Dabei ist zu bedenken, daß die alten wie die neuen Gegensätzlichkeiten im Betrieb nie völlig beseitigt, sondern bei dem Charakter dieser Gegensätze stets nur gemildert werden können. Aufgabe der betrieblichen Sozialpolitik kann es daher nur sein, einen bestmöglichen Ausgleich zwischen den betrieblichen Erfordernissen und den menschlichen Bedürfnissen und Erwartungen in bezug auf die Arbeit herbeizuführen.

III. Motive und Tragweite

Der betrieblichen Sozialpolitik liegen stets humanitäre sowie wirtschaftliche Motive zugrunde. Es wäre weltfremd, lediglich von einem Motiv auszugehen. Denn der Betrieb bildet eine technisch-wirtschaftliche und soziale Einheit. Er ist einerseits ein wirtschaftlicher Zweckverband, der alle Möglichkeiten der Leistungssteigerung und Rentabilitätsverbesserung – auch auf dem Wege über die betriebliche Sozialpolitik – nutzen muß. Er ist aber auch gleichzeitig ein wesentlicher Lebensraum des tätigen Menschen, in dem die notwendigen betrieblichen Zwänge für den einzelnen erträglich zu gestalten sind. Diese Verflechtung von wirtschaftlichen und sozialen Elementen im Betrieb löst starke gegenseitige Wechselwirkungen aus: So kann heute ein Unternehmen seine Leistungskraft nicht voll entfalten, wenn es nicht die menschlichen Belange mitberücksichtigt und eine Sozialpolitik treibt, die zu einer guten Arbeitsatmosphäre beiträgt und den Leistungswillen der Arbeitnehmer fördert. Andererseits kann ein Unternehmen aber auch nicht sozial aktiv sein, wenn es nicht auf Leistungssteigerung bedacht ist und langfristig nicht rentabel arbeitet. Wirtschaftliches und soziales Denken läßt sich daher im Betrieb nicht voneinander trennen. Betriebliche Sozialpolitik wird infolgedessen von weitsichtigen Unternehmensführungen als Teil der Unternehmenspolitik verstanden und bewertet.

Die Bedeutung der betrieblichen Sozialpolitik beschränkt sich nicht nur auf den einzelnen Betrieb. Denn der Betrieb ist ein Teil der Gesellschaft und steht mit dieser in enger Wechselbeziehung. Alle sozialpolitischen Bemühungen der Betriebe gehen daher in ihrer Wirkung über den engen betrieblichen Bereich hinaus und beeinflussen wesentlich die Gesamtgesellschaft. Soziale Stabilisierung der einzelnen Betriebe bedeutet gleichzeitig Stabilisierung des gesamtgesellschaftlichen Gefüges, wie umgekehrt soziale Störungen in den Betrieben Ursache sozialer Störungen in der Gesellschaft sind. Dieser Zusammenhang weist der betrieblichen Sozialpolitik auch eine »gesellschaftliche Funktion zu, die der Betrieb als wesentliche Einheit in unserer industriellen Gesellschaftsordnung stellvertretend übernommen hat«*.

B) Inhalte betrieblicher Sozialpolitik

Den alten und neuen Aufgaben der betrieblichen Sozialpolitik entsprechen ihre heutigen Leistungen. Sie gliedern sich in materielle Leistungen und immaterielle Maßnahmen bzw. Verhaltensweisen. Erstere sind als »freiwillige betriebliche Sozialleistungen« allgemein bekannt, letztere werden oft als sog. »Integrationshilfen« bezeichnet und charakterisiert.

I. Freiwillige betriebliche Sozialleistungen

1. Umfang der Leistungen: Hierunter werden alle Aufwendungen der Betriebe zugunsten ihrer Arbeitnehmer verstanden, die nicht Lohn und Gehalt sind und nicht auf gesetzlicher oder tarifvertraglicher Verpflichtung beruhen. Der Umfang dieser freiwilligen Leistungen ist von verschiedenen Faktoren abhängig: Die Art und Größe des Betriebes sowie seine soziale Tradition bestimmen seine sozialen Leistungen, denen letztlich seine Ertragskraft eine Grenze setzt. In kleinen und mittleren Betrieben beträgt der freiwillige Sozialaufwand etwa 10 bis 15 % der Lohn- und Gehaltssumme, in großen Unternehmen liegt er bei 15 bis 25 %.
Bei den freiwilligen Sozialleistungen handelt es sich vor allem um Maßnahmen

- zum Schutz gegen Beeinträchtigungen durch die Arbeit,
- zur Sicherung gegen die Risiken des Arbeitslebens und
- zur Verbesserung der materiellen Lebensbedingungen.

2. Art der Leistungen: Im einzelnen werden folgende Arten freiwilliger betrieblicher Sozialleistungen unterschieden und in der Praxis in unterschiedlicher Zusammensetzung gewährt:

- Gratifikationen, Ergebnisbeteiligungen und ähnliche Ausschüttungen,
- Betriebliche Alters- und Hinterbliebenenversorgung,
- Betrieblicher Gesundheitsdienst (Werksarzt, Betriebsschwester, Krankenzimmer, Einstellungs- und Pflichtuntersuchungen, hygienische Einrichtungen wie Bäder, Duschräume u. ä., Zuschüsse für Kuren, Heilverfahren und zur Kranken- und Unfallversicherung, Erholungsheime),
- Werksfürsorge,

* v. Beckerath, P. G.: »Verkaufte Freiheit?« in: Der Arbeitgeber 9. Jg. Nr. 22, 1957.

– Werksverpflegung,
– Arbeitssicherheit (Maßnahmen, die über die gesetzlichen Verpflichtungen hinausgehen),
– Wohnungshilfe,
– Aus und Fortbildung (berufliche Aus- und Fortbildung, Begabtenförderung, Zuschüsse zur Lehrlingsausbildung),
– Sonstige Belegschaftseinrichtungen (Spiel- und Sportanlagen, Kindergarten, Werksbücherei, Kultur- und Gemeinschaftspflege),
– Barzuwendungen der verschiedensten Art (Sterbefall, Krankheit, Hochzeit, Geburt, zusätzlich bezahlte Freizeit u. ä.),
– Erstattung von Fahrtkosten, Trennungsgelder.

3. Leistungen im einzelnen: a) In der Liste der freiwilligen Leistungen stehen die **Gratifikationen, Ergebnisbeteiligungen** und ähnliche Ausschüttungen an erster Stelle. Die Gewährung einer Gratifikation zu Weihnachten oder zum Jahreswechsel als Anerkennung für Betriebstreue ist heute weitgehend üblich. Als Maßstab für ihre Bemessung wird im allgemeinen die Dauer der Betriebszugehörigkeit, der Verdienst sowie der Familienstand verwendet.
Die Zahl der Unternehmen, die eine Ertragsbeteiligung eingeführt haben, wächst von Jahr zu Jahr. Dem Gedanken, den Arbeitnehmern des Betriebes eine zusätzliche Ausschüttung in enger Verknüpfung mit dem jährlichen Ertrag des Betriebes zu gewähren, liegt die Überlegung zugrunde, einmal die Mitarbeiter zu unternehmerischem Mitdenken anzuregen, zum anderen ihnen zu helfen, eigenes Vermögen zu bilden.

b) An zweiter Stelle folgt die betriebliche **Altersversorgung.** Sie ist eine der ältesten Einrichtungen der betrieblichen Sozialpolitik. Ihre Aufgabe wird heute darin gesehen, die gesetzliche Altersversicherung und die private Altersvorsorge zu ergänzen und dem Arbeitnehmer eine zusätzliche finanzielle Hilfe zur Aufrechterhaltung seines Lebensstandards im Alter zu gewähren. Folgende Formen der betrieblichen Altersversorgung werden angewendet:

1) **Betriebliche Pensionsleistungen:** Das Unternehmen ist selbst Träger der Leistungen. Es gibt in der Regel den Arbeitnehmern eine rechtsverbindliche Pensionszusage. Diese Form der betrieblichen Altersversorgung ist am weitesten verbreitet.
2) **Leistungen durch selbständige betriebliche Pensionskassen:** Hier können die erforderlichen finanziellen Mittel durch Arbeitgeber und Arbeitnehmer gemeinsam aufgebracht werden. Der Leistungsanspruch richtet sich gegen die Pensionskasse.
3) **Leistungen durch selbständige betriebliche Unterstützungskassen:** Die Mittel werden allein vom Arbeitgeber aufgebracht. Ein Rechtsanspruch auf die Leistungen besteht grundsätzlich nicht.
4) **Leistungen aus Direktversicherungen:** Das Unternehmen überträgt die Altersversorgung einer privaten Versicherungsgesellschaft. Die Prämien werden entweder vom Arbeitgeber allein oder gemeinsam

mit den Arbeitnehmern getragen. Der Arbeitnehmer hat einen unmittelbaren Leistungsanspruch gegen die Versicherungsgesellschaft.
Es ist üblich, betriebliche Versorgungsleistungen erst nach einer bestimmten – etwa 10jährigen – Betriebszugehörigkeit zu gewähren. Der Kreis der begünstigten Personen variiert: Während kleinere und mittlere Unternehmen aus Kostengründen lediglich ihre leitenden und qualifizierten Mitarbeiter in die betriebliche Altersversorgung einbeziehen, pflegen größere Unternehmen allen Belegschaftsangehörigen Versorgungsleistungen zu gewähren.

c) Eine große Bedeutung hat nach wie vor der betriebliche **Gesundheitsdienst**, der die Erhaltung der Gesundheit und Leistungsfähigkeit der Betriebsangehörigen zum Ziel hat. Je nach Art und Größe des Betriebes kann er den Einsatz eines neben- oder hauptberuflichen Werksarztes erfordern, der durch Einstellungs- und Überwachungsuntersuchungen die Belegschaft gesundheitlich betreut und die Unternehmensleitung in allen gesundheitlichen und arbeitshygienischen Fragen berät. Gesetzliche Grundlage hierfür bildet das Gesetz über Betriebsärzte, Sicherheitsingenieure und andere Fachkräfte für Arbeitssicherheit.
Auch die vor allem in Großbetrieben eingerichtete **Werksfürsorge** (Sozialberatung) hat hier ihren Platz. Indem sie zur Lösung menschlicher Probleme im und außerhalb des Betriebes beiträgt, hilft sie dem Arbeitnehmer in physischen und psychischen Notlagen.

d) Die **Werksverpflegung** durch eine betriebseigene Werksküche, durch eine außerbetriebliche Großküche oder durch Verpflegungsautomaten gehört zu den sozialen Einrichtungen, die zumindest in größeren Betrieben zur Gesunderhaltung des arbeitenden Menschen bei durchgehender Arbeitszeit unentbehrlich sind.

e) Auf dem Gebiet der **Arbeitssicherheit** unterliegt der Arbeitgeber umfangreichen gesetzlichen Vorschriften. Aus seiner Verantwortlichkeit für einen unfallfreien Arbeitsablauf erbringt er aber über die gesetzlichen Bestimmungen hinausgehende Leistungen. Dazu zählen neben den vielfältigen Unfallverhütungsvorkehrungen am Arbeitsplatz auch die zahlreichen Werbemaßnahmen, mit denen die Betriebe den Unfallverhütungsgedanken bei der Belegschaft ständig wachhalten.

f) Die betriebliche **Wohnungshilfe** umfaßt Zuschüsse für werkseigene und werksfremde Wohnungen sowie die Gewährung zinsloser oder zinsbegünstigter Baudarlehen. Während der betriebliche Wohnungsbau nach Beendigung des zweiten Weltkrieges mit an erster Stelle der betrieblichen Sozialleistungen stand, verliert er, nachdem der dringende Wohnraumbedarf gedeckt ist, an Gewicht. Dafür gewinnt die Gewährung zinsloser oder zinsbegünstigter Baudarlehen für den Eigenheimbau heute besondere Bedeutung. Eine neue Aufgabe erwächst der betrieblichen Wohnungshilfe in der Förderung und Schaffung von Ausländerwohnheimen.

g) Zu den entwicklungsträchtigsten betrieblichen Sozialleistungen gehört die Förderung der **Aus- und Fortbildung** der Arbeitnehmer. Durch innerbetriebliche Fortbildungsmaßnahmen und Zuschüsse zu außerbetrieblichen Bildungsveranstaltungen hilft der Betrieb dem Arbeitnehmer, sich eine Existenzgrundlage zu schaffen und seine Persönlichkeit durch eine ihn befriedigende Tätigkeit zu entfalten. Er erleichtert es ihm ferner, sich an wirtschaftlich oder technisch bedingte Veränderungen des Arbeitsmarktes anzupassen und sich dadurch langfristig einen Arbeitsplatz zu sichern.

h) Belegschaftseinrichtungen der genannten Art sind vor allem in größeren Betrieben anzutreffen. **Spiel- und Sportanlagen** fördern nicht nur die Gesundheit, sondern auch den menschlichen Kontakt der im Betrieb Tätigen. Auf die Einrichtung von **Werkskindergärten** kann mit steigender Beschäftigung von Müttern nicht verzichtet werden.

i) Barzuwendungen aus den verschiedensten Anlässen sollen dem Arbeitnehmer in finanziell angespannten Situationen eine Hilfe sein. Sie haben naturgemäß in Krisenzeiten eine größere Bedeutung als in Zeiten wirtschaftlichen Wohlstandes.

3. Anpassung der Leistungen: Wie die kurze Beschreibung der Leistungsarten bereits erkennen läßt, unterliegen die betrieblichen Sozialleistungen einer ständigen Anpassung an die wirtschaftliche und gesellschaftliche Entwicklung. So haben manche der sozialen Hilfen an Bedeutung verloren, weil ein Notstand im alten Sinne nicht mehr vorliegt. Das gilt vor allem dort, wo auf Grund verbesserter Lebensverhältnisse eine Selbsthilfe des einzelnen erwartet werden kann (z. B. Beihilfen für Einkellerungskartoffeln, Hausbrand u. ä.). Leistungen, die einen fürsorgeartigen Charakter tragen und dabei dem Wunsch nach freier Entfaltung und Selbständigkeit entgegenstehen, werden von vielen Arbeitnehmern heute nicht mehr als zeitgemäß empfunden. Daher hat ein Großteil der Betriebe seine traditionellen Ferienheimverschickungen eingestellt und unterstützt dafür den selbstgewählten Urlaub des einzelnen.
Als eine neue zeitgemäße Zielsetzung der betrieblichen Sozialpolitik ist die Förderung der Selbsthilfe der Arbeitnehmer in Gestalt der Förderung der persönlichen **Eigentumsbildung** anzusehen. Ihr dienen die verschiedensten, z. T. schon erwähnten finanziellen Hilfen der Betriebe (z. B. Zuschuß zur Anlage nach dem Vermögensbildungsgesetz – 624-DM-Gesetz –, günstiges Angebot von Belegschaftsaktien, verbilligtes Baudarlehen). Sie sollen dem Streben des einzelnen nach Unabhängigkeit, Eigenverantwortung und größerer Sicherheit entgegenkommen und nicht zuletzt zu seiner Verwurzelung in unserer freiheitlichen Gesellschaftsordnung beitragen.
Auch die verstärkte Hinwendung der Betriebe zu Aus- und Fortbildungsmaßnahmen liegt auf dieser Linie und kennzeichnet einen »neuen Stil« der betrieblichen Sozialpolitik mit einer auf lange Sicht abgestellten gesellschaftspolitischen Aufgabe.

II. Maßnahmen zur Integration des Arbeitnehmers in den Betrieb

1. Soziale Einrichtungen und Leistungen reichen heute allein nicht mehr aus, um den Betrieb sozial zu stabilisieren. Vielmehr ist der betrieblichen Sozialpolitik die ebenso wichtige wie schwierige Aufgabe zugefallen, den anspruchsvolleren Menschen unserer Zeit das Einfügen in den Betrieb zu erleichtern und darüber hinaus die Arbeitswelt als einen Lebensraum zu gestalten, in dem sich der einzelne entfalten und bewähren kann. Deshalb ist die betriebliche Sozialpolitik bestrebt,

- den Mitarbeitern das in einem Betrieb höchstmögliche Maß an persönlicher Freiheit, Verantwortung und Entfaltung zu sichern,
- der arbeitnehmerischen Funktion im Betrieb einen höheren Stellenwert zu verschaffen und
- ein Zugehörigkeitsgefühl zum Betrieb zu entwickeln, das weniger auf materieller Bindung als auf innerer Verbundenheit zur Arbeit und zum Betrieb beruht.

Das bedeutet, daß die Schwerpunktaufgaben der betrieblichen Sozialpolitik dort liegen, wo es um die Schaffung menschengemäßer Arbeitsbedingungen im weitesten Sinne geht, d. h. um eine menschengerechtere Arbeitsgestaltung und Arbeitsstrukturierung ebenso wie um eine Zusammenarbeit im Betrieb, die den menschlichen Anliegen Rechnung trägt. Eine so verstandene betriebliche Sozialpolitik greift nahezu in alle Bereiche des Betriebes ein. Sie steht vor allem in engem Zusammenhang mit der Personalorganisation, Personalpolitik und Personalführung, die als Mittel der Integration eine immer größere Bedeutung erlangen.

2. Im einzelnen sind es folgende Faktoren, die durch die umfassendere Aufgabenstellung der betrieblichen Sozialpolitik immer wichtiger werden.

a) **Menschengerechtere Arbeitsgestaltung:** Die fortschreitende Technisierung prägt den modernen Betrieb und wandelt ständig seine Arbeitsanforderungen. Zu den Aufgaben der betrieblichen Sozialpolitik gehört es, Arbeitsplätze, Maschinen und Arbeitsgeräte sowie die Arbeitsumgebung im Rahmen des technisch und wirtschaftlich Möglichen so zu gestalten, daß sie den arbeitenden Menschen nicht unnötig belasten und überfordern. Dadurch werden gesundheitliche Schäden vermieden, Unfallgefahren vermindert, aber auch die Arbeitsfreude erhöht. Hilfen für eine erfolgreiche Anpassung der Arbeit an den Menschen bietet die Arbeitswissenschaft. Die Betriebe sind nach dem Betriebsverfassungsgesetz gehalten, bei ihren arbeitsgestalterischen Maßnahmen gesicherte arbeitswissenschaftliche Erkenntnisse zu berücksichtigen (§§ 90, 91 BetrVG).

b) **Menschengerechtere Arbeitsstrukturierung:** Auf Grund der veränderten menschlichen Arbeitserwartungen gewinnen betriebliche Maßnahmen an Bedeutung, die dem einzelnen einen größeren Spielraum für Initiative

und Verantwortung in der Arbeit einräumen, die ihn von nicht notwendigen betrieblichen Sachzwängen befreien und den Kontakt der Mitarbeiter untereinander fördern. Hier ist vor allem die betriebliche Arbeitsorganisation angesprochen. Dort, wo eine sehr weitgehende Arbeitsteilung sinnentleerte und monotone Arbeitsabläufe geschaffen hat, ist die betriebliche Sozialpolitik darauf gerichtet, Arbeitsstrukturen zu schaffen, die den Mitarbeitern die Möglichkeit geben, mit mehr Freiheit und eigener Verantwortung zu arbeiten. Das bedeutet keine Abkehr vom Prinzip der Arbeitsteilung, die zur Sicherung der Produktivität unentbehrlich ist, sondern eine Vermeidung extremer Formen der Arbeitsteilung.
Als Mittel zur Veränderung monotoner Arbeitsabläufe kommen in Betracht: der systematische Arbeitsplatzwechsel, die Aufgabenerweiterung – durch Zusammenfassung vor- und nachgelagerter Arbeiten zu größeren, in sich geschlossenen Arbeitsabläufen – und die Arbeitsbereicherung – mit dem Ziel, dem einzelnen einen größeren Verantwortungs- und Enscheidungsspielraum zu überlassen (z. B. Übertragung der Kontrollfunktion, der Material- und Werkzeugdisposition). Die Übertragung zusätzlicher Aufgaben und Verantwortung bedeutet für den einzelnen nicht nur Entfaltungsmöglichkeit, sondern auch Anerkennung seiner Leistung. Die selbstkritische Prüfung eigener Arbeitsergebnisse ermöglicht eine unmittelbare Feststellung des Arbeitserfolges und vermittelt damit dem einzelnen ein Erfolgserlebnis.

c) **Zeitgemäße Führung:** Erfahrungsgemäß gibt das Verhältnis zum jeweiligen Vorgesetzten weitgehend den Ausschlag dafür, ob der Arbeitnehmer eine positive Einstellung zur Arbeit und zum Betrieb gewinnt oder ein teilnahmsloser und unzufriedener Arbeitsausführender bleibt. Diese Erfahrung beweist die Bedeutung der betrieblichen Führung als Mittel der Integration. Sie wird gefördert, wenn den Mitarbeitern weitestmöglich Spielräume für selbständiges Handeln gewährt werden und durch Delegation von Aufgaben, Befugnissen und Verantwortung beim einzelnen Eigeninitiative und Mitdenken ausgelöst wird. Eine auf Kooperation angelegte Führung schließt im Gegensatz zu autoritäten Führungsformen die Mitarbeiter zu einer Leistungsgemeinschaft zusammen, und ein großes Maß an Produktivität wie auch an Arbeitsfreude erreicht wird.
Ein wichtiges Führungsmittel besteht darin, den Mitarbeitern im Betrieb ausreichende Aufstiegschancen zu schaffen. Gerade die wachsende Zahl qualifizierter Mitarbeiter legt besonderen Wert auf solche Möglichkeiten des beruflichen Aufstiegs, die Leistungsimpulse auslösen und das Interesse am Betrieb und seinen Zielen stärken.
Nicht zuletzt gehört es zu den sozialpolitischen Führungsaufgaben, gute menschliche Beziehungen im oder auf der Grundlage des Betriebes besonders zu pflegen. Das gilt in erster Linie für den Umgang am Arbeitsplatz, der das Betriebsklima weitgehend bestimmt. Darüber hinaus sucht man die Wünsche der Mitarbeiter

nach Zugehörigkeit zu einer Gemeinschaft durch Förderung einer – weitgehend selbstbestimmten – Gruppenarbeit sowie durch die Förderung sog. »informeller« Gruppen, d. h. vom Betriebszweck unabhängiger Gruppenbildungen zu erfüllen.

d) **Innerbetriebliche Information:** Eine auf Integration ausgerichtete betriebliche Sozialpolitik setzt ein systematisch gefördertes Informationswesen voraus. Es unterrichtet den Arbeitnehmer über seinen Aufgaben- und Verantwortungsbereich und gibt ihm Aufschluß über die wesentlichen technischen, organisatorischen und personellen Änderungen, die seinen Arbeitsbereich berühren. Ferner ist es Aufgabe der Information, dem einzelnen die Bedeutung seiner Tätigkeit im Gesamtzusammenhang des Betriebes zu verdeutlichen und ihn über die wesentlichen betrieblichen Entwicklungen zu unterrichten. Betriebliche Informationen geben den Mitarbeitern Sicherheit, lösen sie aus der Isolierung ihres Arbeitsplatzes und beziehen sie in die betriebliche Arbeits- und Mitarbeitergemeinschaft ein. Die betriebliche Information darf jedoch keine »Einbahnstraße« sein. Wichtig ist ein wechselseitiger Kontakt und Meinungsaustausch zwischen der Unternehmensleitung und ihren Mitarbeitern, denn auf diese Weise kann das gegenseitige Verständnis und Vertrauen gefördert und ein den Interessen des arbeitenden Menschen besser gerecht werdender Ausgleich gefunden werden.

e) **Zusammenarbeit mit dem Betriebsrat:** Ein wesentlicher Bestandteil der modernen betrieblichen Sozialpolitik ist die Zusammenarbeit mit dem Betriebsrat, dem gewählten Vertreter der Arbeitnehmer des Betriebes. Die rechtliche Grundlage für dieses Zusammenwirken bildet das Betriebsverfassungsgesetz. Den äußeren rechtlichen Rahmen mit Leben zu erfüllen und die vorgegebene Sozialordnung wirkungsvoll zu gestalten, obliegt jedoch den Partnern im Betrieb. Es liegt auf der Hand, daß eine Integration der Arbeitnehmer in den Betrieb nicht erreichbar ist, wenn ihr repräsentatives Organ, der Betriebsrat, den Willen zur Zusammenarbeit fehlen läßt. Aufgabe der betrieblichen Sozialpolitik ist es daher, den Betriebsrat für dieses Ziel zu gewinnen. Dabei kann sie sich auf die Rechtsgrundlage des Betriebsverfassungsgesetzes stützen: Es baut auf dem Grundgedanken der vertrauensvollen Zusammenarbeit zwischen Arbeitgeber und Betriebsrat auf. Durch eine klare Abgrenzung der Rechte und Pflichten aller Beteiligten trägt es zur Versachlichung des Ausgleichs innerbetrieblicher Gegensätze und damit zur Aufrechterhaltung des Betriebsfriedens bei. Indem es dem Betriebsrat funktionell abgestufte Mitbestimmungs- und Mitwirkungsrechte überträgt und auch dem einzelnen Arbeitnehmer Individualrechte einräumt, aufgrund derer er seine eigenen Belange im Betrieb selbst vertreten kann, fördert es das Hineinwachsen der Mitarbeiter in den Betrieb. In die gleiche Richtung zielen die im Gesetz vorgesehenen Einrichtungen der

Arbeitnehmerrepräsentanz, wie der Wirtschaftsausschuß, die Betriebsversammlung und die Arbeitnehmervertretung im Aufsichtsrat.

III. Schlußbetrachtung

Zusammenfassend ist festzustellen: Die betriebliche Sozialpolitik hat trotz der Ausweitung der überbetrieblichen Sozialpolitik nach wie vor ihre Bedeutung. Allerdings ist im Bereich der freiwilligen Sozialleistungen ein gewisser Wandel erfolgt, bedingt durch die sich ausdehnenden gesetzlichen und tariflichen Sozialmaßnahmen wie durch die veränderten wirtschaftlichen und gesellschaftlichen Verhältnisse. Das Schwergewicht der Sozialleistungen hat sich damit auf ergänzende Hilfen verschoben, die das Ziel haben, die Selbsthilfe des einzelnen zu stärken.
Auf der anderen Seite ist der betrieblichen Sozialpolitik eine weitergehende Aufgabe zugewachsen, nämlich die der Integration des Arbeitnehmers in den Betrieb. Das ist zugleich eine gesellschaftspolitische Aufgabe, denn der Betrieb ist heute mehr denn je Teil der Gesamtgesellschaft.

VIERTER TEIL
FÖRDERUNGSMASSNAHMEN MODERNER SOZIALPOLITIK MIT BEDEUTUNG FÜR DIE ARBEITSWELT

10. Kapitel
Förderung der Schul- und Berufsausbildung *

A) Überblick über bundeseinheitliche Förderungsmaßnahmen

1. Rechtsquellen: Es gelten u. a. Vorschriften
a) des Arbeitsförderungsgesetzes (AFG) und des Bundesausbildungsförderungsgesetzes (BAföG),
b) des Bundesversorgungsgesetzes (BVG), des Bundessozialhilfegesetzes (BSHG), des Bundesjugendplanes (Förderung junger Zuwanderer aus dem sog. Garantiefonds) (BJP),
c) des Lastenausgleichs-, des Bundesentschädigungs-, des Heimkehrer- und des Bundesevakuiertengesetzes.

Im Rahmen dieser Darstellung sind die unter a) genannten Vorschriften von besonderer Bedeutung; sie werden unten S. 149 und S. 159 eingehender behandelt. Die unter c) genannten Vorschriften aus dem Kriegslasten- und Wiedergutmachungsrecht haben durch Zeitablauf an Bedeutung verloren.

Neben der Ausbildungsförderung aus öffentlichen Mitteln gibt es auch noch Möglichkeiten zur Ausbildungsförderung durch Stiftungen und andere Stellen. Beispielhaft seien in alphabetischer Reihenfolge genannt: Das Cusanuswerk (Bischöfliche Studienförderung), die Deutsche Forschungsgemeinschaft, die Konrad-Adenauer-Stiftung, die Stiftung für Begabtenförderung der Deutschen Landwirtschaft, die Studienstiftung des Deutschen Volkes.

2. Allgemeine Hinweise: Unter Anwendung der in den Rechtsvorschriften enthaltenen Begriffe spricht man von einer Erziehungsbeihilfe nach BVG, der Ausbildungsförderung nach BAföG, der Berufsausbildungsbeihilfe nach AFG, der Ausbildungshilfe nach BSGH, der Eingliederungshilfe aus dem Garantiefonds (BJP); diese Reihenfolge bezeichnet zugleich auch die in der Regel geltende Rangfolge. Hauptzweck dieser Maßnahmen ist die Erwerbsbefähigung, wenn auch eine Begabtenförderung nicht ausgeschlossen ist. Im Verhältnis der Bundesmaßnahmen untereinander schließt der Bezug einer vorrangigen Förderung den Bezug einer anderen Förderung aus bzw. wird die andere Förderung angerechnet.

Eine Förderung wird nur auf Antrag und nur insoweit gewährt, als die anrechnungsfähigen eigenen Mittel des Auszubildenden und bestimmter Angehöriger zur Bestreitung der Kosten für Lebensunterhalt und Ausbildung nicht ausreichen. Die Berücksichtigung der eigenen Mittel und die Festsetzung des Förderungsbetrages geschieht in der Regel dadurch, daß
a) der Ausbildungsbedarf ermittelt wird. Er umfaßt insbesondere
   1) die notwendigen Ausbildungskosten (z. B. Lernmittel, Arbeitsausrüstung, Arbeitsmittel, Kosten für Fahrten zur Ausbildungsstätte und ggf. für Familienheimfahrten, Taschengeld),
   2) den notwendigen Lebensunterhalt einschl. Unterkunftskosten,

* Von Paul Seipp

3) die Kosten eines etwaigen Sonderbedarfs (z. B. Diätkost);
nach dem BAföG wird der monatliche Gesamtbedarf, nach dem AFG der monatliche Bedarf für den Lebensunterhalt durch besonderen Pauschbetrag abgegolten;

b) die eigenen Mittel des Auszubildenden festgestellt werden und die im wesentlichen durch den Eigenbedarf bestimmte Einkommensgrenze ermittelt wird, bis zu der Eigenmittel der Angehörigen unberücksichtigt bleiben. Der Eigenbedarf wird dabei nach einem bestimmten Schlüssel errechnet, der für die Beihilfearten einzelne Unterschiede aufweist;

c) von dem Ausbildungsbedarf nach Buchst. a die eigenen Mittel des Auszubildenden und der die Einkommensgrenze nach Buchst. b übersteigende Einkommensbetrag – ggf. nach anteilmäßiger Berücksichtigung weiterer von den Angehörigen zu unterhaltenden Personen – abgezogen und die verbleibende Differenz als Ausbildungsbeihilfe festgesetzt wird.

3. Tabellarische Übersicht: Die tabellarische Aufstellung auf den folgenden Seiten ermöglicht einen orientierenden und vergleichenden Überblick über die wesentlichen Merkmale dieser Förderungsmaßnahmen aus Bundesmitteln.

BVG	BAföG	AFG	BSHG	BJP (Garantiefonds)
1	2	3	4	5

I. Berechtigter Personenkreis

BVG	BAföG	AFG	BSHG	BJP (Garantiefonds)
1. Waisen mit Anspruch auf Versorgungsbezüge nach BVG; 2. Kinder von Kriegsbeschädigten mit Anspruch auf Versorgungsbezüge nach BVG oder denen eine Kapitalabfindung gewährt worden ist; 3. Kinder von Kriegsgefangenen und Kriegsverschollenen.	1. Schüler von a) weiterführenden allgemeinbildenden Schulen, Berufsfachschulen und Fachoberschulen ab Klasse 11, b) Abendhauptschulen, Berufsaufbauschulen, Abendrealschulen, Abendgymnasien, Kollegs, 2. Schüler der Klasse 10 von weiterführenden allgemeinbildenden Schulen und von Berufsfachschulen, wenn der Auszubildende nicht bei seinen Eltern wohnt und von der Wohnung der Eltern aus eine entsprechende, zumutbare Ausbildungsstätte nicht erreichbar ist. 3. Studierende an Höheren Fachschulen und Akademien, Studenten an Hochschulen; 4. Teilnehmer an Fernunterrichtslehrgängen, die bestimmte Voraussetzungen erfüllen; 5. Praktikanten, die ein in Ausbildungsbestimmungen geregeltes Praktikum im Zusammenhang mit dem Besuch der	1. In betrieblicher oder überbetrieblicher Ausbildung befindliche Auszubildende a) für staatlich anerkannte oder als solche geltende Ausbildungsberufe, b) für handwerkliche Gewerbe, die als solche durch die Handwerksordnung anerkannt sind, c) in Ausbildungsverhältnissen, die als Ausnahmen zugelassen sind; 2. Teilnehmer an a) Grundausbildungslehrgängen zur Vorbereitung auf bestimmte Berufsbereiche,	Der Hilfe bedürftige Minderjährige und Volljährige, soweit eine Förderung nach vorrangigen Vorschriften nicht möglich ist.	Personen unter 35 Jahren, die in das Bundesgebiet oder in West- Berlin zugewandert sind und 1. als deutsche Volkszugehörige oder als Ehegatte oder Abkömmling zusammen mit diesen ihren Wohnsitz in der DDR, in Ost-Berlin oder in den ehemaligen deutschen Ostgebieten, in Danzig, Estland, Lettland, Litauen, der UdSSR, Polen, der Tschechoslowakei, Ungarn, Rumänien, Bulgarien, Jugoslawien, Albanien oder China verlassen haben, oder

BVG	BAföG	AFG	BSHG	BJP (Garantiefonds)
1	2	3	4	5
	vorstehend genannten Ausbildungsstätten einschließlich der Fernunterrichtslehrgänge leisten müssen.	b) Förderungslehrgängen für noch nicht berufsreife Personen, von denen zu erwarten ist, daß sie nach Abschluß des Lehrgangs eine Ausbildung aufnehmen können.		2. als ausländische Flüchtlinge ihren rechtmäßigen Aufenthalt im Bundesgebiet oder in West-Berlin haben, oder 3. den Status heimatloser Ausländer haben.
		II. Altersgrenzen		
Vollendung des 27. Lebensjahres	Bei Beginn des Ausbildungsabschnitts, für den Förderung beantragt wird, darf das 35. Lebensjahr noch nicht vollendet sein, es sei denn, daß die Art der Ausbildung oder die Lage des Einzelfalles Überschreitungen rechtfertigen.	Nicht festgesetzt	Nicht festgesetzt, jedoch wird nach Vollendung des 25. Lebensjahres Beihilfe nur gewährt, wenn die Besonderheiten des Falles oder die Art der Ausbildung dies rechtfertigen.	Vollendung des 35. Lebensjahres

III. Arten der förderungsfähigen Ausbildung

1. Ausbildung für Berufe, die einen bestimmten Ausbildungsgang voraussetzen; 2. Maßnahmen, die zur Vorbereitung auf einen Beruf oder eine sonstige angemessene Tätigkeit notwendig sind; 3. Maßnahmen, die zwischen der Schulentlassung und dem Beginn der Berufsbildung überwiegend der Erziehung, Erwerbsbefähigung und der Hinführung zum Beruf dienen; ferner 4. Besuch von mittleren oder höheren Schulen, wenn der in Aussicht genommene Beruf dies erfordert.	1. s. oben unter Nr. I. Förderungsfähig ist grundsätzlich nur der Besuch öffentlicher Einrichtungen oder einer genehmigten Ersatzschule; der Besuch von Ergänzungsschulen oder nichtstaatlichen Hochschulen nur dann, wenn die zuständige Landesbehörde Gleichwertigkeit anerkannt hat. 2. Auf Grund von RechtsVO ist ferner förderungsfähig der Besuch von Ausbildungsstätten für Heilhilfsberufe, für landwirtschaftlich-technische, milchwirtschaftlich-technische und biologisch-technische Assistentinnen und Assistenten, für kirchliche Berufe, für Dorfhelfer, Alten-, Familien-, Haus- und Heilerziehungspfleger sowie die Teilnahme an Vorkursen zur Vorbereitung des Besuchs von Kollegs und Hochschulen.	1. s. oben Nr. I. Grundsätzlich wird nur die erstmalige Berufsausbildung gefördert. Bei begründeter vorzeitiger Lösung des Berufsausbildungsverhältnisses ist Berufsausbildung auch für eine neue Ausbildung zu gewähren. 2. Berufsausbildungsbeihilfe kann auch gewährt werden, wenn sich an eine abgeschlossene Berufsausbildung eine Ausbildung in einem anderen Ausbildungsberuf anschließt, falls der neue Beruf mit dem vorher erlernten in einem fachlichen Zusammenhang steht, und die neue Ausbildung die Beschäftigungsmöglichkeiten auf dem Arbeitsmarkt verbessert.	1. Ausbildung für einen angemessenen Beruf oder für eine sonstige angemessene Tätigkeit; 2. Teilnahme an Vorbereitungsmaßnahmen, die geboten sind, um eine spätere Ausbildung oder die spätere Ausübung eines Berufs oder einer angemessenen Tätigkeit zu ermöglichen (z. B. Teilnahme an berufsfördernden Maßnahmen); 3. Besuch von Realschulen, Gymnasien und gleichgestellten Ausbildungsstätten, von Fachober-, Berufsfach- und Berufsaufbauschulen, von Fach- und Höheren Fachschulen sowie von Akademien; ferner 4. Besuch von Hochschulen (Soll-Leistung).	1. Besuch a) von allgemeinbildenden und berufsbildenden Schulen sowie schulischer Lehrgänge (z. B. Förderschulen, Förderklassen, sonstige Maßnahmen für Ausländer und Asylberechtigte). Nicht gefördert wird der Besuch der örtlich zuständigen Grund- und Hauptschule, sie sei denn eine Förderungseinrichtung; b) von Kursen überörtlicher Bedeutung, die der Eingliederung in ein Hochschul-, Fachhochschul-, Akademie- oder Studium an einer Höheren Fachschule dienen, auf die hierzu erforderliche fachliche oder sprachliche Ergänzungsprüfung vorbereiten oder zum Erlernen der deutschen Sprache für die Aufnahme einer Ausbildung oder Berufstätigkeit notwendig sind; c) einer Hochschule, Fachhochschule, Akademie oder höheren Fachschule;

BVG	BAföG	AFG	BSHG	BJP (Garantiefonds)
1	2	3	4	5

2. Teilnahme
a) an einer praktischen oder schulischen Berufsausbildung im Rahmen der Vorschriften oder üblichen Ausbildungswege einschließlich der zur Hinführung, Vorbereitung und Ergänzung der Ausbildung erforderlichen Maßnahmen;
b) an Fortbildungsmaßnahmen, die über eine abgeschlossene Schul- und Berufsausbildung hinaus der Weiterbildung einschließlich einer zusätzlichen Spezialausbildung und dem beruflichen Aufstieg dienen, wenn die Teilnahme an derartigen Maßnahmen bisher aus Gründen, die ihre Ursache im politischen System des Herkunftsgebietes haben, nicht möglich war oder die erworbene Ausbildung im Bundesgebiet oder in West-Berlin nicht entsprechend anerkannt wird;
c) an Umschulungsmaßnahmen, wenn die gewünschte Ausbildung aus denselben Gründen bisher nicht durchgeführt werden konnte oder die Wiederaufnahme des bisherigen Berufs nicht möglich oder unzumutbar ist;
d) an Praktika, die zwischen Kursen nach Nr. 1 b oder im Anschluß an solche stattfinden.

IV. Voraussetzungen

1. Eignung für Berufs- oder sonstige Ausbildung; 2. Zweckmäßigkeit des beabsichtigten Ausbildungsweges; 3. Beruf oder Tätigkeit müssen voraussichtlich ausreichende Lebensgrundlage vermitteln.	1. Status als a) Deutscher im Sinne des Grundgesetzes, b) heimatloser Ausländer im Sinne des Gesetzes über die Rechtsstellung heimatloser Ausländer, c) Ausländer, der seinen gewöhnlichen Aufenthalt (gA) im Bundes-	1. Wie nebenstehend Spalte 2 Nr. 1; ferner: Staatsangehörige eines anderen EWG-Mitgliedstaates. Andere Personen nur dann, wenn Staatsverträge oder überstaatliche Rechtsvorschriften es vorsehen. 2. Die gewählte Ausbildung muß der beruflichen	1. Für Berufsausbildung: a) Eignung des Auszubildenden für den Beruf; b) Leistungen des Auszubildenden müssen die Gewährung der Hilfe rechtfertigen; c) fachliche Notwendigkeit des beabsichtigten Ausbildungsweges;	1. s. oben S. I. 2. Eignung für die gewünschte Ausbildung, d. h. wenn zu erwarten ist, daß der Auszubildende das Ausbildungsziel erreicht. 3. Bedürfnis nach wirtschaftlicher Hilfe; es liegt vor, wenn der Auszubildende weder

gebiet oder in West-Berlin hat und als Asylberechtigte anerkannt ist. Andere Ausländer, wenn sie in den letzten 5 Jahren vor Ausbildungsbeginn oder wenn zumindest ein Elternteil in den letzten 3 Jahren vor Beginn des Bewilligungszeitraumes ständig sich rechtmäßig im Bundesgebiet oder in West-Berlin aufgehalten haben und in der Regel erwerbstätig waren;

2. Die Leistungen des Auszubildenden müssen erwarten lassen, daß er das angestrebte Ausbildungsziel erreicht; das wird angenommen, solange der Auszubildende die Ausbildungsstätte besucht oder ein Praktikum ableistet und beim Besuch einer höheren Fachschule, Akademie oder Hochschule die erforderlichen Nachweise erbringt (Bescheinigung der Ausbildungsstätte, aus der sich die Eignung ergibt).

Neigung des Auszubildenden entsprechen, der Auszubildende muß für den angestrebten Beruf geeignet sein und die Leistungen des Auszubildenden müssen erwarten lassen, daß er das Ausbildungsziel erreichen wird.

3. Die angestrebte Berufstätigkeit muß nach Lage und Entwicklung des Arbeitsmarktes, der vorgesehene Ausbildungsgang oder die berufsvorbereitende Maßnahme müssen als fachlich zweckmäßig erscheinen.

d) Beruf muß voraussichtlich ausreichende Lebensgrundlage bieten.

2. Für Schulbesuch:

a) für den Besuch einer Realschule oder gleichgestellte Ausbildungsstätte müssen Leistungen des Auszubildenden die Gewährung der Hilfe rechtfertigen;

b) für den Besuch der oben unter III, 3 genannten anderen Ausbildungsstätten wird Ausbildungshilfe nur gewährt, wenn der Auszubildende nach seinen Fähigkeiten und Leistungen für den Besuch geeignet ist oder wenn ein Abbruch der Ausbildung für ihn eine Härte bedeuten würde. Für die Hilfe zum Besuch einer Berufsfachschule, einer Berufsaufbauschule, einer Fachschule, einer höheren Fachschule, einer Akademie oder einer Hochschule gelten ferner die Buchstaben a, c und d der vorstehenden Nr. 1.

allein noch mit Hilfe der Unterhaltspflichtigen die Kosten der Ausbildung aufbringen kann;

4. Stellung des Antrags auf erstmalige Gewährung einer Beihilfe innerhalb von 60 Monaten nach der Zuwanderung. Eine Förderung ist jedoch ausgeschlossen, wenn der Antragsberechtigte seine Ausbildung länger als 2 Jahre nach seiner Zuwanderung nicht verfolgt, es sei denn, daß dies nach Lage des Einzelfalles gerechtfertigt ist.

BVG	BAföG	AFG	BSHG	BJP (Garantiefonds)
1	2	3	4	5

V. Örtliche behördliche Zuständigkeit für die Antragstellung

BVG	BAföG	AFG	BSHG	BJP (Garantiefonds)
Fürsorgestelle des Wohnorts der unterhaltspflichtigen Angehörigen; bei Fehlen eines solchen Wohnorts und solcher Angehöriger Fürsorgestelle des tatsächlichen Aufenthaltsortes des Auszubildenden.	1. Im Regelfall das Amt für Ausbildungsförderung (AfAfö), in dessen Bezirk die Eltern des Auszubildenden ihren ständigen Wohnsitz haben. 2. Abweichend davon ist zuständig a) das AfAfö, in dessen Bezirk der Auszubildende seinen ständigen Wohnsitz hat, wenn	Das für den Wohnort des Auszubildenden zuständige Arbeitsamt. Hat der Auszubildende seinen Wohnort nicht im Bundesgebiet oder in West-Berlin, ist es das für den Ausbildungsort zuständige Arbeitsamt.	Träger der Sozialhilfe (z. B. Sozialamt) des Wohnorts der unterhaltspflichtigen Angehörigen; bei Fehlen eines solchen Wohnorts oder bei fehlender Zugehörigkeit zum Haushalt eines Unterhaltspflichtigen der Träger der Sozialhilfe, in dessen Bereich der Auszubildende seinen gewöhnlichen Aufenthalt in den 2 Monaten vor Beginn der durch die Hilfe zu fördernden Ausbildung außerhalb des Ausbildungsortes zuletzt gehabt hat; bei Fehlen oder Nichtermittlung eines solchen gewöhnlichen Aufenthalts der Träger der Sozialhilfe, in dessen Bereich sich der Auszubildende tatsächlich aufhält.	1. Für Studenten an einer Hochschule, Fachhochschule, Akademje oder Höheren Fachschule, für Besucher von Kursen überörtlicher Bedeutung zur Eingliederung in das Studium oder zum Erlernen der deutschen Sprache die Otto-Benecke-Stiftung in Bonn; 2. in allen übrigen Fällen in der Regel der Stadt- oder Landkreis, in dessen Bereich der Auszubildende seine Ausbildung erhält.

1) er von seinem ständigen Wohnsitz aus eine außerhalb des Bundesgebietes oder West-Berlins gelegene Ausbildungsstätte besucht oder Ausbildungsförderung für die Teilnahme an Fernunterrichtslehrgängen erhält,
2) er ein Abendgymnasium oder ein Kolleg besucht,
3) er verheiratet ist oder war,
4) seine Eltern nicht mehr leben oder ihren ständigen Wohnsitz nicht in dem Bezirk desselben AfAfö haben oder kein Elternteil seinen Wohnsitz im Bundesgebiet oder in West-Berlin hat;

b) das AfAfö, in dessen Bezirk die Ausbildungsstätte liegt, wenn
1) der Auszubildende in den vorstehenden Fällen nach Buchst. a Nr. 2 und 4 keinen gA im Bundesgebiet oder in West-Berlin hat,
2) er eine Höhere Fachschule, eine Akademie oder Hochschule im Bundesgebiet oder in West-Berlin besucht;

c) das gemäß Rechtsverordnung der Bundesregierung vom 27. 10. 1971 (BGBl. I S. 1699) bestimmte AfAfö, wenn ein Auszubildender mit ständigem Wohnsitz im Bundesgebiet oder in West-Berlin eine Ausbildungsstätte im europäischen oder außereuropäischen Ausland besucht;

d) das von der zuständigen Behörde in Nordrhein-Westfalen bestimmte AfAfö, wenn ein Deutscher im Sinne des GG seinen gA in einem ausländischen Staat hat und dort eine Ausbildungsstätte besucht.

B) Die Berufsausbildungsbeihilfe nach dem Arbeitsförderungsgesetz (BAB)*

I. Ausbildungsberufe und -arten

1. Gefördert wird insbesondere eine im Bundesgebiet oder in West-Berlin durchgeführte betriebliche oder überbetriebliche Ausbildung

a) in Berufen, die nach dem Berufsbildungsgesetz als Ausbildungsberufe staatlich anerkannt sind oder als staatlich anerkannte Ausbildungsberufe gelten,
b) in den Gewerben der Anlage A der Handwerksordnung,
c) in Ausbildungsverhältnissen, die nach dem Berufsbildungsgesetz als Ausnahmen zugelassen sind.

Die nach den Buchst. a–b förderungsfähigen Ausbildungsberufe sind aufgeführt in dem jährlich im Bundesanzeiger veröffentlichten amtlichen Verzeichnis der anerkannten oder als solche geltenden Ausbildungsberufe.

Gefördert werden kann auch
1) die Berufsausbildung zum Matrosen oder für vergleichbare Ausbildungsberufe auf Kauffahrteischiffen,
2) die Teilnahme an einem Grundausbildungslehrgang zur Vorbereitung auf bestimmte Berufsbereiche,
3) die Teilnahme an einem Förderungslehrgang für noch nicht berufsreife Personen, von denen zu erwarten ist, daß sie nach Abschluß des Lehrgangs eine Ausbildung aufnehmen können.

Im Rahmen dieser Ausführungen wird auf sie nicht näher eingegangen.

2. Besondere Voraussetzungen, die für die Gewährung der BAB erfüllt sein müssen, sind

a) daß die angestrebte Berufstätigkeit nach Lage und Entwicklung des Arbeitsmarktes zweckmäßig erscheint. Das ist insbesondere dann der Fall, wenn
   1) nicht nach Abschluß der Ausbildung mit baldigem Berufswechsel gerechnet werden muß,
   2) eine ausreichende berufliche Beweglichkeit erwartet werden kann;
b) daß der vorgesehene Ausbildungsgang fachlich zweckmäßig erscheint. Dies ist der Fall, wenn die Berechtigung zum Einstellen und Ausbilden durch den Betrieb oder die überbetriebliche Einrichtung nach den Vorschriften des Berufsbildungsgesetzes vorliegt.

3. BAB wird grundsätzlich für die erstmalige Berufsausbildung gewährt. Sie kann auch gewährt werden,

a) bei begründeter vorzeitiger Lösung eines Berufsausbildungsverhältnisses für eine neue Ausbildung,

* § 40 AFG i. V. m. der Anordnung des Verwaltungsrates der Bundesanstalt für Arbeit über die individuelle Förderung der beruflichen Ausbildung (A Ausbildung) vom 31. 10. 1969 mit Änderungen.

b) sich an eine abgeschlossene Berufsausbildung eine Ausbildung in einem anderen anerkannten Ausbildungsberuf anschließt und der neue Beruf mit dem vorher erlernten in einem fachlichen Zusammenhang steht und die neue Ausbildung die Beschäftigungsmöglichkeiten auf dem Arbeitsmarkt verbessert.

II. Förderungsdauer

1. BAB wird für die vorgeschriebene Ausbildungszeit und grundsätzlich frühestens vom Tage der Antragstellung an gewährt. Wird der Antrag jedoch noch innerhalb von 3 Monaten nach Ausbildungsbeginn gestellt, wird BAB von deren Beginn an gewährt.
Legt der Auszubildende vorzeitig die Abschlußprüfung ab, endet die Förderung spätestens mit Ablauf des Tages, an dem die Prüfung bestanden wurde.
Für Zeiten einer Krankheit oder Schwangerschaft sowie für Zeiten nach der Entbindung wird BAB weitergewährt.

2. BAB kann über die vorgeschriebene Zeit hinaus gewährt werden, wenn besondere persönliche Umstände oder Lage und Entwicklung des Arbeitsmarktes es rechtfertigen.

III. Förderungsformen

1. Grundsätzlich wird BAB als Zuschuß gewährt. Ausnahmsweise kann sie dann auch als zinsfreies Darlehen gewährt werden, wenn und soweit

a) der gewählte Ausbildungsweg zwar fachlich zweckmäßig ist – vgl. Abschn. I 2 b –, seine Ausgestaltung und der Aufwand dafür jedoch über die üblichen Formen und Kosten hinausgehen, oder
b) eine neue Ausbildung nicht gefördert werden kann, weil die Voraussetzungen nicht erfüllt sind – vgl. I 3 –, eine weitere Ausbildung jedoch aus allgemeinen sozialen Gesichtspunkten ermöglicht werden sollte, oder
c) die Ausbildung über die vorgeschriebene Zeit hinaus verlängert werden muß und die Gründe dafür – vgl. Abschn. II 2 – nicht anerkannt werden können, eine Verlängerung der Ausbildungszeit jedoch aus allgemeinen sozialen Gesichtspunkten ermöglicht werden sollte.

2. Das Darlehen ist nach Abschluß der Ausbildung in einem angemessenen Zeitraum, längstens in 8 Jahren, zu tilgen; bis zu 2 tilgungsfreie Jahre können eingeräumt werden. In besonderen Fällen können längere tilgungsfreie Zeiten und Tilgungszeiten genehmigt werden.

IV. Förderungsumfang

1. Die BAB bemißt sich insbesondere
a) nach dem Bedarf für den Lebensunterhalt und
b) nach dem Bedarf für die Ausbildung.

Zu a): Bedarf für den Lebensunterhalt: Die zugrunde gelegten Sätze sind unterschiedlich je nachdem, ob der Auszubildende unverheiratet ist **und** das 21. Lebensjahr noch nicht vollendet hat oder ob er verheiratet ist **oder** das 21. Lebensjahr vollendet hat. Hierzu die folgende tabellarische Übersicht:

Monatlicher Bedarf für den Lebensunterhalt

Auszubildender unverheiratet und unter 21 Jahren	Auszubildender verheiratet oder über 21 Jahre
1. 305,— DM, und zwar a) bei Unterbringung im Haushalt der Eltern oder eines Elternteils, b) bei Unterbringung zwar nicht bei den Eltern oder einem Elternteil, die Ausbildungsstätte aber von deren Wohnung aus in angemessener Zeit erreicht werden könnte; hiervon ausgenommen ist der Fall nachfolgender Nr. 2 b, c) bei ganztägiger Abwesenheit, wenn bei Internats- oder Heimunterbringung oder Unterbringung beim Ausbildenden deren Kosten geringer sind (vgl. folgende Nr. 2). 2. Die amtlich festgesetzten Unterbringungs- und Verpflegungskosten zuzüglich eines Taschengeldes von 50,– DM a) bei Internats- oder Heimunterbringung mit voller Verpflegung, b) bei Unterbringung beim Ausbildenden mit voller Verpflegung; 3. 325,— DM zuzüglich a) bis zu 120,— DM für Unterkunftskosten, und b) eines Taschengeldes von 50,– DM bei anderweitiger Unterbringung als nach Nrn. 1 und 2 (z. B. in einem möblierten Zimmer).	Wesentlicher Anhaltspunkt ist die unten S. 154 abgedruckte Tabelle „Unterhaltsgeld"; der Berechnung ist das Arbeitsentgelt zugrunde zu legen, das nach Beendigung der Ausbildung voraussichtlich erreicht wird: Es wird angesetzt 1. Der volle Tabellenbetrag – jedoch nicht mehr als 520,– DM – a) bei Unterbringung im Haushalt der Eltern oder eines Elternteils oder im eigenen Haushalt, b) bei ganztägiger Abwesenheit, wenn bei Internats- oder Heimunterbringung oder Unterbringung beim Ausbildenden der dafür vorgesehene Gesamtbetrag nach folgender Nr. 2 niedriger ist als der volle Tabellenbetrag; 2. 50 % des vollen Tabellenbetrags zuzüglich der amtlich festgelegten Kosten für Verpflegung und Unterkunft a) bei Internats- oder Heimunterbringung mit voller Verpflegung, b) bei Unterbringung beim Ausbildenden mit voller Verpflegung, insgesamt jedoch nicht mehr als 520,— DM; 3. 50% des vollen Tabellenbetrags zuzüglich a) 280,— DM für Verpflegung, b) bis zu 120,— DM für Unterkunft, – insgesamt jedoch nicht mehr als 520,— DM — bei anderweitiger Unterbringung als nach Nrn. 1 oder 2. Ist der Auszubildende verheiratet und führt er einen eigenen Haushalt, ist bei Unterbringung nach Nrn. 2 oder 3 den dort genannten Beträgen für den Lebensbedarf die Miete und damit verbundene Nebenkosten oder die vergleichbare Belastung durch eigenes Haus oder durch Eigentumswohnung hinzuzurechnen, jedoch nicht mehr als 200,— DM.

Zu b): Bedarf für die Ausbildung: Wenn die Aufwendungen vom Auszubildenden oder von seinen Erziehungsberechtigten zu tragen sind, werden als Bedarf für die Ausbildung anerkannt:

1) Lernmittel in Höhe von 10,— DM monatlich;
2) Arbeitskleidung in Höhe von 30,— DM monatlich für die ersten 6 Ausbildungsmonate, danach von 15,— DM monatlich;
3) Kosten der Fahrt zwischen der Unterkunft und der Ausbildungsstätte oder der Berufsschule für je eine Hin- und Rückfahrt am Arbeitstag. Als Fahrtkosten werden die eines öffentlichen Verkehrsmittels – unter Berücksichtigung möglicher Fahrpreisermäßigungen – angesetzt;
4) Kosten für im Regelfalle eine Heimfahrt monatlich entweder
   α) zu den Eltern und zu einem Elternteil oder zu der eigenen Familie in der BRD oder West-Berlin, wenn der Auszubildende wegen seiner Ausbildung auswärts untergebracht ist, oder
   β) – wenn die Eltern eines unverheirateten minderjährigen Auszubildenden verstorben sind –, zu einer bestimmten, in der Regel für die Dauer der Ausbildung vom Vormund zu benennenden Person.

Kosten werden angesetzt der tariflich günstigste Fahrpreis ohne Zuschläge bzw. – bei Reisen von und nach West-Berlin – die Kosten der kürzesten Flug- bzw. kombinierten Reise.

Der Präsident der Bundesanstalt für Arbeit hat für die Erstattung der Fahrkosten nach den Nrn. 3 und 4 Pauschbeträge festgesetzt (ANBA 1973 S. 451); vgl. unten S. 158.

V. Anrechnung des Einkommens

1. Einkommensbegriff: Als Einkommen gelten alle Einkünfte in Geld oder Geldeswert nach Abzug der Steuern, der Beiträge zur Sozial- und Arbeitslosenversicherung oder entsprechende Aufwendungen zur sozialen Sicherheit in angemessenem Umfang. Als Einkommen des Auszubildenden gelten auch Beträge, die für Kost und Wohnung von der Ausbildungsvergütung einbehalten werden. Sachbezüge, die der Ausbildende gewährt, sind nach § 160 Abs. 2 RVO zu bewerten; vgl. hierzu die Übersicht S. 170.

Von dem Einkommen der Eltern und des Ehegatten können als Werbungskosten abgezogen werden

a) notwendige Aufwendungen für Fahrten zwischen Wohnung und Arbeitsstätte; vgl. hierzu oben Nr. 3,
b) Beiträge für Berufsverbände, Gewerkschaften u. ä.,
c) Mehraufwendungen infolge notwendiger Führung eines doppelten Haushaltes bis zu 150,— DM monatlich, soweit nicht Trennungsentschädigung, Auslösung u. ä. gezahlt wird.

Nicht als Einkommen gelten Leistungen, die nicht oder nicht hauptsächlich für den Lebensunterhalt, sondern als zweckgebundene Sonderleistungen gewährt werden. Sie sind beispielhaft in § 18 Abs. 5 der

Ausbildung aufgeführt. Dazu gehören z. B. bestimmte Leistungen nach BVG, BSHG, MuSchG, RVO, ferner steuerfreie Aufwandsentschädigungen, Trennungsentschädigungen, Auslösungen; auch Prämien, die der Auszubildende vom Ausbildenden erhält, sowie Leistungen, die von anderen Stellen zur Aufstockung der BAB gewährt werden, gelten nicht als Einkommen.

2. Anrechnung von Einkommen des Auszubildenden: Einkommen des Auszubildenden ist auf den Bedarf in voller Höhe anzurechnen. Davon kann abgesehen werden, wenn dies zur Vermeidung unbilliger Härten gerechtfertigt ist.
Leistungen, die von anderen Stellen zur Aufstockung der BAB gewährt werden, sowie Prämien, die der Auszubildende vom Ausbildenden erhält, gelten nicht als Einkommen des Auszubildenden.

3. Anrechnung von Einkommen der Eltern und des Ehegatten: Das Einkommen wird angerechnet, soweit es bestimmte, monatlich anrechnungsfrei bleibende Beträge übersteigt. Diese Freibeträge sind aus folgender Tabelle zu entnehmen:

Monatliche Freibeträge

vom Einkommen der Eltern	vom Einkommen des Ehegatten
1. für den Haushaltungsvorstand 650,– DM 2. für den Ehegatten, sofern die Ehegatten nicht dauernd getrennt leben 250,– DM 3. für jedes unverheiratete Kind mit Ausnahme des Auszubildenden 200,– DM Dieser Betrag vermindert sich um das Einkommen des betreffenden Kindes. Sind die Eltern geschieden oder leben sie dauernd getrennt, wird für den Elternteil, bei dem der Auszubildende lebt, ein Freibetrag von 500,— DM angesetzt; das Einkommen des anderen Elternteils bleibt außer Betracht.	1. für den Ehegatten 900,– DM 2. für jedes unverheiratete Kind 200,– DM Dieser Betrag vermindert sich um das Einkommen des betreffenden Kindes.

Für Kinder, die BAB erhalten, wird ein Freibetrag nicht gewährt.
Den Freibeträgen sind die Mieten und damit verbundene Nebenkosten oder die vergleichbare Belastung durch eigenes Haus oder Eigentumswohnung u. ä. hinzuzurechnen.
Ist für eine geeignete Berufsausbildung die Unterbringung des Auszubildenden außerhalb des Haushalts der Eltern oder eines Elternteils erforderlich, erhöht sich der Gesamtfreibetrag nach Spalte 1 um 500 DM monatlich.
Von der vorgesehenen Anrechnung des die Freibeträge übersteigenden Einkommens kann abgesehen werden, wenn dies zur Vermeidung unbilliger Härten gerechtfertigt ist.

VI. Anrechnung des Vermögens

Eine Anrechnung des Vermögens wie z. B. bei der Ausbildungsförderung nach BAföG – s. unten S. 168 – ist bei der BAB nicht vorgesehen.

VII. Sonstiges

a) Bei der Bewilligung von BAB sind die wirtschaftlichen Verhältnisse maßgebend, die z. Z. der Antragstellung nachweisbar sind. Die BAB wird in der Regel für einen Zeitabschnitt von 12 Monaten bewilligt und monatlich im voraus bezahlt.

b) Wer BAB beantragt, hat alle Tatsachen nachzuweisen, deren Kenntnis für die Festsetzung erforderlich ist. Er hat dabei den vorgesehenen Vordruck zu verwenden. Die von ihm genannten Tatsachen hat der Antragsteller glaubhaft zu machen.
   Wer BAB beantragt oder bezieht, ist ohne Aufforderung verpflichtet, jede Änderung in den Verhältnissen, die für den Anspruch auf BAB erheblich sind, unverzüglich anzuzeigen und auf Verlangen des Arbeitsamtes glaubhaft zu machen.
   Auf Verlangen des Arbeitsamtes hat der Bezieher von BAB glaubhaft zu machen, daß die tatsächlichen Voraussetzungen für deren Gewährung dort bestehen.

c) Der Anspruch auf BAB kann, soweit gesetzlich nicht etwas anderes bestimmt ist, nicht gepfändet, verpfändet oder abgetreten werden.

VIII. Anhang

1. Tabelle über das Unterhaltsgeld 1975[1])[2])

Arbeitsentgelt	Unterhaltsgeld	
	Nichtverheirateter	Verheirateter
wöchentlich		
DM	DM	DM
1	2	3
10,—	9,—	9,—
15,—	13,20	13,20
20,—	18,—	18,—
25,—	22,20	22,20
30,—	27,—	27,—
35,—	31,20	31,20
40,—	36,—	36,—
45,—	40,20	40,20
50,—	45,—	45,—
55,—	49,20	49,20
60,—	54,—	54,—
65,—	58,20	58,20
70,—	54,—	54,—
75,—	57,60	57,60
80,—	61,20	61,20
85,—	65,40	65,40
90,—	69,—	69,—
95,—	73,20	73,20
100,—	76,80	76,80
105,—	79,80	80,40
110,—	82,80	84,60
115,—	85,20	88,20
120,—	88,20	92,40
125,—	91,20	96,—
130,—	94,20	99,60
135,—	97,20	103,80
140,—	100,20	107,40
145,—	103,20	111,60
150,—	106,20	115,20
155,—	109,20	118,80
160,—	111,60	123,—
165,—	114,60	126,60
170,—	117,60	130,80
175,—	120,60	134,40
180,—	123,60	137,40
185,—	126,60	139,80
190,—	129,60	143,40
195,—	132,60	145,80
200,—	135,60	148,80
205,—	138,60	151,80
210,—	141,—	154,80
215,—	144,60	157,80
290,—	188,40	202,20
220,—	147,—	160,80
225,—	150,—	163,80
230,—	153,—	166,80

1) Anlage 1 zur AFG-LeistungsVO 1975 von 2. 1. 1975 (BGBl. I S. 113).

2) Bei Ansprüchen auf Unterhaltsgeld, die am 1. 1. 1975 noch nicht erschöpft sind, treten an die Stelle der Leistungssätze für Verheiratete die folgenden Leistungssätze (Anlage 5 der VO vom 2. 1. 1975):

Arbeitsentgelt	Unterhaltsgeld Verheirateter
wöchentlich	
DM	DM
10,—	9,60
15,—	14,40
20,—	18,60
25,—	22,80
30,—	27,60
70,—	58,80
75,—	63,—
80,—	67,20
85,—	71,40
90,—	75,60
95,—	79,80
100,—	84,60
105,—	88,80
110,—	91,80
115,—	94,80
120,—	97,80
125,—	100,80
130,—	103,20
135,—	106,80
140,—	109,20
145,—	112,80
335,—	220,20

Arbeitsentgelt	Unterhaltsgeld	
	Nichtverheirateter	Verheirateter
wöchentlich		
DM	DM	DM
1	2	3
235,—	156,—	169,20
240,—	159,—	172,80
245,—	162,—	175,20
250,—	165,—	178,20
255,—	168,—	181,20
260,—	171,—	184,20
265,—	173,40	187,20
270,—	176,40	190,20
275,—	179,40	193,20
280,—	182,40	196,20
285,—	185,40	199,20
295,—	191,40	204,60
300,—	194,40	207,60
305,—	197,40	210,60
310,—	200,40	213,60
315,—	202,80	216,60
320,—	205,80	219,60
325,—	208,80	222,60
330,—	211,80	225,60
335,—	214,80	228,—
340,—	217,20	231,60
345,—	220,20	234,—
350,—	223,20	237,—
355,—	225,60	240,—
360,—	228,60	243,—
365,—	231,60	246,—
370,—	234,—	249,—
375,—	237,—	252,—
380,—	239,40	255,—
385,—	242,40	257,40
390,—	245,40	261,—
395,—	247,20	263,40
400,—	249,60	266,40
405,—	252,—	269,40
410,—	254,40	272,40
415,—	256,80	275,40
420,—	258,60	278,40
425,—	261,—	281,40
430,—	263,40	284,40
435,—	265,80	287,40
440,—	267,60	290,40
445,—	270,—	292,80

Arbeitsentgelt	Unterhaltsgeld	
	Nichtverheirateter	Verheirateter
wöchentlich		
DM	DM	DM
1	2	3
450,—	272,40	296,40
455,—	274,20	298,80
460,—	276,60	301,80
465,—	279,—	304,80
470,—	280,80	307,80
475,—	283,20	310,80
480,—	285,—	313,80
485,—	287,40	316,80
490,—	289,20	319,80
495,—	291,60	322,80
500,—	294,—	325,80
505,—	96,40	328,80
510,—	298,80	331,80
515,—	300,60	335,40
520,—	303,—	338,40
525,—	305,40	341,40
530,—	307,80	345,—
535,—	309,60	348,—
540,—	312,—	351,—
545,—	314,40	354,—
550,—	316,20	357,60
555,—	318,60	360,60
560,—	321,—	363,60
565,—	323,40	366,60
570,—	325,20	369,60
575,—	327,60	373,20
580,—	329,40	376,20
585,—	331,80	379,20
590,—	333,60	382,80
595,—	336,—	385,80
600,—	338,40	388,80
605,—	340,20	391,80
610,—	342,60	395,40
615,—	344,40	398,40
620,—	346,20	401,40
625,—	348,60	405,—
630,—	350,40	408,—
635,—	352,80	411,—
640,—	354,60	414,—
645,—	357,—	417,—
650,—	358,80	420,60
655,—	360,60	423,60

2. Tabelle für die Pauschalierung der zu berücksichtigenden Fahrkosten bei BAB*)

Entfernung	Stufe	Monatliches Pauschale in DM für Fahrten: zwischen Unterkunft und Ausbildungsstätte, wenn der Auszubildende für alle Fahrten Schülermonatskarten erhalten kann	Monatliches Pauschale in DM für Fahrten: zur Berufsschule (ohne Blockunterricht) an 1 bis 5 Tagen im Kalendermonat	Monatliches Pauschale in DM für Fahrten: zur Berufsschule (ohne Blockunterricht) an mehr als 5 Tagen im Kalendermonat	Pauschale in DM für a) 1 Heimfahrt b) 1 An- und Rückreise bei Blockunterricht*)	Monatliches Pauschale in DM für a) Fahrten zwischen Unterkunft und Ausbildungsstätte, wenn der Auszubildende nicht für alle Fahrten Schülermonatskarten erhalten kann b) Werbungskosten (Fahrkosten) gem. § 18 Abs. 3 Nr. 1 A Ausbildung
1	2	3	4	5	6	7
bis 10 km	I	16,—	7,—	13,—	2,—	28,—
mehr als 10 bis 15 km	II	23,—	9,—	17,—	3,—	39,—
mehr als 15 bis 20 km	III	27,—	9,—	17,—	3,—	46,—
mehr als 20 bis 25 km	IV	30,—	12,—	24,—	4,—	53,—
mehr als 25 bis 30 km	V	34,—	12,—	24,—	4,—	60,—
mehr als 30 bis 35 km	VI	35,—	16,—	29,—	5,—	63,—
mehr als 35 bis 40 km	VII	39,—	16,—	32,—	5,—	70,—
mehr als 40 bis 45 km	VIII	44,—	21,—	37,—	6,—	77,—
mehr als 45 bis 50 km	IX	46,—	21,—	38,—	6,—	81,—
mehr als 50 bis 55 km	X	55,—	27,—	46,—	8,—	98,—
mehr als 55 bis 60 km	XI	56,—	27,—	47,—	8,—	102,—
mehr als 60 bis 65 km	XII	58,—	33,—	48,—	10,—	105,—
mehr als 65 bis 70 km	XIII	62,—	33,—	52,—	10,—	109,—
mehr als 70 bis 75 km	XIV	65,—	40,—	54,—	12,—	116,—
mehr als 75 bis 80 km	XV	67,—	40,—	56,—	12,—	119,—
mehr als 80 bis 90 km	XVI	69,—	40,—	58,—	12,—	123,—
mehr als 90 bis 100 km	XVII	70,—	47,—	58,—	14,—	126,—

*) Für Entfernungen über 100 km ist für die Stufe XVII das Pauschale entsprechend den Stufen I bis XVII hinzuzurechnen.

Beispiele zu Spalte 6:

Entfernung (einfach) 100 km

100 km = Stufe XVII = 14,— DM
9 km = Stufe I = 2,— DM

Pauschale insgesamt = 16,— DM

Entfernung (einfach) 254 km

100 km = Stufe XVII = 14,— DM
100 km = Stufe XVII = 14,— DM
54 km = Stufe X = 8,— DM

Pauschale insgesamt = 36,— DM

C) Die Ausbildungsförderung nach dem Bundesausbildungsförderungsgesetz*

I. Ausbildungsstätten

1. Ausbildungsförderung wird geleistet für den Besuch von

a) weiterführenden allgemeinbildenden Schulen, Berufsfachschulen und Fachoberschulen ab Klasse 11; ferner für den Besuch der Klasse 10 von weiterführenden allgemeinbildenden Schulen und von Berufsfachschulen, wenn der Auszubildende nicht bei seinen Eltern wohnt und von der Wohnung der Eltern aus eine entsprechende zumutbare Ausbildungsstätte nicht erreichbar ist,

b) Abendhauptschulen, Berufsaufbauschulen, Abendrealschulen, Abendgymnasien und Kollegs,

c) Fachschulen,

d) Höheren Fachschulen und Akademien,

e) Hochschulen,
ferner

f) für die Teilnahme an Fernunterrichtslehrgängen, die unter denselben Zugangsvoraussetzungen auf denselben Abschluß vorbereiten wie die vorstehend bezeichneten Ausbildungsstätten,

g) für Praktikanten, die in Zusammenhang mit dem Besuch der vorstehend genannten Ausbildungsstätten und Fernunterrichtslehrgängen ein Praktikum leisten müssen.

Der Begriff der einzelnen Schulart und Schulform ist näher erläutert im Entwurf einer allgemeinen Verwaltungsvorschrift zum BAföG vom 30. 11. 1971 (GMBl. 1972 S. 54).**

2. Nach § 2 Abs. 3 BAföG kann die Bundesregierung durch Rechtsverordnung mit Zustimmung des Bundesrates bestimmen, daß Ausbildungsförderung für den Besuch von anderen Ausbildungsstätten geleistet wird, wenn sie den in Abschn. 1 bezeichneten Ausbildungsstätten gleichwertig sind. Bisher wurden als gleichwertig anerkannt:

1) Durch VO vom 2. 11. 1970 (BGBl. I S. 1504) Ausbildungsstätten für Heilhilfsberufe (Krankenpflege- und Kinderkrankenpflegeschulen, Lehranstalten für medizinisch-technische, veterinär-medizinisch-technische und pharmazeutisch-technische Assistenten. Für Diätassistenten und Diätküchenleiter, für Krankengymnasten, für Beschäftigungstherapeuten, für Lokopäden, für Orthopädisten und für Assistenten in der Zytologie);

2) durch VO vom 6. 9. 1971 (BGBl. I S. 1542) die Teilnahme an Vorkursen zur Vorbereitung des Besuchs von Kollegs und Hochschulen;

* Vom 26. 8. 1971 (BGBl. I S. 1409), i. d. F. des 2. ÄndG vom 31. 7. 1974 (BGBl. I S. 1649).

** Vgl. dazu jetzt RdSchr. d. BMJFG vom 22. 7. 1974 (GMBl. S. 374).

3) durch VO vom 22. 9. 1971 (BGBl. I S. 1606) Ausbildungsstätten für landwirtschaftlich-technische, milchwirtschaftlich-technische und biologisch-technische Assistenten,
4) durch VO vom 8. 6. 1972 (BGBl. I S. 885) Ausbildungsstätten für kirchliche Berufe (Diakone; Gemeindehelfer, kirchliche Jugend- und Jugendbildungssekretäre, Katecheten, Missionsanwärter und Seelsorgehelfer; Kirchenmusiker; Missionare, Pastoren, Pfarrvikare, Pfarrverwalter und Prediger),
5) durch VO vom 30. 8. 1974 (BGBl. I S. 2157) Ausbildungsstätten für Dorfhelfer, Alten-, Familien-, Haus- und Heilerziehungspfleger.

3. Ausbildungsförderung wird grundsätzlich nur geleistet, wenn die Ausbildung an einer öffentlichen Einrichtung – mit Ausnahme nichtstaatlicher Hochschulen – oder einer genehmigten Ersatzschule durchgeführt wird. Für den Besuch von Ergänzungsschulen und von nichtstaatlichen Hochschulen wird Ausbildungsförderung nur geleistet, wenn die zuständige Landesbehörde anerkennt, daß der Besuch der Ausbildungsstätte den Besuch einer der in Abschn. 1 bezeichneten Ausbildungsstätten gleichwertig ist.

Erläuternd hierzu bestimmt der Entwurf einer Verwaltungsvorschrift vom 30. 11. 1971 folgendes:

a) Ob eine Ausbildungsstätte eine öffentliche Einrichtung ist, bestimmt sich nach dem jeweiligen Landesrecht.
   Unter genehmigten Ersatzschulen sind die Privatschulen zu verstehen, die nach dem jeweiligen Landesrecht als Ersatzschulen anerkannt oder genehmigt sind.
b) Ergänzungsschulen sind Privatschulen, die zwar den formellen Begriffsvoraussetzungen einer der in Abschn. 1 bezeichneten Schulgattungen, im übrigen aber insbesondere im Lehrgegenstand einer öffentlichen Schule nicht zu entsprechen brauchen. Maßstab für die Gleichwertigkeitsprüfung sind die Zugangsvoraussetzungen, der Lehrplan und die Qualität der vermittelten Ausbildung; sie müssen der Ausbildung an einer öffentlichen Einrichtung oder genehmigten Ersatzschule derselben Gattung gleichwertig sein.
c) Für den Besuch von Sonderschulen wird Ausbildungsförderung geleistet, soweit sie denselben Lehrstoff vermitteln und zu denselben Ausbildungszielen führen wie die in Abschn. 1 Buchst. a und b genannten Ausbildungsstätten.

Ausbildungsförderung wird nur geleistet, wenn der Ausbildungsabschnitt mindestens **ein** Schul- oder Studienhalbjahr dauert und die Ausbildung die Arbeitskraft des Auszubildenden im allgemeinen voll in Anspruch nimmt. Ergänzend hierzu bestimmt die Verwaltungsvorschrift vom 30. 11. 1971, daß die Arbeitskraft des Auszubildenden dann voll in Anspruch genommen wird, wenn nach den Ausbildungs- und Prüfungsordnungen oder der allgemeinen Erfahrung die Ausbildung (Unterricht, Praktika, Vorbereitung) 40 Wochenstunden erfordert. Dies ist nur anzunehmen, wenn die Unterrichtszeit mindestens 20 Wochenstunden beträgt; der Religionsunterricht ist mitzuzählen, auch wenn der Auszubildende im Einzelfall daran nicht teilnimmt. Zu welcher Tageszeit der Unterricht erteilt wird, ist unerheblich.

Bei dem Besuch von Hochschulen wird unterstellt, daß die Ausbildung 40 Wochenstunden erfordert. Eine kurzfristige Verminderung der Unterrichts- oder Vorbereitungszeit steht der Leistung der Ausbildungsförderung nicht entgegen. Ob und in welchem Umfang der Auszubildende eine Nebenbeschäftigung ausübt, ist unerheblich. Abweichend hiervon jedoch wird angenommen, daß die Ausbildung die Arbeitskraft nicht voll in Anspruch nimmt, wenn eine gleichzeitige Berufstätigkeit vorgeschrieben ist.

II. Förderungsdauer

1. Ausbildungsförderung wird für eine erste Ausbildung vom Beginn des Monats an, mit dem die Ausbildung begonnen wird – rückwirkend für die letzten 3 Monate vor dem Antragsmonat –, für die Dauer der Ausbildung bis zu einem berufsqualifizierenden Abschluß einschl. der unterrichts- und vorlesungsfreien Zeiten geleistet.

2. Bei Besuch von Höheren Fachschulen, Akademien und Hochschulen und einer als gleichwertig anerkannten Ausbildungsstätte (z. B. Ausbildungsstätten für Heilhilfsberufe, für landwirtschaftlich-technische Assistenten, für Kirchenberufe, ferner für die Teilnahme an Vorkursen zur Vorbereitung des Besuchs von Kollegs und Hochschulen) wird Ausbildungsförderung nicht über die Förderungshöchstdauer geleistet. Durch Rechtsverordnung der Bundesregierung vom 9. 9. 1972 (BGBl. I S. 2076) i. d. F. vom 5. 8. 1974 (BGBl. I S. 1861) wurde die Förderungshöchstdauer an Höheren Fachschulen, Akademien, Fachhochschulen, Kunsthochschulen und wissenschaftlichen Hochschulen festgelegt.

Ausnahmsweise wird Ausbildungsförderung für eine angemessene Zeit über die Förderungshöchstdauer geleistet, wenn sie aus schwerwiegenden Gründen oder infolge einer Ausbildung im Ausland oder infolge einer Mitwirkung in gesetzlich vorgesehenen Gremien und satzungsmäßigen Organen der Höheren Fachschulen, Akademien, Hochschulen und der Länder, der Selbstverwaltung der Studierenden an diesen Ausbildungsstätten oder infolge des erstmaligen Nichtbestehens der Abschlußprüfung überschritten worden ist.

Der Entwurf einer allgemeinen Verwaltungsvorschrift vom 30. 11. 1971 i. d. F. vom 22. 7. 1974 (GMBl. S. 374) bestimmt hierzu ergänzend:

a) Angemessen ist eine Zeit, wenn sie dem Zeitverlust entspricht, der durch den die Überschreitung der Förderungshöchstdauer rechtfertigenden Grund entstanden ist.
   Angemessen ist immer die Zeit der Überschreitung, die von einer zuständigen Stelle vorgeschrieben wird, z. B. die Anordnung eines Prüfungsgremiums, nach nichtbestandener Abschlußprüfung eine festgesetzte Anzahl von Studienhalbjahren zu wiederholen.
b) Schwerwiegende Gründe, die die Überschreitung der Förderungshöchstdauer rechtfertigen können, sind insbesondere eine die Fortführung der Ausbildung behindernde Krankheit des Auszubildenden, einschneidende Veränderung seiner Lebensverhältnisse, erstmaliges Nichtbestehen einer Zwischenprüfung, die Voraussetzung für die Weiterführung der Ausbildung ist, sowie eine unvorherge-

sehene und vom Auszubildenden nicht zu vertretende Verlängerung der Examenszeit.

c) Nicht bestanden ist eine Abschlußprüfung nur dann, wenn der Auszubildende ohne Erfolg alle Prüfungsleistungen, die er nach den maßgeblichen Prüfungsvorschriften zu erbringen hatte, erbracht hat. Die Förderungshöchstdauer wird dagegen nicht verlängert, wenn die Abschlußprüfung aus anderen Gründen (z. B. Täuschung, Fernbleiben von der Prüfung) als nicht bestanden gilt.

3. Für die Teilnahme an Einrichtungen des Fernunterrichts wird Ausbildungsförderung höchstens für 6 Kalendermonate geleistet.

III. Förderungsarten

1. Die Ausbildungsförderung wird geleistet

a) grundsätzlich als Zuschuß (Bedarf abzüglich anrechnungsfähigem Einkommen und Vermögen);

b) nach den Umständen des Einzelfalles ganz oder teilweise auch als Darlehen, so beim Besuch von Höheren Fachschulen, Akademien und Hochschulen, ferner wenn
   1) die Förderungshöchstdauer aus schwerwiegenden Gründen überschritten wird oder
   2) eine weitere Ausbildung durchgeführt wird (Weiterführung der 1. Ausbildung in derselben Fachrichtung) oder wenn im Zusammenhang mit der Abschlußprüfung oder durch eine Zwischenprüfung der 1. Ausbildung der Zugang zu der weiteren Ausbildung eröffnet worden ist oder wenn der Auszubildende eine Fachoberschulklasse, deren Besuch eine abgeschlossene Berufsausbildung voraussetzt, eine Abendhauptschule, eine Berufsaufbauschule, eine Abendrealschule, ein Abendgymnasium, ein Kolleg besucht bzw. dort die schulischen Voraussetzungen für die weitere Ausbildung erworben hat;

c) ausschließlich als Darlehen, wenn
   1) die Förderungshöchstdauer wegen des Nichtbestehens der Abschlußprüfung überschritten wird oder
   2) der Auszubildende eine Überleitung von Unterhaltsansprüchen aus berechtigtem Grund widersprochen hat.

2. Ein Darlehen ist nur in bestimmten Fällen zu verzinsen, und zwar

a) mit 6 v. H. für das Jahr[1]), wenn es über die Förderungsdauer hinaus wegen Nichtbestehens der Abschlußprüfung gegeben worden ist. Darlehen und Zinsen sind in gleichbleibenden Monatsraten, mindestens jedoch mit 80,– DM innerhalb von 20 Jahren zurückzuzahlen. Die 1. Rate ist 3 Monate nach Beendigung der Ausbildung zu leisten;

b) mit 6 v. H. für das Jahr, wenn der Darlehnsnehmer mit mehr als einer Rückzahlungsrate in Verzug gerät. Die Zinsen sind sofort fällig.

1) Bis zum 31. 12. 1975 geleistete Darlehen nur mit 4. v. H.

IV. Förderungsumfang

1. Ausbildungsförderung wird für den Lebensunterhalt und die Ausbildung geleistet (**Bedarf**). Nach dem Entwurf einer Verwaltungsvorschrift vom 30. 11. 1971 (GMBl. 1972 S. 54) umfaßt der Bedarf nur die Aufwendungen, die nach Art der Ausbildung und Unterbringung typischerweise erforderlich sind, und in einer Höhe, wie sie hierfür üblicherweise anfallen. Im einzelnen gehören zum Bedarf

a) als **Lebensunterhalt** Ernährung, Unterkunft einschl. der Nebenkosten (z. B. Heizung, Beleuchtung), Kleidung, Körperpflege und persönliche Bedürfnisse,

b) als **Kosten der Ausbildung** die Aufwendungen für die Lern- und Arbeitsmittel sowie für Studienfahrten, soweit sie insgesamt den Betrag nicht übersteigen, der sich ergibt, wenn
bei Schülern der Betrag von 30 DM,
bei Studierenden der Betrag von 50 DM
mit der Zahl der Kalendermonate des Bewilligungszeitraums multipliziert wird.

Auf den Bedarf werden das Einkommen und Vermögen des Auszubildenden, seines Ehegatten – sofern er nicht dauernd getrennt lebt – und seiner Eltern in dieser Reihenfolge angerechnet. Eine Ausnahme gilt beim Besuch eines Abendgymnasiums oder eines Kollegs, ferner einer technischen Oberschule in Baden-Württemberg oder einer Berufsoberschule in Bayern: Hier werden nur Einkommen und Vermögen des Auszubildenden und seines Ehegatten angerechnet.

2. Bedarf für Schüler: a) Als monatlicher Bedarf gelten zur Zeit die in der folgenden Tabelle genannten Beträge

Tabelle 1: Bedarf für Schüler

200 DM	380 DM	460 DM
1	2	3
Für Schüler von weiterführenden allgemeinbildenden Schulen und Berufsfachschulen, ab Klasse 10 sowie von Fachoberschulklassen, deren Besuch eine abgeschlossene Berufsausbildung nicht voraussetzt	1. Für Schüler von Abendhauptschulen, Berufsaufbauschulen, Abendrealschulen und Fachoberschulklassen, deren Besuch eine abgeschlossene Berufsausbildung voraussetzt 2. – Wenn der Auszubildende nicht bei seinen Eltern wohnt und von der Wohnung der Eltern aus eine entsprechend zumutbare Ausbildungsstätte nicht erreichbar ist – für Schüler von Realschulen und Gymnasien ab Klasse 5, von Hauptschulen und Berufsfachschulen ab Klasse 10 sowie von Fachoberschulklassen, deren Besuch eine abgeschlossene Berufsausbildung nicht voraussetzt	Wenn der Auszubildende nicht bei seinen Eltern wohnt und von der Wohnung der Eltern aus eine entsprechende zumutbare Ausbildungsstätte nicht erreichbar ist, für Schüler von Abendhauptschulen, Berufsaufbauschulen, Abendrealschulen und von Fachoberschulklassen, deren Besuch eine abgeschlossene Berufsausbildung voraussetzt

b) Nach § 14 a BAföG kann die Bundesregierung durch Rechtsverordnung bestimmen, daß Ausbildungsförderung über die in der vorstehenden Tabelle genannten Beträge hinaus geleistet wird zur Deckung besonderer Aufwendungen des Auszubildenden, die mit seiner Ausbildung in unmittelbarem Zusammenhang stehen.[1])

3. Bedarf für Studierende: Als monatlicher Bedarf gelten zur Zeit die in der folgenden Tabelle genannten Beträge:

1) VO über Zusatzleistungen in Härtefällen (HärteV) vom 15. 7. 1974 (BGBl. I S. 1449).

Tabelle 2: Bedarf für Studierende

350 DM	370 DM	zuzüglich 40 bzw. 70 DM	zuzüglich 130 DM
1	2	3	4
Für Auszubildende an Fachschulen, Abendgymnasien, Kollegs	Für Auszubildende an Höheren Fachschulen, Akademien und Hochschulen	1. Wenn der Auszubildende bei seinen Eltern wohnt 40 DM 2. Wenn der Auszubildende bei seinen Eltern oder mit seinem Ehegatten und mindestens einem Kind in einem eigenen Haushalt wohnt und sich die Wohnung nicht am Ort der Ausbildungsstätte befindet 70 DM	Wenn der Auszubildende nicht bei seinen Eltern wohnt

Auch bei Studierenden ist es möglich, unter den gleichen Voraussetzungen wie bei Schülern zur Deckung besonderer Aufwendungen Ausbildungsförderung über die Tabellenbeträge hinaus zu leisten.

V. Anrechnung des Einkommens

1. Einkommensbegriff: Als Einkommen gelten

1) der Gesamtbetrag der Einkünfte im Sinne des Einkommensteuergesetzes abzüglich der darauf entfallenden Einkommen- (Lohn-) und Kirchensteuer sowie abzüglich der Beträge zur Sozial- und Arbeitslosenversicherung oder angemessener Belastung für eine private Kranken-, Unfall- oder Lebensversicherung (Abgeltung durch bestimmte v.-H.-Sätze vom Gesamtbetrag der Einkünfte). Für Waisenrenten und Waisengelder, Grundrenten und Schwerbeschädigtenzulagen nach dem Bundesversorgungsgesetz sowie nach dem Bundesentschädigungsgesetz gelten Sonderregelungen;
2) Ausbildungsbeihilfen und gleichartige Leistungen mit Ausnahme der Leistungen nach dem Bundesausbildungsförderungsgesetz;
3) Leistungen nach dem Bundeskindergeldgesetz mit Ausnahme der Leistungen, die der Auszubildende für seine Kinder erhält;
4) sonstige Einnahmen, die zur Deckung des Lebensbedarfs bestimmt sind, mit Ausnahme der Unterhaltsleistungen der Eltern des Auszubil-

denden oder seines Ehegatten, sofern dieser nicht dauernd von ihm getrennt lebt.

Nicht als Einkommen gelten insbesondere Einnahmen, die für einen anderen Zweck als für die Deckung des Lebensbedarfs bestimmt sind.

2. Freibeträge: Sowohl vom Einkommen des Auszubildenden als auch von dem seiner Eltern oder seines Ehegatten bleiben bestimmte Monatsbeträge anrechnungsfrei. Sie sind aus den folgenden Tabellen zu entnehmen. Die Freibeträge vom Einkommen der Eltern können sich in bestimmten Fällen verdoppeln; vgl. hierzu im einzelnen § 25 a BAföG.

Tabelle 3: Einkommen des Auszubildenden: Freibeträge

100,— DM	150,— DM	200,– DM	zuzüglich 350,— DM	zuzüglich 200,— DM	zuzüglich weiterer 150,— DM
1	2	3	4	5	6
Bei Besuch von weiterführenden allgemeinbildenden Schulen und Berufsfachschulen sowie von Fachoberschulklassen, deren Besuch eine abgeschlossene Berufsausbildung nicht voraussetzt	Beim Besuch v. Abendhauptschulen, Berufsaufbauschulen und Abendrealschulen sowie von Fachoberschulklassen, deren Besuch eine abgeschlossene Berufsausbildung voraussetzt.	Beim Besuch von Fachschulen, Abendgymnasien, Kollegs, höheren Fachschulen, Akademien und Hochschulen	Für den Ehegatten des Auszubildenden, sofern er nicht dauernd getrennt lebt	Für jedes Kind des Auszubildenden	Für verheiratete Auszubildende mit mindestens einem Kind unter 10 Jahren im Haushalt des Auszubildenden

Der Entwurf einer allgemeinen Verwaltungsvorschrift vom 30. 11. 1971 (GMBl. 1972 S. 54) enthält hierzu u. a. folgende Erläuterungen:

1) Bei dem Kind unter 10 Jahren, das im gemeinsamen Haushalt lebt, kann es sich um ein gemeinsames Kind des Auszubildenden und seines Ehegatten sowie um ein Kind nur im Verhältnis zu dem Auszubildenden oder seinem Ehegatten handeln.
2) Erzielt der Ehegatte des Auszubildenden selbst Einkommen, so kommt ein Freibetrag vom Einkommen des Auszubildenden nach § 23 Abs. 1 für ihn nur in Betracht, soweit das Einkommen 350 DM bzw. in den Fällen des § 23 Abs. 1 Satz 2 500 DM monatlich nicht erreicht.
3) Der Freibetrag für ein Kind des Auszubildenden nach Nr. 1) mindert sich um
   a) das eigene Einkommen des Kindes,
   b) den auf dieses Kind entfallenden Anteil des Kindergeldes nach dem Bundeskindergeldgesetz, soweit der Auszubildende der Kindergeldberechtigte ist,
   c) den Betrag, der vom Einkommen des Ehegatten des Auszubildenden nach § 25 Abs. 3 für dieses Kind anrechnungsfrei bleibt.

   Der Kindergeldbetrag, den der Auszubildende erhält, ist auf alle nach dem Bundeskindergeldgesetz berücksichtigten Kinder (Zahl- und Zählkinder) gleichmäßig aufzuteilen.

Tabelle 4: Einkommen der Eltern und des Ehegatten: Freibeträge

960,– DM	640,– DM	zuzüglich 60,– DM	zuzüglich 240,– DM	zuzüglich 320,– DM
1	2	3	4	5
Für Eltern, sofern nicht geschieden oder dauernd getrennt lebend; wenn beide Eltern Einkommen haben, erhöht sich der Freibetrag um das niedrigere Einkommen, jedoch höchstens um 160,– DM	1. Für einen alleinstehenden oder dauernd getrennt lebenden Elternteil 2. Für den Ehegatten 3. Für den Elternteil, dessen Ehegatte nicht in Eltern-Kind-Beziehung zum Auszubildenden steht.	Für jedes Kind und den Ehegatten des Einkommensbeziehers, wenn sie in einer Ausbildung stehen, die nach BAföG gefördert werden kann	Für jedes andere Kind und jeden weiteren nach bürgerlichem Recht Unterhaltsberechtigten, die bei Beginn des Bewilligungszeitraumes das 15. Lebensjahr nicht vollendet haben, / vollendeten haben, ggf. gegemindert um das Einkommen des Kindes und des sonstigen Unterhaltsberechtigten, bei Ehegatten und ehemaligen Ehegatten jedoch nur soweit, als es 100 DM übersteigt.	

Das die Freibeträge übersteigende Einkommen der Eltern und des Ehegatten bleibt zu 40 v. H. anrechnungsfrei. Der v.-H.-Satz erhöht sich um 5 für jedes Kind, für das ein Freibetrag nach Spalten 3–5 gewährt wird.

Der Entwurf einer allgemeinen Verwaltungsvorschrift vom 30. 11. 1971 (GMBl. 1972 S. 54) enthält hierzu u. a. folgende Erläuterungen:

1) Der Freibetrag für ein Kind des Einkommensbeziehrs nach Spalten 4 und 5 mindert sich um das eigene Einkommen des Kindes. Der auf dieses Kind entfallende Anteil des Kindergeldes nach dem Bundeskindergeldgesetz ist bei dem Einkommen des Kindergeldberechtigten hinzugerechnet und wird deshalb hier nicht berücksichtigt.
2) Bei Kindern des Einkommensbeziehers, die Wehrdienst oder Zivildienst leisten, ist davon auszugehen, daß ihr Einkommen den Freibetrag nach Absatz 3 Satz 1 Nr. 2 Buchstabe b übersteigt; sie sind daher nicht mit einem Freibetrag zu berücksichtigen.

VI. Anrechnung des Vermögens

Vermögen des Auszubildenden, seines Ehegatten und seiner Eltern wird angerechnet, soweit diese Personen für das vorletzte Kalenderjahr vor Beginn des Bewilligungszeitraumes Vermögensteuer zu entrichten hatten.

1. Vermögensbegriff: Als Vermögen gelten

1) alle beweglichen und unbeweglichen Sachen,
2) Forderungen und sonstige Rechte, es sei denn, daß sie aus einem wichtigen Grund nicht geltend gemacht werden.

Nicht als Vermögen gelten neben Nießbrauchrechten und Haushaltsgegenständen insbesondere Rechte auf Versorgungsbezüge, auf Renten und andere wiederkehrende Leistungen sowie bestimmte Übergangsbeihilfen für Soldaten und Polizeibeamte.

2. Freibeträge: Sowohl vom Vermögen des Auszubildenden als auch von dem seiner Eltern und seines Ehegatten bleiben bestimmte Beträge anrechnungsfrei; im einzelnen vgl. hierzu die folgende tabellarische Übersicht:

Tabelle 5: Vermögensfreibeträge

Vermögen des Auszubildenden	Vermögen der Eltern	Vermögen des Ehegatten
1	2	3
1) Für den Auszubildenden selbst 20 TDM 2) Für seinen Ehegatten 20 TDM 3) Für jedes seiner Kinder 20 TDM Die Freibeträge nach Nr. 2 und/oder 3 kommen nicht mehr in Betracht, wenn von dem Vermögen des Ehegatten des Auszubildenden nach Spalte 3 für ihn selbst und für das Kind ein Betrag von je 20 000 DM anrechnungsfrei bleibt.	1) Für Eltern, sofern sie nicht geschieden sind oder dauernd getrennt leben 40 TDM 2) Für einen alleinstehenden oder dauernd getrennt lebenden sowie einen Elternteil, der mit einer Person verheiratet ist, die nicht in Eltern-Kind-Beziehung zum Auszubildenden steht 30 TDM	1. 20 TDM 2. Steht der Ehegatte in einer nach BAföG förderungsfähigen Ausbildung, erhöht sich der Freibetrag um 20 TDM, gemindert um den Betrag, um den das Vermögen nach Spalte 1 Nr. 1 anrechnungsfrei bleibt. Die Freibeträge erhöhen sich für jedes Kind, für das ein Freibetrag nach Tabelle 4 Spalten 3–5 gewährt wird, um 20 TDM.

Überschreitet der Betrag des anzurechnenden Vermögens nach Abzug der Freibeträge 1000,— DM nicht, wird er nicht angerechnet.
Zur Vermeidung unbilliger Härten kann ein weiterer Teil des Vermögens anrechnungsfrei bleiben.

VII. Sonstiges

a) Der Anspruch auf Ausbildungsförderung kann nicht gepfändet, verpfändet oder abgetreten werden. Bei den Beziehern einer laufenden Leistung nach BAföG gilt für die Pfändung von Bargeld § 811 Nr. 8 ZPO entsprechend.

b) Ist Ausbildungsförderung gewährt worden, obwohl die Voraussetzungen dazu nicht gegeben waren, ist der Förderungsbetrag nach Maßgabe besonderer Vorschriften zurückzuzahlen.

VIII. Anhang*

Bewertung der Sachbezüge, die Auszubildenden von ihren unterhaltsverpflichteten Eltern geleistet werden

I. Bewertung von Wohnung, Heizung und Beleuchtung

Die von den Eltern gewährte Unterkunft ist im Rahmen des § 36 BAföG abweichend von den zur RVO erlassenen VOen mit Rücksicht auf § 13 Abs. 2 Nr. 1 BAföG mit 40 DM zu bewerten.

II. Bewertung von Beköstigung

Die von den Eltern gewährte Verpflegung ist nach Maßgabe auf der Grund des § 160 Abs. 2 RVO erlassenen Rechtsverordnungen zu bewerten. Die Anrechnungswerte für Auszubildende sind für das Jahr 1975 wie folgt festgesetzt:

* Entnommen aus »Die gesamte Ausbildungsförderung in der BRD«, Lose-Blatt-Sammlung, Luchterhand.

Land \ Sachleistung	Bewertungsgruppe[1])	volle freie Station	teilweise freie Station[2])	es entfallen auf Verpflegung			
				Mittagessen	sonstige Mahlzeiten	insgesamt	
							DM
1	2	3	4	5	6	7	8
Baden-Württemberg		222,–	75,–	4/10[3])	6/10[3])	10/10	147,–
Bayern	I II	234,– 276,–	7/20	5/20	8/20	13/20	152,10 144,30
Berlin		246,–	8/20	5/20	7/20	12/20	147,60
Bremen		267,–	44 v. H.	22 v. H.	34 v. H.	56 v. H.	149,52
Hamburg		266,70[4])	120,–	58,70[5])	88,–[6])	–	146,70[7])
Hessen		202,50	30 v. H.[8])	30 v. H.	40 v. H.	70 v. H.	141,75
Niedersachsen	I II	216,– 207,–	5/20	6/20	7/20	13/20	140,40 134,55
Nordrhein-Westfalen		234,–	6/20	6/20	8/20	14/20	163,80
Rheinland-Pfalz		216,–	7/20	6/20	7/20	13/20	140,40
Saarland		216,–	6/20	5/20	9/20	14/20	151,20
Schleswig-Holstein		210,–	5/20	6/20	9/20	15/20	157,50

1) Die Bewertungsgruppe II gilt für Gemeinden unter 50 000 Einwohnern

2) Wert der Wohnung einschließlich Heizung und Beleuchtung

3) Der Betrag, der sich als Differenz aus Spalte 3 und 4 ergibt

4-7) Bei Teilnahme an einer einheitlichen betrieblichen Gemeinschaftsverpflegung 283,– DM, 65,20 DM, 97,80 DM und 163,– DM

8) Bei Mehrfachbelegung 20 v. H.

11. Kapitel
Förderung des Wohnungs- und Städtebaus; Wohngeld *

A) Der öffentlich geförderte Wohnungsbau

Während das Erste Wohnungsbaugesetz vom 24. März 1950 (mit späteren Änderungen, zuletzt die vom 25. August 1953) seine Zielsetzung vornehmlich in der Förderung des durch den Krieg zerstörten Wohnungsbaues mit öffentlichen Mitteln sah, verfolgt das Zweite Wohnungsbaugesetz in seiner letzten Fassung vom 21. Dezember 1974 (BGBl. I S. 3656), nachdem die Wohnungsnot grundsätzlich als beseitigt gilt, die Bildung von Einzeleigentum, vornehmlich in der Form des Familienheimes.

I. Förderungsmaßnahmen

Die mit öffentlichen Mitteln erstellten Wohnungen sind entsprechend der Zielsetzung der Wohnungsbaugesetze für die breiten Schichten des Volkes bestimmt. Es kann also nicht jedermann eine öffentlich geförderte Wohnung erhalten, sondern nur Personen, deren Einkommen eine bestimmte Höchstgrenze nicht übersteigt. Nach § 25 II. WoBauG in der ab 1. Januar 1974 geltenden Fassung dürfen mit öffentlichen Mitteln Wohnungen im Rahmen des sozialen Wohnungsbaues nur zugunsten von Wohnungsuchenden gefördert werden, deren Jahreseinkommen folgende Beträge nicht überschreiten darf: Die Einkommensgrenze beträgt 18 000 Deutsche Mark zuzüglich 9000 Deutsche Mark für den zweiten und weiterer 4200 Deutsche Mark für jeden weiteren zur Familie des Wohnungsuchenden rechnenden Angehörigen. Bei jungen Ehepaaren erhöht sich die Einkommensgrenze bis zum Ablauf des fünften Kalenderjahres nach dem Jahr der Eheschließung um 4800 Deutsche Mark. Für Personen, die nicht nur vorübergehend um mindestens 50 v. H. in ihrer Erwerbsfähigkeit gemindert sind (Schwerbehinderte) und ihnen Gleichgestellte erhöht sich die Einkommensgrenze um je 4200 Deutsche Mark. Eine Förderung ist auch zulässig, wenn das Gesamteinkommen die Einkommensgrenze nur unwesentlich übersteigt. Als Angehörige gelten außer dem Ehegatten alle Verwandten in gerader Linie sowie Verwandte zweiten und dritten Grades der Seitenlinie, adoptierte und durch Ehelichkeitserklärung verbundene Personen, nichteheliche Kinder, Pflegekinder und Pflegeeltern. Jahreseinkommen i. S. des Gesetzes ist der Gesamtbetrag der im vorangegangenen Kalenderjahr bezogenen Einkünfte i. S. des Einkommensteuergesetzes. Abweichend hiervon sind die Einkünfte des laufenden Jahres oder das zwölffache der Einkünfte des letzten Monats

* Von Wolfgang Ullrich.

zugrunde zu legen, wenn sie voraussichtlich auf die Dauer höher oder niedriger sind als die Einkünfte des vergangenen Kalenderjahres. Bei der Feststellung des Gesamteinkommens sind steuerfreie Einnahmen, namentlich das Kindergeld nach der Kindergeldgesetzgebung, sowie gesetzliche und tarifliche Kinderzulagen zu Löhnen, Gehältern und Renten neben vergleichbaren Bezügen nicht anzurechnen. Dagegen sind Beträge für Sonderabschreibungen nach § 7 b EStG den Einkünften hinzuzurechnen, soweit sie die nach § 7 EStG zulässigen Absetzungen für Abnutzung übersteigen. Hinzuzurechnen sind auch steuerfreie Beträge von Versorgungsbezügen. Außer Ansatz bleiben dagegen vermögenswirksame Leistungen im Rahmen des nach dem dritten Vermögensbildungsgesetz begünstigten Höchstbetrages. Nachstehende Übersicht zeigt, bis zu welcher Verdienstgrenze Wohnungsuchende im Rahmen des sozialen Wohnungsbaues berücksichtigt werden können:

	Einkommensgrenze	
	jährlich	monatlich
Alleinstehende	18 000,—	1500,—
2 Familienangehörige	27 000,—	2250,—
3 Familienangehörige	31 200,—	2600,—
4 Familienangehörige	35 400,—	2950,—
5 Familienangehörige	39 600,—	3300,—
6 Familienangehörige	43 800,—	3650,—
7 Familienangehörige	48 000,—	4000,—

Die zuständigen obersten Landesbehörden sind nach § 30 II. WoBauG in der ab 1. Januar 1974 geltenden Fassung angewiesen, die öffentlichen Mittel in Übereinstimmung mit den Zielen der Raumordnung und Landesplanung in der Weise zu verteilen, daß in erster Linie der Wohnungsbau in Gebieten mit erhöhtem Wohnungsbedarf und die unerledigten Anträge auf Bewilligung öffentlicher Mittel zum Bau von Familienheimen in der Form von Eigenheimen, Kaufeigenheimen und Kleinsiedlungen sowie zum Bau von eigengenutzten Eigentumswohnungen und Kaufeigentumswohnungen, insbesondere für kinderreiche Familien berücksichtigt werden. Im übrigen gilt hinsichtlich der Rangfolge für die öffentliche Förderung, daß der Neubau von Familienheimen in der Form von Eigenheimen, Kaufeigenheimen und Kleinsiedlungen den Vorrang vor dem Neubau anderer Wohnungen hat. Der Neubau von eigengenutzten Eigentumswohnungen und Kaufeigentumswohnungen hat wiederum den Vorrang vor dem Neubau anderer Wohnungen in Mehrfamilienhäusern. Abweichend von dieser Rangfolge können die öffentlichen Mittel eingesetzt werden, soweit dies zur Befriedigung eines unabweisbaren Wohnungsbedarfs erforderlich ist.

Zur Durchführung des sozialen Wohnungsbaus haben die Länder für jedes Jahr ein Wohnungsbauprogramm aufzustellen und über die Zahl der jeweils geförderten Wohnungen und ihre Zweckbestimmung zu berichten.

II. Förderungsfähige Bauvorhaben

Für die öffentlich geförderten Wohnungen ist eine bestimmte Größe und Ausstattung vorgeschrieben. Die zulässige Höchstgrenze beträgt ab 1. 9. 1965 für Familienheime mit nur einer Wohnung 130 qm, für Familienheime mit zwei Wohnungen 180 qm, für eigengenutzte Eigentumswohnungen 120 qm, für alle anderen Wohnungen in der Regel 90 qm (§ 39 II. WoBauG). Innerhalb dieser Grenze ist die Wohnfläche als angemessen anzusehen, die es ermöglicht, in der Wohnung zwei Kinderzimmer zu schaffen. In besonderen Fällen können die Wohnflächengrenzen überschritten werden.

Die Wohnflächenberechnung erfolgt nach §§ 42 bis 44 Zweite Berechnungsverordnung (BV) so, daß die Grundfläche eines Raumes aus den Fertigmaßen oder den Rohbaumaßen zu ermitteln ist. Werden die Rohbaumaße zugrunde gelegt, sind diese um die Putzdicke oder die errechneten Grundflächen um 3 v. H. zu kürzen. Weitere Einzelheiten (Abrechnung von Schornsteinen, Pfeilern, Säulen, Hinzurechnung von Nischen, Erkern und Wandschränken) sind im § 43 Zweite BV geregelt.

Über die Ausstattung der Wohnungen enthält § 40 Zweites WoBauG ins einzelne gehende Bestimmungen, wonach u. a. auch neuzeitliche sanitäre Anlagen und Bade-(oder Dusch-)Einrichtungen vorhanden sein müssen.

III. Einzelheiten für die Bewilligung öffentlicher Mittel

Die öffentlichen Mittel werden als Darlehen und als Aufwendungsdarlehen gewährt. Die öffentlichen Baudarlehen sollen in erster Linie der nachstelligen Finanzierung dienen. Ausnahmsweise kann das öffentliche Baudarlehen vorübergehend auch für die erststellige Finanzierung bewilligt werden, wenn es die Verhältnisse des Kapitalmarktes erfordern. Die Ablösung eines solchen erststelligen Baudarlehens kann jedoch verlangt werden, sofern es die Verhältnisse des Kapitalmarktes gestatten. In besonderen Fällen kann das öffentliche Baudarlehen auch für die Restfinanzierung als Ersatz der Eigenleistung des Bauherrn oder einem Unternehmer zur vorübergehenden Vorfinanzierung des Baues von Familienheimen, die mit öffentlichen Baudarlehen, namentlich für Wohnungsuchende mit geringem Einkommen geschaffen werden sollen, bewilligt werden.

Für die **Höhe der Baudarlehen** werden von den obersten Landesbehörden Durchschnittsätze festgesetzt, die nach der Wohnfläche gestaffelt sind. Durchschnittsmaßstab bildet eine Wohnung mittlerer Größe. Die Durchschnittssätze für Baudarlehen für Familienheime, Kaufeigenheime und Kleinsiedlungen sind um mindestens 10 v. H., für eigengenutzte Eigentumswohnungen und Kaufeigentumswohnungen um 10 v. H. höher zu bemessen als für andere Wohnungen vergleichbarer Größe und Ausstattung.

B) Wohngeld

Bereits im Abbaugesetz war als Artikel VII ein Gesetz über die Gewährung von Miet- und Lastenbeihilfe ergangen, das jedoch nur Bestimmungen für die Zeit vor der Mietpreisfreigabe getroffen hat, während die näheren Einzelheiten über die Gewährung von Miet- und Lastenbeihilfen nach der Mietpreisfreigabe einem besonderen Bundesgesetz vorbehalten geblieben war. Diese bundesgesetzliche Regelung erging durch das Gesetz über Wohnbeihilfen vom 29. 7. 1963 (BGBl. I S. 508). In § 1 des Gesetzes wird seine Zweckbestimmung dahin umschrieben, daß dem Wohnrauminhaber zur Vermeidung sozialer Härten durch Zuschüsse zu den Wohnraumaufwendungen ein Mindestmaß an Wohnraum wirtschaftlich gesichert werden soll. Zu diesem Zweck sieht das Gesetz sowohl Mietbeihilfen, die dem Mieter zur Aufbringung der Miete und dem Eigentümer für seine Wohnung im eigenen Mehrfamilienhaus gewährt werden, als auch Lastenbeihilfen vor, die unter gewissen Voraussetzungen der Eigentümer eines Eigenheims oder einer Eigentumswohnung erhalten kann.
Die Regelung des Wohnbeihilfengesetzes war jedoch sehr kompliziert, was zur Folge hatte, daß davon nicht in dem erwarteten Umfang Gebrauch gemacht wurde. Ein Mangel war auch, daß sie nur für die sog. »weißen Kreise« galt, während die Mieter in den »schwarzen Kreisen« lediglich auf die Beihilfen nach dem Mietbeihilfengesetz vom 23. 6. 1960 und die Inhaber der nach dem II. WoBauG geförderten Wohnungen auf die Miet- und Lastenbeihilfen nach § 73 II. WoBauG angewiesen waren.
Die Ungleichheiten der bisherigen Regelung haben durch das Gesetz zur Änderung des Gesetzes über Wohnbeihilfen vom 23. 3. 1965 (BGBl. I S. 140) zu einer Neufassung des Gesetzes geführt, die unter dem 1. April 1965 bekanntgemacht worden ist und am 14. Dezember 1973 als »Zweites Wohngeldgesetz« abermals neugefaßt wurde (BGBl. I S. 1862). Mit dieser Neufassung soll zugleich auch eine vereinfachte Handhabung erreicht werden. Die bisherige Bezeichnung »Wohnbeihilfe« wurde in »Wohngeld« geändert, um damit jeden Anschein einer Fürsorgemaßnahme zu vermeiden; denn auf Wohngeld besteht, sofern die gesetzlichen Voraussetzungen gegeben sind, ein Rechtsanspruch, ohne daß eine Rückerstattungspflicht im Falle einer Verbesserung der sozialen Verhältnisse eintritt.

I. Antragsgrundsatz

Wohngeld wird nicht von Amts wegen, sondern nur auf Antrag gewährt. Der Antrag ist formelle und materielle Anspruchsvoraussetzung.

1. Wohngeld auch für Ausländer: Ausländer einschließlich Staatenloser, die sich erlaubt (z. B. mit einer Aufenthaltserlaubnis) in der Bundesrepu-

blik oder Berlin (West) aufhalten, haben den gleichen Rechtsanspruch auf Wohngeld wie Deutsche.
Keinen Rechtsanspruch auf Wohngeld haben jedoch die Angehörigen der in der Bundesrepublik oder Berlin (West) stationierten ausländischen Streitkräfte.

2. Wohngeld auch für gekündigten Wohnraum: Wohngeld wird zur wirtschaftlichen Sicherung des Wohnraums auch dann gewährt, wenn das Mietverhältnis oder Nutzungsverhältnis gekündigt worden ist.

3. Wohnraum (Begriff): Wohngeld wird nur für Wohnraum gewährt, nicht für Geschäftsräume und sonstige Räume. Wohnraum ist der Raum, der zu Wohnzwecken bestimmt und geeignet ist.
Eine Schlafstelle (die bloße Zurverfügungstellung einer Schlafgelegenheit) ist kein Wohnraum.
Ein Heim dient insbesondere nicht überwiegend Wohnzwecken, wenn sein Zweck auf die Erziehung Minderjähriger oder die Betreuung körperlich, geistig oder seelisch Behinderter oder Kranker gerichtet und die räumliche Unterbringung dieser Personen nur eine notwendige Voraussetzung dafür ist.
Voraussetzung für die Antragsberechtigung ist, daß der Angragsberechtigte den Wohnraum, für den er die Miete bezahlt oder die Belastung aufbringt, auch tatsächlich benutzt.

4. Bezugsfertigkeit des Wohnraums: Wohnraum ist in dem Zeitpunkt bezugsfertig geworden, in dem er so weit fertiggestellt war, daß den Bewohnern zugemutet werden konnte, ihn zu beziehen; die Genehmigung der Bauaufsichtsbehörde zum Beziehen ist nicht entscheidend.
Ohne Einfluß auf den Termin der Bezugsfertigkeit sind die Beseitigung von Bauschäden, die nicht schon bald zur Unbewohnbarkeit des Wohnraums geführt hätten, die Instandsetzung, die Instandhaltung und die bauliche Verbesserung des Wohnraums sowie die Schaffung von Zubehörräumen, Wirtschaftsräumen und Nebenräumen (z. B. Bad, Duschraum), der Einbau von Heiz- oder Warmwasserversorgungsanlagen und der Anschluß an Versorgungsleitungen.
Enthält der Wohnraum, für den Wohngeld beantragt wird, Teile, die zu verschiedenen Zeitpunkten bezugswertig geworden sind, so gilt für den gesamten Wohnraum der Höchstbetrag, der für die überwiegenden Teile des Wohnraums maßgebend ist.

5. Haushaltsvorstand (Begriff): Wer Haushaltsvorstand ist, ist nur dann zu prüfen, wenn mehrere Familienmitglieder als Antragberechtigte in Frage kommen (z. B. bei gemeinsamem Abschluß von Miet- oder Kaufverträgen). Hierbei ist Haushaltsvorstand in der Regel das zum Haushalt rechnende Familienmitglied, welches die höchsten Einnahmen hat.

II. Wer erhält Wohngeld bzw. Lastenzuschuß?

1. Antragberechtigte: Für einen Mietzuschuß sind antragberechtigt
a) der Mieter oder Untermieter von Wohnraum,
b) bei einem Mietverhältnis ähnlichen Nutzungsverhältnis der Nutzungsberechtigte,
c) derjenige, der einen Wohnraum im eigenen Hause bewohnt, wenn er nicht nach folgendem antragberechtigt ist.

Für einen Lastenzuschuß sind antragberechtigt
a) der Eigentümer eines Eigenheims, einer Kleinsiedlung oder einer landwirtschaftlichen Nebenerwerbsstelle,
e) der Eigentümer einer Eigentumswohnung,
f) der Inhaber eines eigentumsähnlichen Dauerwohnrechts

für den eigengenutzten Wohnraum. Dem Eigentümer steht der Erbbauberechtigte, dem Wohnungseigentümer der Wohnungserbbauberechtigte gleich.

Für einen Lastenzuschuß sind ferner antragberechtigt
a) derjenige, der Anspruch auf Übereignung des Gebäudes als Eigenheim, Kleinsiedlung oder landwirtschaftliche Nebenerwerbsstelle hat,
b) derjenige, der Anspruch auf Bestellung oder Übertragung des Wohnungseigentums hat,
c) derjenige, der Anspruch auf Bestellung oder Übertragung eines eigentumsähnlichen Dauerwohnrechts hat,

für den von ihm genutzten Wohnraum, wenn er dafür die Belastung aufbringt. Dem Anspruch auf Übereignung des Gebäudes steht der Anspruch auf Einräumung oder Übertragung des Erbbaurechts, dem Anspruch auf Bestellung oder Übertragung des Wohnungseigentums der Anspruch auf Einräumung oder Übertragung des Wohnungserbbaurechts gleich.

2. Familienmitglieder: Familienmitglieder sind der Antragberechtigte und seine folgenden Angehörigen:
a) der Ehegatte,
b) Verwandte in gerader Linie (Großeltern, Eltern, Kinder, Enkel) sowie Verwandte zweiten und dritten Grades in der Seitenlinie (Geschwister, Onkel, Tanten, Nichten, Neffen),
c) Verschwägerte in gerader Linie sowie Verschwägerte zweiten und dritten Grades in der Seitenlinie (z. B. Schwiegereltern, Stiefkinder, Schwager, Schwägerin),
d) durch Annahme an Kindes Statt mit ihm verbundene Personen,
e) durch Ehelichkeitserklärung mit ihm verbundene Personen,
f) nichteheliche Kinder,
g) Pflegekinder ohne Rücksicht auf ihr Alter. Sie müssen im Haushalt der Pflegeeltern ihre Heimat haben.

Die Familienmitglieder rechnen zum Haushalt, wenn sie mit dem Antragberechtigten einen gemeinsamen Hausstand führen. Zum Haushalt rechnen auch Familienmitglieder, die vorübergehend abwesend sind. Vor-

übergehend abwesend sind Familienmitglieder, deren Familienhaushalt weiterhin Mittelpunkt ihrer Lebensbeziehungen bleibt und mit deren Rückkehr in den Familienhaushalt zu rechnen ist, selbst wenn sie vorübergehend eine eigene Wohnung haben. Dazu gehören insbesondere Trennungsgeldempfänger, verheiratete Seeleute, Kranke in Krankenhäusern und Heilanstalten, Insassen von Strafanstalten, deren Aufenthalt zeitlich begrenzt ist. Lebt ein Student oder ein anderer in Berufsausbildung Stehender außerhalb der elterlichen Wohnung, so spricht das weder für noch gegen seine vorübergehende Abwesenheit; es kommt allein auf die Umstände des Einzelfalles an.
Angehörige der Bundeswehr sind in der Regel als vorübergehend abwesend anzusehen, wenn sie

a) ihrer Wehrpflicht genügen,
b) sich als Soldaten auf Zeit für eine Dauer bis zu zwei Jahren, zum Wehrdienst verpflichtet haben.

Ersatzdienstpflichtige sowie Angehörige des Bundesgrenzschutzes und der Bereitschaftspolizei sind bei Vorliegen entsprechender Voraussetzungen in der Regel ebenfalls als nur vorübergehend abwesend anzusehen. Ein vermißter Angehöriger der ehemaligen Deutschen Wehrmacht ist nicht mehr als Familienmitglied zum Haushalt des Antragstellers zu rechnen; das gilt auch dann, wenn der Vermißte nicht für tot erklärt worden ist. Ein getrennt lebender Ehegatte ist nicht nur vorübergehend abwesend. Ehegatten leben getrennt, wenn die eheliche Lebensgemeinschaft auf Dauer nicht mehr fortbesteht; eine Klage auf Scheidung oder Aufhebung der Ehe muß nicht erhoben worden sein.

3. Miete (Begriff): Miete ist das Entgelt für die Gebrauchsüberlassung von Wohnraum auf Grund von Mietverträgen oder ähnlichen Nutzungsverhältnissen einschließlich Umlagen (z. B. für Treppenbeleuchtung und -reinigung), Zuschlägen und Vergütungen. Ein Mietvertrag liegt auch dann vor, wenn er nicht schriftlich abgeschlossen ist.
Außer Betracht bleiben

a) Kosten des Betriebs zentraler Heizungs- und Warmwasserversorgungsanlagen sowie zentraler Brennstoffversorgungsanlagen,
b) Kosten für die Fernheizung, soweit sie den in Nummer 1 bezeichneten Kosten entsprechen,
c) Untermietzuschläge,
d) Zuschläge für die Benutzung von Wohnraum zu anderen als Wohnzwecken,
e) Vergütungen für die Überlassung von Möbeln, Kühlschränken und Waschmaschinen mit Ausnahme von Vergütungen für die Überlassung von Einbaumöbeln, soweit sie üblich sind.

Im Falle des Lastenzuschusses tritt an die Stelle der Miete der Mietwert des Wohnraums.

4. Belastung (Begriff): »Belastung« ist die Belastung aus dem Kapitaldienst und aus der Bewirtschaftung.

Die jährliche Belastung wird in einer Wohngeld-Lastenberechnung ermittelt.

5. Zu berücksichtigende Miete und Belastung: Bei der Gewährung des Wohngeldes wird die Miete oder Belastung berücksichtigt, die sich nach dem vorherigen ergibt, höchstens jedoch der nach Tabelle maßgebende Betrag. Dabei bleibt die Miete oder Belastung insoweit außer Betracht, als sie auf Wohnraum entfällt, der ausschließlich gewerblich oder beruflich genutzt wird oder der einem anderen vermietet oder zum Gebrauch überlassen ist.

III. Einkommensermittlung

1. Ermittlung des Jahreseinkommens: Bei der Ermittlung des Jahreseinkommens ist unbeschadet des nächsten Absatzes grundsätzlich der doppelte Betrag der Einnahmen in den letzten sechs Monaten vor der Stellung des Antrages auf Wohngeld zugrunde zu legen. Bei der Ermittlung des Jahreseinkommens können, insbesondere bei erheblichen Schwankungen der Einnahmen, auch die Einnahmen des letzten Kalenderjahres oder der letzten zwölf Monate vor der Antragstellung zugrunde gelegt werden; bei Personen, die zur Einkommensteuer veranlagt werden, können die Einkünfte berücksichtigt werden, die sich aus dem letzten Einkommensteuerbescheid, ergänzenden Vorauszahlungsbescheiden oder der letzten Einkommensteuererklärung ergeben.
Ist bei der Entscheidung über den Antrag auf Wohngeld zu erwarten, daß das Jahreseinkommen im Bewilligungszeitraum von dem nach dem vorhergehenden Absatz ermittelten Jahreseinkommen abweicht, so ist das zu erwartende Jahreseinkommen maßgebend.
Sind einmalige Einnahmen während des nach dem ersten Absatz maßgebenden Zeitraums angefallen, aber einem anderen Zeitraum zuzurechnen, sind sie so zu behandeln, als ob sie während des anderen Zeitraums angefallen wären. Für die nach dem zweiten Absatz zu erwartenden Einnahmen gilt Satz 1 entsprechend.

2. Aufwendungen zur Erwerbung, Sicherung und Erhaltung der Einnahmen: Bei der Ermittlung des Jahreseinkommens werden die zur Erwerbung, Sicherung und Erhaltung der Einnahmen notwendigen Aufwendungen abgesetzt.
Bei Einnahmen aus nichtselbständiger Arbeit wird der nach § 9 a Nr. 1 des Einkommensteuergesetzes vorgeschriebene Pauschbetrag zur Abgeltung der oben genannten Aufwendungen abgesetzt, wenn nicht höhere Werbungskosten im Sinne von § 9 des Einkommensteuergesetzes nachgewiesen werden.
Bei anderen Einnahmen werden als Aufwendungen die Werbungskosten oder die Betriebsausgaben im Sinne von § 4 des Einkommensteuergesetzes abgesetzt, jedoch mit Ausnahme von erhöhten Absetzungen und

Sonderabschreibungen, soweit sie die normalen Absetzungen nach § 7 des Einkommensteuergesetzes übersteigen.

3. Aufwendungen zur Erfüllung gesetzlicher Unterhaltsverpflichtungen: Bei der Ermittlung des Jahreseinkommens werden Aufwendungen zur Erfüllung gesetzlicher Unterhaltsverpflichtungen abgesetzt

a) bis zu einem Betrage von 1200 Deutsche Mark, wenn sie für die auswärtige Unterbringung eines in der Berufsausbildung befindlichen, zum Haushalt rechnenden Familienmitgliedes bestimmt sind, oder

b) bis zu einem Betrage von 1200 Deutsche Mark, wenn sie für eine nicht zum Haushalt rechnende Person bestimmt sind, oder

c) bis zu einem Betrage von 2400 Deutsche Mark, wenn sie für die auswärtige Unterbringung einer in der Berufsausbildung befindlichen, nicht zum Haushalt rechnenden Person bestimmt sind.

4. Einnahme aus Miete und Pacht sowie Beiträge Dritter zur Aufbringung der Belastung: Bei der Ermittlung des Jahreseinkommens für die Gewährung eines Lastenzuschusses bleiben Einnahmen aus Miete und Pacht sowie Beiträge Dritter zur Aufbringung der Belastung außer Betracht, wenn sie die Belastung nach der Wohngeld-Lastenberechnung vermindern.

5. Außer Betracht bleibende Einnahmen: Bei der Ermittlung des Jahreseinkommens bleiben u. a. folgende Einnahmen außer Betracht, soweit sie steuerfrei sind:

a) Geburtsbeihilfe, die an einen Arbeitnehmer vom Arbeitgeber gezahlt wird, soweit sie den Betrag von 500 Deutsche Mark nicht übersteigt;

b) Leistungen aus der gesetzlichen Kranken- und Unfallversicherung sowie vergleichbare vertragliche Leistungen, soweit sie nicht zur Deckung des Lebensunterhalts bestimmt sind;

c) bei Angehörigen des öffentlichen Dienstes der Geldwert der freien ärztlichen Behandlung, der freien Krankenhauspflege, des freien Gebrauchs von Kur- und Heilmitteln und der freien ärztlichen Behandlung erkrankter Ehefrauen und unterhaltsberechtigter Kinder;

d) Leistungen zur Heilbehandlung nach den §§ 10 ff. des Bundesversorgungsgesetzes, soweit sie nicht zur Deckung des Lebensunterhalts bestimmt sind;

e) Leistungen im Heilverfahren, die auf Grund gesetzlicher Vorschriften zur Wiedergutmachung nationalsozialistischen Unrechts gewährt werden, soweit sie nicht zur Deckung des Lebensunterhalts bestimmt sind;

f) sonstige Bezüge, die auf Grund gesetzlicher Vorschriften aus öffentlichen Kassen versorgungshalber an Wehrdienstbeschädigte und Zivildienstbeschädigte oder ihre Hinterbliebenen, an Kriegsbeschädigte, Kriegshinterbliebene und ihnen Gleichgestellte gezahlt werden, soweit es sich nicht um Bezüge handelt, die auf Grund der Dienstzeit gezahlt werden oder zur Deckung des Lebensunterhalts bestimmt sind;

g) Heiratsbeihilfe, die an einen Arbeitnehmer vom Arbeitgeber gezahlt wird, soweit sie den Betrag von 700 Deutsche Mark nicht übersteigt;

h) Leistungen zur Förderung der beruflichen Bildung (Ausbildung, Fortbildung, Umschulung), zur Berufsfürsorge, zur Förderung der Arbeitsaufnahme und zur Arbeits- und Berufsförderung, soweit sie nicht zur Deckung des Lebensunterhalts bestimmt sind;

i) Beihilfen aus öffentlichen Kassen oder aus Mitteln einer öffentlichen Stiftung, die zu dem Zweck gezahlt werden, die Wissenschaft oder Kunst unmittelbar zu fördern;

j) Zuwendungen, die auf Grund des Fulbright-Abkommens gezahlt werden, soweit sie nicht zur Deckung des Lebensunterhalts bestimmt sind;

k) Leistungen aus öffentlichen Kassen oder aus Mitteln einer öffentlichen Stiftung, die wegen Hilfsbedürftigkeit gewährt werden, soweit sie nicht zur Deckung des Lebensunterhalts bestimmt sind;

l) Leistungen nach den Vorschriften des Bundessozialhilfegesetzes und des Bundesversorgungsgesetzes über die Kriegsopferfürsorge mit Ausnahme laufender Leistungen für den Lebensunterhalt, soweit diese die Kosten der Unterkunft übersteigen;

m) Leistungen der freien Wohlfahrtspflege, soweit sie nicht die Lage des Empfängers so günstig beeinflussen, daß daneben Sozialhilfe nach dem Bundessozialhilfegesetz ungerechtfertigt wäre;

n) Beihilfen und Unterstützungen, die auf Grund eines bestehenden oder früheren Dienst- oder Arbeitsverhältnisses in besonderen Notfällen gezahlt werden.

6. Kinderfreibeträge: Der Kinderfreibetrag beträgt für das zweite Kind 25 Deutsche Mark, für das dritte und vierte Kind je 60 Deutsche Mark sowie für das fünfte und jedes weitere zu berücksichtigende Kind 70 Deutsche Mark monatlich. Der Kinderfreibetrag ist von den Einnahmen desjenigen zum Haushalt rechnenden Familienmitgliedes abzusetzen, dem ein Kinderfreibetrag nach § 32 Abs. 2 Nr. 1 und 2 des Einkommensteuergesetzes zusteht oder zu gewähren ist.

7. Freibeträge für besondere Personengruppen: Bei der Ermittlung des Jahreseinkommens von

a) körperlich, geistig oder seelisch schwer Behinderten,

b) Tuberkulosekranken und von der Tuberkulose Genesenen bis zum Ablauf von fünf Jahren nach Beendigung der Heilbehandlung, die in der Regel durch eine Bescheinigung eines Lungenfacharztes nachgewiesen werden soll,

c) Heimkehrern im Sinne des Heimkehrergesetzes, die nach dem 31. Dezember 1948 zurückgekehrt sind,

d) Opfern der nationalsozialistischen Verfolgung und ihnen Gleichgestellten im Sinne des Bundesentschädigungsgesetzes

bleiben Einnahmen bis zu einem Betrag von 1200 Deutsche Mark außer Betracht.
Bei der Ermittlung des Jahreseinkommens von

a) Vertriebenen und Sowjetzonenflüchtlingen im Sinne der §§ 1 bis 4 des Bundesvertriebenengesetzes,
b) Deutschen aus der sowjetischen Besatzungszone Deutschlands und dem sowjetisch besetzten Sektor von Berlin im Sinne des § 1 des Flüchtlingshilfegesetzes,

bleiben Einnahmen bis zu einem Betrage von 1200 Deutsche Mark bis zum Ablauf von vier Jahren seit der Stellung des ersten Antrages auf Gewährung von Wohngeld und unter der Voraussetzung außer Betracht, daß der Antrag innerhalb von sechs Jahren nach Verlegung des Wohnsitzes oder des ständigen Aufenthalts in den Geltungsbereich dieses Gesetzes gestellt worden ist. Der Freibetrag nach den vorherigen Absätzen wird zugunsten eines zum Haushalt rechnenden Familienmitgliedes nur einmal abgesetzt, auch wenn es mehreren der genannten Personengruppen angehört.

8. Allgemeiner Freibetrag: Bei der Ermittlung des Familieneinkommens wird von den ermittelten Einnahmen ein allgemeiner Freibetrag von 30 vom Hundert abgesetzt.

IV. Versagung des Wohngeldes

1. Allgemeiner Versagungsgrund: Wohngeld wird versagt, soweit seine Gewährung zur Vermeidung sozialer Härten nicht erforderlich ist. Dies gilt insbesondere,

a) soweit die Familienmitglieder, die dieselbe Wohnung bewohnen, infolge eigenen schweren Verschuldens außerstande sind, die Miete oder Belastung selbst aufzubringen. Schweres Verschulden ist z. B. anzunehmen, wenn der Antragsteller oder ein anderes Familienmitglied ohne triftigen Grund keiner Arbeit nachgeht oder wenn die Unfähigkeit zur Bezahlung der Miete oder zur Aufbringung der Belastung auf Verschwendungssucht beruht.
b) Soweit den Familienmitgliedern, die dieselbe Wohnung bewohnen, auf Grund des Einzelfalles zugemutet werden kann, die Miete oder Belastung selbst aufzubringen. Familienmitglieder, die dieselbe Wohnung bewohnen, brauchen nicht zum Haushalt des Antragstellers zu rechnen. Das kann zutreffen, wenn ein Familienmitglied in der Wohnung des Antragstellers zur Untermiete wohnt. Das Einkommen eines solchen Familienmitglieds ist zu berücksichtigen, wenn das Untermieterverhältnis offenbar nur zu dem Zweck begründet worden ist, die Voraussetzungen für einen Wohngeldanspruch zu schaffen. Ist dagegen anzunehmen, daß das Untermieterverhältnis auch ohne Aussicht auf Wohngeld begründet worden wäre (z. B. wenn verheiratete Kinder mit ihren Eltern eine gemeinsame Wohnung bewohnen),

so ist das Einkommen dieser Untermieter in der Regel nicht zu berücksichtigen. Entsprechendes gilt, wenn der Untermieter Wohngeld beantragt.

2. Einkommensgrenze: Wohngeld wird nicht gewährt, wenn das Familieneinkommen den Betrag von 9600 Deutsche Mark übersteigt. Diese Grenze erhöht sich für das zweite und jedes weitere zum Haushalt rechnende Familienmitglied um je 2400 Deutsche Mark. Wohngeld wird auch nicht gewährt, wenn ein zum Haushalt rechnendes Familienmitglied im Jahr der Stellung des Antrages auf Wohngeld Vermögensteuer zu entrichten hat. Diese Bestimmung findet keine Anwendung, wenn dies für die übrigen zum Haushalt rechnenden Familienmitglieder eine besondere Härte bedeuten würde. Wohngeld wird außerdem nicht gewährt, wenn für die wirtschaftliche Sicherung von Wohnraum andere Leistungen aus öffentlichen Kassen gewährt werden, die mit dem Wohngeld vergleichbar sind. Die Leistungen für die Unterkunft nach den Vorschriften des Bundessozialhilfegesetzes und des Bundesversorgungsgesetzes über die Kriegsopferfürsorge sind mit dem Wohngeld nicht vergleichbar.

V. Welche Rechtsmittel stehen bei Antragsablehnung zur Verfügung?

Die Entscheidung über den Antrag ist dem Antragsberechtigten schriftlich mitzuteilen. Sie ist zu begründen und mit einer Rechtsmittelbelehrung zu versehen. Hat die zuständige Stelle in ihrem Antrag wichtige Gründe außer acht gelassen oder in der Berechnungsart Fehler verursacht, steht dem Antragsberechtigten, gegen den Bescheid der Bewilligungsbehörde, der übrigens in jedem Falle schriftlich durch die Post zugestellt wird, das Rechtsmittel des Widerspruchs zu. Dieser Widerspruch ist innerhalb eines Monats, vom Tage des Eingangs des Bescheides beim Antragsberechtigten an gerechnet, bei der Bewilligungsbehörde einzulegen. Erst wenn der eingelegte Widerspruch keinen Erfolg hat, kann eine Klage beim zuständigen Verwaltungsgericht erhoben werden. Im verwaltungsgerichtlichen Verfahren findet die Berufung gegen Urteile des Verwaltungsgerichts an das Oberverwaltungsgericht nur statt, wenn sie in dem Urteil zugelassen ist. Die Berufung ist zuzulassen, wenn die Rechtssache grundsätzliche Bedeutung hat oder wenn das Urteil von einer Entscheidung des Bundesverwaltungsgerichts oder eines Oberverwaltungsgerichts abweicht und auf dieser Abweichung beruht.

C) Städtebauförderung

Vom Bayerischen Gesetz, die Zwangsabtretung von Grundeigentum für öffentliche Zwecke betreffend, von 1837 über den Entwurf eines Städtebaugesetzes aus dem Jahre 1926 und dem Referentenentwurf für ein Reichsstädtebaugesetz von 1931 war es ein weiter Weg, bis im Plenum des Deutschen Bundestages der Städtebau erstmals erwähnt wurde. Seitdem sind wieder fast zwanzig Jahre vergangen, bis es gelang, das Städtebauförderungsgesetz mit Wirkung vom 1. August 1971 in Kraft treten zu lassen und einen Anfang für die Beseitigung städtebaulicher Mißstände zu setzen, die sich etwa so beleuchten lassen:

1. Die Abwanderung der jungen und wirtschaftlich aktiven Bevölkerung aus den ländlichen Gebieten hält an und wird zunehmen.
   Es werden nur die Älteren und die sozial Schwachen zurückbleiben.
2. Der Zuzug in die Randzonen der Mittel- und Großstädte wird weiter anhalten.
   Es werden wie bisher, den nach außen hin abnehmenden Bodenpreisen folgend, städtebaulich ungeordnet und volkswirtschaftlich unvertretbar extensiv genutzt Einfamilienhausgebiete wuchern.
   Diese Zersiedlung wird in den Ballungsräumen, dem zufälligen Landangebot entlang der Landstraßen und spekulativen Bodenerwerbsgesichtspunkten folgend, sich immer weiter in die Landschaft fressen, ohne ein geschlossenes Ortsbild, ohne ein Mindestmaß an städtischer Atmosphäre, ohne Naherholungszonen.
3. In den innerstädtischen Bereichen werden die ehemals vom sog. gutsituierten Bürgertum bewohnten Viertel weiter verfallen und baulich herunterkommen und nach und nach von Wohnvierteln, die der Stadtorganismus dort eigentlich braucht, zu Verwaltungs- und Geschäftsbereichen umfunktioniert, die ihrer Natur nach eher stadtfeindlich sind, weil sie zur Verarmung des Stadtlebens beitragen und das Verkehrsnetz in den Stoßzeiten belasten und verstopfen.
4. Das unzureichende Städtebaurecht und die steigenden Bodenpreise werden es verhindern, das innerstädtische Verkehrsnetz der Ballungszentren so zu erweitern und auszubauen, daß die Städte wirtschaftlich lebensfähig bleiben und nicht am »Verkehrsinfarkt« zugrunde gehen. Schon heute haben die großen Städte unseres Landes den »point of no return« erreicht.
5. Die trotzdem noch zunehmende Verkehrsdichte und die abnehmenden Reisegeschwindigkeiten auf einem Straßennetz, das dem Entwicklungsstand der heutigen Kraftfahrzeuge oft um Jahrzehnte hinterherhinkt, führen zu einer Belastung der Luft mit Abgasen, die einer permanenten Vergiftungs- und Erstickungsgefahr der Stadtbevölkerung gleichkommt.
   Großstädte wie München erwägen deshalb heute schon, bei ungünstigen Witterungslagen den Kraftfahrzeugverkehr in der Innenstadt überhaupt zu verbieten.

6. Es gibt darüber hinaus kaum eine Stadt oder Gemeinde, in der nicht mehr oder minder große Teile ihrer Bausubstanz hoffnungslos veraltet sind, mit Wohnungen, die heutigen Vorstellungen und Anforderungen nicht mehr entsprechen, zum Teil einfach menschenunwürdig sind.
   Und in diesen alten Stadtteilen fehlt eine ausreichende Ausstattung mit öffentlichen Einrichtungen der verschiedensten Art, mit den wohnungsergänzenden Einrichtungen der Daseinsvorsorge, mit Grünanlagen, um nur die wichtigsten zu nennen.

Angesichts dieses Übelstandes bringt das am 1. August 1971 in Kraft getretene Städtebauförderungsgesetz Fortschritte, die sich so zusammenfassen lassen:

1. Das Planungsrecht wird entscheidend verbessert. In Sanierungs- und Entwicklungsgebieten erhält die Stadtplanung das Recht, ein Abbruchgebot, Baugebot und Modernisierungsgebot zu erlassen. Öffentliche Planungen sind damit nicht mehr nur Möglichkeitsplanungen, die so lange auf dem Papier stehen, bis ein privater Investor bereit ist, diese Möglichkeiten auszuschöpfen oder bis ein Eigentümer bereit ist, sein Grundstück für die Zwecke der neuen Nutzung zu verkaufen. Mit den neuen Instrumenten ist die Voraussetzung geschaffen, daß Planungen zügig durchgeführt werden, und daß damit unzumutbare und die Allgemeinheit belastende Verzögerungen unterbleiben.
2. Das Städtebauförderungsgesetz gibt den Planern aber nicht nur neue Rechte, es formuliert auch neue Pflichten und erweitert damit die Planung um neue Dimensionen. Planung kann heute, gerade im Fall einer Sanierung, unmöglich nur noch als bloßes Gestaltungsproblem aufgefaßt werden. Deshalb schreibt das Städtebauförderungsgesetz umfassende vorbereitende Untersuchungen, die Aufstellung eines Finanzierungsplanes und vor allem eines Sozialplanes vor. Mit dem Städtebauförderungsgesetz ist das Bild eines Planers, der in der Abgeschiedenheit seines Konstruktionsbüros Entwürfe schafft, die dann einer staunenden Öffentlichkeit übergeben werden, endgültig tot. Stadtplanung ist gleichzeitig Sozialplanung, Finanzplanung und Investitionsplanung. Sie ist Teil einer umfassenden Entwicklungspolitik der Gemeinde.
3. Trotz dieser weitgehenden sozialen Sicherungen scheinen viele Kritiker von einer Art Sanierungstrauma nicht abkommen zu können, nachdem sämtliche Sanierungsmaßnahmen als herzlose und rücksichtslose Vertreibungsaktionen phantasieloser Bürokraten dargestellt werden, die aus einem völlig abstrakten Planungsverständnis entspringen.
   Es kommt deshalb vielmehr darauf an, zwischen den Interessen der alten Bewohner und den Zielen der Stadtentwicklungspolitik einen Ausgleich zu finden. Das Städtebauförderungsgesetz schreibt Verfah-

ren vor, nach denen die Interessen aller Beteiligten angemessen zu berücksichtigen sind. Mehr kann auf der Ebene eines Gesetzes nicht geregelt werden.

4. Das Städtebauförderungsgesetz bringt schließlich einen ersten grundsätzlichen Fortschritt in der Reform des Bodenrechts. Erstmals wird hier in einem Gesetz eindeutig festgestellt, daß Wertsteigerungen, die durch öffentliche Leistungen entstehen, nicht automatisch den Eigentümern zufallen. Wertsteigerungen, die auf öffentliche Leistungen zurückgehen, werden zur Finanzierung dieser Leistungen herangezogen.
5. Weiter bietet das Gesetz aber nicht nur rechtliche Instrumentarien, sondern zugleich auch den Beginn der gesetzlich abgesicherten Finanzierung, so daß sich durch weitgehende Steuererleichterungen für die Eigentümer Anreize bieten, Sanierungsmaßnahmen selbst durchzuführen.
6. Schließlich sieht das Gesetz dabei die Sanierung von Dörfern und die Durchführung von Maßnahmen z. B. in den Ballungsgebieten als gleichgewichtig an. Das Städtebauförderungsgesetz gibt den ländlichen Gebieten eine echte Chance, die heute vielfach überholten baulichen Strukturen in den Dörfern zu erneuern und damit auch der Landbevölkerung ein zeitgemäßes Dasein zu schaffen und geeignete Arbeitsmöglichkeiten herzustellen.

Das Städtebauförderungsgesetz ist ohne den Städtebaubericht der Bundesregierung nicht verständlich, weil dieser Bericht die umfassendste und eindringlichste Analyse der gemeindlichen Situation auf städtebaulichem und – damit verbunden – gesellschaftspolitischem Gebiet ist, über die wir z. Z. verfügen. Diesen Zusammenhang erkannte auch das Präsidium des Deutschen Bundestages, als es den Städtebaubericht und die 2. und 3. Lesung des Städtebauförderungsgesetzes gemeinsam auf die Tagesordnung der Sitzung des Deutschen Bundestages am 16. Juni setzte.
Dieser Städtebaubericht hat zu den gesellschaftspolitischen Zielen des Städtebaues und zu den Wegen, sie zu verwirklichen, zukunftsweisende Aussagen getroffen.
In bezug auf die Zielvorstellungen, die der Bericht entwickelt, wird keine für jede Gemeinde gleichförmige Entwicklung ohne historisch und topographisch begründete Differenzierung angestrebt. Eine derartige Uniformität kann nicht Sinn und Zweck einer zielvollen Städtebaupolitik sein. Gerade die städtebauliche und architektonische Individualität etwa einer norddeutschen Hafenstadt, einer am Rhein gelegenen Winzergemeinde oder einer süddeutschen Handelsstadt machen ihren besonderen Reiz aus. Auch wenn – und das hat der Städtebaubericht 1970 ganz klar herausgestellt – ihre Probleme gleiche Ursachen haben und gleichgeartete Instrumentarien zu ihrer Behebung verlangen. Der Städtebaubericht 1970 ist insofern ein auf Fortschreibung und Vervollständigung angelegter Ziel- und Handlungskatalog.

Ein Städtebau kann seine Aufgaben am Ende des 20. Jahrhunderts nur dann wirksam erfüllen, wenn die Ausgangslage bekannt und analysiert ist, wenn über die Ziele Einvernehmen besteht, wenn daraus resultierende Maßnahmen formuliert und Prioritäten gesetzt sind. Diesem Ziel soll der Städtebaubericht 1970 dienen. Die Bundesregierung beabsichtigt darüber hinaus, mit dem Städtebaubericht die von ihr für notwendig gehaltenen Maßnahmen aus der umfassenden Bedeutung des Städtebaues heraus zu begründen und ist sich darüber im klaren, daß sie solche langfristigen Zielvorstellungen und Maßnahmen nicht alleine, sondern nur in umfassender Zusammenarbeit mit Ländern und Gemeinden und allen anderen an der baulichen Gemeindeentwicklung beteiligten Gruppen aufstellen kann. Diese Demokratisierung im Bereich der Planung im kommunalen Raum gilt es insbesondere im Bereich des Städtebaues zu verwirklichen. Hier steht der Bürger einem für ihn noch überschaubaren Bereich öffentlichen Lebens gegenüber. Hier hat er seine engsten Beziehungen zum Staat und die direktesten Möglichkeiten, sich am politischen Geschehen zu beteiligen und aktiv mitzuwirken. Der Abschnitt des Städtebauberichtes, der sich mit der stärkeren Mitwirkung der Bürger und der Öffentlichkeit am Planungsprozeß befaßt, ist als einer der wesentlichsten und gesellschaftspolitisch wichtigsten Schwerpunkte dieses Berichtes anzusehen.

Abkürzungsverzeichnis

AFG	Arbeitsförderungsgesetz
AGG	Arbeitsgerichtsgesetz
ANBA	Amtliche Nachrichten der Bundesanstalt für Arbeit
AngKündSchG	Gesetz über die Fristen für die Kündigung von Angestellten
AusfVO	Ausführungsverordnung
AVG	Angestelltenversicherungsgesetz
AZO	Arbeitszeitordnung
BAB	Berufsbildungsbeihilfe nach AFG
BAföG	Bundesausbildungsförderungsgesetz
BAG	Bundesarbeitsgericht
BBiG	Berufsbildungsgesetz
BEG	Bundesentschädigungsgesetz
BetrVG	Betriebsverfassungsgesetz
BG	Berufsgenossenschaft
BGB	Bürgerliches Gesetzbuch
BGBl.	Bundesgesetzblatt
BKGG	Bundeskindergeldgesetz
BSHG	Bundessozialhilfegesetz
BUrlG	Bundesurlaubsgesetz
BVFG	Bundesvertriebenengesetz
BVG	Bundesversorgungsgesetz
DVO	Durchführungsverordnung
EG	Einführungsgesetz
EStG	Einkommensteuergesetz
FlüHG	Flüchtlingshilfegesetz
GAL	Gesetz über Altershilfe für Landwirte
GewO	Gewerbeordnung
GG	Grundgesetz
GjS	Gesetz über die Verbreitung jugendgefährdender Schriften
GMBl.	Gemeinsames Ministerialblatt
GVLG	Gesetz über die Verwendung von Gasöl durch Betriebe der Landwirtschaft
HGB	Handelsgesetzbuch
HHG	Häftlingshilfegesetz
HwVG	Handwerkerversicherungsgesetz
JArbSchG	Jugendarbeitsschutzgesetz
JGG	Jugendgerichtsgesetz
JSchÖG	Gesetz zum Schutze der Jugend in der Öffentlichkeit
JWG	Jugendwohlfahrtsgesetz
KnG	Knappschaftsgesetz
KSchG	Kündigungsschutzgesetz
LAG	Lastenausgleichsgesetz
LohnfzG	Lohnfortzahlungsgesetz

MuSchG	Mutterschutzgesetz
RVO	Reichsversicherungsordnung
SchwbG	Schwerbehindertengesetz
SGG	Sozialgerichtsgesetz
SVwG	Selbstverwaltungsgesetz
TVG	Tarifvertragsgesetz
UWG	Gesetz gegen den unlauteren Wettbewerb